开明教育书系
蔡达峰 ○ 主编

向传统教育挑战
林汉达教育文选

林汉达 ○ 著
朱永新 ○ 选编

开明出版社

"开明教育书系"丛书编委会

主　　任　　蔡达峰

副 主 任　　朱永新

委　　员　　张雨东　　王　刚　　陶凯元
　　　　　　庞丽娟　　黄　震　　高友东
　　　　　　李玛琳　　刘宽忍　　何志敏

丛书主编　　蔡达峰

"开明教育书系"
总　序

中国民主促进会（以下简称民进）是以从事教育、文化、出版工作的高、中级知识分子为主的参政党。民进创立以后，在中国共产党的指引和帮助下，积极投身爱国民主运动，在这个过程中，发挥自身优势，举办难民补习培训，创办中学招收群众，参加妇女教育活动，在解放区开展扫盲教育，培养青年教师。

新中国成立以后，民进以推进国家教育事业发展为己任，贯彻党的教育方针，倡导呼吁尊师重教。

一方面，坚持不懈地为教育发展建言献策。从马叙伦先生在任教育部长时向毛泽东主席反映学生健康问题，得到了毛主席关于"健康第一"的重要批示，到建议设立教师节、建立健全《教师法》《职业技术教育法》《民办教育促进法》等法律法规、深化教育改革、促进学前教育发展、义务教育均等化、加强教师队伍建设、中小学教材建设、减轻学生课业负担等等，提出了一系列高质量的意见建议。

另一方面，坚持不懈地开展教育服务。改革开放以来，围绕"四化"建设的需要，持续举办了大量讲座和培训，帮助群众学习，为民工子女、下岗职工、贫困家庭子女、军地两用人才、贫困地区教师等提供教育服务，创办了文化补习学校、业余职业大学、专科学校、业余中学等大批学校，出现了当时全国第一所民办高中、规模最大的民办高校、成人教育学院、民办幼儿教育集团等；不断开展"尊师重教"的慰问、宣传和捐赠等活动，拍摄了电视片《托着太阳升起的人》；举办了一系列教育服务的研讨会和交流会。

在为教育事业长期服务的过程中，民进集聚了越来越多的教育界会员，现有的近19万会员中，约60%来自教育界，其中大部分是中小学教师。广大会员怀着崇高的使命感和责任感，爱岗敬业、默默奉献、积极作为，在教育事业和党派工作中取得了卓越的成就，涌现出无数感人的事迹，赢得了无数的赞誉，涌现出大量优秀教师、校长和著名教育家、专家学者、教育管理者等，他们共同写就了民进的光荣历史，铸就了民进的宝贵财富，是民进的自豪和骄傲。

系统地收集和整理民进会员的教育论著和教育贡献，是民进会史研究和教育的重要任务，对于民进发扬优良传统、加强自身建设、激励履职尽责具有积极的意义，对于我们深入学习多党合作历史、深入开展我国现当代教育历史研究，也具有重要的理论和现实意义。民进中央对此高度重视，组织编辑"开明教育书系"，朱永新副主席和民进中央研究室的同志们辛勤工作，邀请会内外专家学者共同参与，历时数年完成了编写工作。谨此，向各位作者和编辑同志，向开明出版社，向所有关心和支持本书编撰工作的同志，表示诚挚的感谢。

全国人大常委会副委员长　蔡达峰
民进中央主席

2022年12月

前言

作家、教育家、翻译家和社会活动家
"四位一体"的学术超人

朱永新

教育家小传

林汉达（1900—1972），著名教育家、文字学家、历史学家、翻译家、儿童文学作家、社会活动家。曾化名林涛。1900年2月17日出生于宁波慈溪。8岁入读私塾。1917年，在宁波崇信中学读书。毕业后执教于崇仁小学、崇信中学高小班。1921年考入杭州之江大学（今浙江大学）。1924年毕业后任宁波四明中学教师，因为掩护和营救进步学生而被解雇。1928年任上海世界书局编辑，后出任上海世界书局英文编辑部主任、出版部主任。1937年，赴美留学，先后获得科罗拉多州立大学教育学硕士、博士学位。回国后任华东大学英语系教授，后出任教育系主任，教务长、教育学院院长等职。

1945年底，林汉达与马叙伦等共同发起成立中国民主促进会，并当选为常务理事。1949年，林汉达以民进代表身份参加中国人民政治协商会议筹备工作。此后担任北京燕京大学教授、教务长，教育部社会教育司司长，全国扫盲委员会副主任，教育部副部长，中国民主促进会中央委员会副主席等职。

林汉达也是一位杰出的教育家，出版有《向传统教育挑战》《西洋教育史讲话》《一个办农民文化学习班的报告》《中国拼音文字的出路》《中国拼音文字的整理》《国语拼音课本》《新文字手册》等数十种论著。

1972年7月26日，林汉达因心脏病复发，病逝于北京，终年72岁。

自2007年底到民进中央工作开始，我就有意识地学习民进的历史，学习那些民进创始人的道德文章与精神风骨。林汉达就是我首选的努力走近的人物之一。

首选林汉达的原因之一，是因为我在大学期间曾经读过他的《向传统教育挑战》一书，儿子出生以后，又经常给孩子读他的《上下五千年》和《中国历史故事集》。在中国，或许人们不一定知道林汉达这个名字，但一般不会不知道《上下五千年》和《中国历史故事集》，因为，这是影响了中国数以亿计的几代人的儿童读物，发行量早已经突破了1000万册。

兼任民进中央秘书长以后，我曾经和民进中央组织部的同志去看望林汉达的儿媳谢文漪女士。出于对民进的信任，她于2011年1月、2012年2月和3月，先后三次向民进中央捐赠了有关林汉达先生的一些非常珍贵的文物，如在美国留学时获得的金钥匙奖章、访问西藏时达赖赠送的劳力士表、毛泽东主席1951年接见民主党派代表人士的合影、林汉达先生文字改革方面著述的手稿、工具用书、王羲之书法拓片及林先生自己的临帖与刺绣、国民党追捕他的通缉令剪报以及《我的自传》手稿等。她还代表亡夫林文虎先生向民进中央捐赠了清娄东画派画家王鉴的几幅作品。

我知道，如果林汉达先生在世，他也会这么做。早在1956年，时任教育部副部长、全国人大代表的林汉达在回乡视察农村教育时，就为家乡学校捐赠了当时堪称巨款的1200元，资助学校购买图书、开展文体活动。通过这些文物与谢女士讲述的关于林汉达的故事，我更近距离地感受到这位民进前辈的惊人才华与人格魅力。

作为儿童文学作家的林汉达

1900年，林汉达出生在浙江宁波乡村的一个农民家庭。家境贫寒的他8岁就寄读在离家五里地的地主家，为地主扫院子、抱孩子、打杂差，作为他的学膳费。13岁时父亲准备把他送到慈溪一家米铺当学徒，信仰基督教的远房姑妈念他聪颖好学，资助他去了教会学校继续上学。他十分珍惜这得来不易的学习机会，手不释卷，晨诵暮省。自此，勤奋、节俭、求学，成为他一生的关键词。他一心向学，从中国读到美国。据说他仅带300美金到美国留学，勤工俭学，以演讲收入作学费、生活费，博士学成回国时，还净余500美金。

从20世纪50年代后期开始，林汉达先后编写出版了《东周列国故事新编》《春秋故事》《战国故事》《春秋五霸》《西汉故事》《东汉故事》《前后汉故事新编》《三国故事新编》等大量中国通俗历史读物。加上他生前未及完稿、由曹余章续完的《上下五千年》，可谓著作等身。

林汉达曾经介绍说，他撰写通俗中国历史读物有两个目的，第一是想纠正古人关于历史问题的许多错误观点。譬如"烽火戏诸侯"的故事，过去一向把罪名扣到褒姒身上，认为"女人是祸水"。林汉达认为这是很不公平的。他说：虽然女人的确也有坏的，但在这一件事情上，不怪昏君，却加罪于褒姒，是不够公允的。因此，他想通过写历史故事的方式还原历史的本来面目。第二是想通过撰写通俗历史读物学习用现代口语写作。当时的历史著作基本上是用文言文写的，青少年学生阅读非常困难，他决定改变这个现状，为孩子们撰写一套白话文的历史读物。加上当时他被打成"右派"，"赋闲"在家，便全力以赴开始了写作。在1962年中华书局出版的《东周列国故事新编》的序言中，林汉达介绍说："我喜欢学习现代口语，同时又喜欢中国历史，就不自量力，打算把古史中很有价值的又有趣味的故事写成通俗读物……我当初写中国历史故事的动机只是想借着这些历史故事来尝试通俗语文的写作，换句话说，是从研究语文出发的。"

没有想到，这样一件"业余"的写作，却让林汉达成为影响几代人的儿童文学作家。身居高位、学至大家的林汉达为了能够把用艰深的文言文记录的中国历史，用通俗易懂的白话文表达出来，投入了大量精力。大学问家为孩子们做这样的"小事"，不仅造福了一代又一代的中国儿童，也为历史知识的启蒙做了奠基性的工作。儿童文学作家任溶溶曾经说："林汉达的历史故事不仅可以让读者津津有味地读到我们祖国的历史，而且文字规范，对我们学语文、学作文都大有好处。"历史知识是爱国教育的基础与前提。这些中国历史故事至今仍广为流传，已经成为我国儿童读物的一座丰碑，其成就几乎无人企及。2009年9月，《编辑之友》评选的"建国六十年的六十本书"中，《上下五千年》也荣誉入选。

北京师范大学文学院副院长、央视百家讲坛讲师康震曾经说，他就是被《中国历史故事集》引导走上文史之路的。小时候他的数学成绩比较糟糕，妈妈不让他看故事书，只让他做数学题。有一天，他在书店被《战国故事》《西汉故事》深深吸引，他跟妈妈说："向毛主席保证，只要你给我买了这个书，我数学成绩绝对排在前二十名。"后来，他果然兑现诺言，甚至成了一位文史学者。至今，他仍然保存着这套影响他一生的书。

　　大家写"小书",其实不简单。要把复杂的问题简单化,把艰涩的文字通俗化,把深奥的道理浅显化,是需要真功夫高水平的。这套通俗中国历史故事的成功,从一个侧面反映了林汉达为孩子讲中国故事的能力。更为了不起的是,林汉达在所有的故事中,都用了一个浅显明了的四字标题,如"千金一笑""一鼓作气""放虎回山""起死回生"等表达,使这本书在一定程度上又是一本成语故事书。这些故事不仅文字规范,而且生动有趣。我想,如果先生在世,去百家讲坛讲中国历史,恐怕会远比现在流行的一些讲座更加精彩。

作为教育家的林汉达

　　民进是教育党,60%左右的会员来自教育界。作为民进的领导人,林汉达一生也与教育有缘。

　　1915年,林汉达转学入读宁波崇信中学高小班。毕业后就担任了观海卫约翰小学的助教。也就是说,十五六岁小学毕业的林汉达,就已经开始担任小学教师了。17岁入读崇信中学,毕业后又在上虞、宁波任教,担任了几年的中学老师,一直到1921年考入杭州之江大学(今浙江大学)。1924年大学毕业后,他又回到家乡,担任了宁波四明中学教师。

　　1937年,林汉达赴美国留学,在科罗拉多州立大学研究生院民众教育系攻读硕士、博士学位,他的博士论文题目是《中国民众教育的发展与中国文字改革的关系》,在论文中提出要利用拉丁化新文字作为扫除文盲的工具。回国后,林汉达先后在华东大学担任教育系主任、教务长、教育学院院长等职。至此,林汉达创造了一个小学毕业教小学,中学毕业教中学,大学毕业教大学的奇迹。

新中国成立以后，他先后担任了燕京大学教授、教务长，教育部社会教育司司长、副部长等领导职务。这样，林汉达经历了一个从小学教师、中学教师到大学教授，从教师到教育管理者的完整过程，他的一生也与教育紧密联系在一起。当然，作为儿童文学作家，他撰写的通俗中国历史读物，本身也是最好的教育读本，作家从事的工作从本质上就是教育工作。

林汉达是中西贯通的学者，对于中国教育的传统和西方教育的发展了然于胸。1941年，他的教育理论代表作《向传统教育挑战》正式出版。在这本书中，他一方面有批判地引进西方的教育学说，一方面也勇敢地向中国的传统教育提出鲜明的挑战。在这本书中，林汉达对传统教育的"镶金嵌玉的锄头""小和尚念经""填鸭教育与放任主义""龙生龙，凤生凤，贼养儿子掘壁洞""铁杵磨成绣花针"等观点与做法提出了尖锐批评。

林汉达在这本书中提出了许多解决中国教育与社会问题的"药方子"。他不是简单地就教育谈教育，而是把教育问题与社会问题紧密地联系起来考虑。他认为，要普及教育必须扫除文盲，而这又必须在根本改革社会制度之后才有可能。他把"扫盲""普及教育""语文改革""出版事业"与"社会发展"，看成一个不可分割的整体。

这本书在当时的确是一部前所未有的著作，林汉达用"幽默的态度，生动的笔调，深刻的见解与透彻的讨论"，既批评了传统教育的弊端，又系统介绍了学习心理学的理论，是一部有破有立、简明扼要的教育心理学普及读本。出版以后受到学界与社会的广泛好评，不断重印再版。

好书总是有生命力的，能够穿越时间的长河不断走进人们的视野。1987年，上海书店重版该书时，华东师范大学老校长刘佛年先生曾经为其撰写了重版序言，序言中说："将近半个世纪前的书现在又重新印行,这种情况是很少见的,除非是极有价值的著作。"几年前,华东师范大学出版社的吴法源先生主持的大夏书系想重新出版这本书,托我询问版权的事宜,也是看到了这本书的价值。

2014年,长江文艺出版社将其重新出版。当然,70多年来,教育心理学取得了许多新的进展,尤其是认知心理学、生物科学与脑科学的发展,皮亚杰、维果茨基、埃里克森等学者新的研究成果,使教育心理学的学科内容更加丰富多彩,但林汉达先生教育上的远见、做学问的方法,如主张用整体、联系、动态的观点和方法代替片面、孤立、静止的观点和方法等等,在今天仍然有着重要的现实意义。

在语言文字改革方面,林汉达也发挥了非常积极的作用。新中国成立后,著名教育家吴玉章第一次见到林汉达时,就对他说:"你所写的有关文字改革和新文字的书和文章,我都看过了,写得很好。没想到你还这么年轻,我真是太高兴了,因为我后继有人了。"

汉语拼音之父周有光先生曾经描写过他与林汉达在宁夏平罗"五七干校"看守高粱地时讨论语言文字的一段故事,至今传为佳话。他们躺在高粱地里,一面仰望星空,一面讨论语文的大众化问题。最后两位先生达成了一个共识,即语文的大众化要通俗化、口语化、规范化。通俗化,就是叫人容易看懂,林汉达举例说,有一部译名为《风流寡妇》的外国电影,如果译为《风流遗孀》,观众可能要减少一半。口语化,就是要能朗朗上口,朗读出来的才是活的语言。如"他来时我已去了"这句话,很通俗但不"上口",改为"他来的时候,我已经去了",就好念上口。规范化,就是要合乎语法、修辞和用词习惯。如"你先走"不说"你行先"(广东话)。"感谢他的关照"不说"感谢他够哥儿们的"(北京土话)。"祝你万寿无疆",不说"祝你永垂不朽"。林汉达进一步强调:"三化"是外表,内容上的知识性、进步性、启发性也同样重要。

作为翻译家的林汉达

林汉达不仅是著名的儿童文学作家、教育家,也是著名的翻译家。据说在中学时,他每天早晨5:30就起床,面对滔滔甬江朗读两个小时的英文,参加全国大学生英语演讲比赛时曾经得到第一名的好成绩。

大学毕业以后,他担任过一段时间的英语老师。几年以后,28岁的他进入上海世界书局,历任英文编辑、编辑部主任、出版部主任。此间,他编写出版了一大批关于英语研究、英语教材、英语词典、英语翻译的著作,其中最著名的就是《标准英语课本》。

20世纪30年代,由开明书店出版、林语堂编的《开明英语课本》,风行一时。其后,世界书局出版了林汉达编的《标准英语课本》,隐隐有后来居上之势。于是,一场林语堂控告林汉达的课本抄袭、林汉达反诉林语堂诬陷的官司,让两人所在的开明书店与世界书局对簿公堂。一方是业内三大巨头的大书局和涉世未深的小编辑林汉达,一方是事业刚有起色的小公司和闻名遐迩的大学者林语堂。公说公有理,婆说婆有理。官司持续了半年,打得天昏地暗。所幸,对于足够坚韧的船帆而言,风暴再大,只是提供前进的动力。最终双方当事人都从此事获益:林语堂主编的课本因为官司得到宣传,销量大增;林汉达则因为官司期间,时任南京教育部次长的朱经农的一句话而卧薪尝胆。朱经农的那句话说:"人家是博士,你是什么?一个大学毕业生竟敢顶撞林博士!"受到刺激的林汉达于是立即只身远赴美国留学,只用了两年半就先后拿到了硕士和博士学位,并得到了金钥匙奖。据说,当时金钥匙奖还只有费孝通和他两人拿过。

在中国民主促进会,有两位学者堪称语言大师,一位是叶圣陶先生,据说当时中央政府的许多文件的语言文字,都是请叶老亲自把关的。另一位就是林汉达先生，不仅是因为他在教育部负责语言文字的工作，写过许多脍炙人口的读物，也因为他能把晦涩难懂的英文，翻译成通俗流畅的白话文。

林汉达翻译过许多作品，我在民进中央见过其中《大卫·科波菲尔》一书的手稿。该书是狄更斯最重要的作品，是作家23种著作中最心爱的一部。这也是一部别具特色的译著：原著有40余万字，为了让普通读者能够欣赏原著的精华，林汉达没有用直译，也没有用意译，而是用"素译"的办法进行了尝试。著名语言学家陆志伟先生在为其译著写的序言中高度评价了这种译法是"为忙人着想"。显然这也是为了让更多如少年林汉达一般的穷孩子们能够读到这本写穷孩子的好书。作为语言学家的译著，这本书还有一个重要的特色，即用北京话翻译。为此，满口宁波话的林汉达先生专门做笔记大量收集北京话的词儿，像孩童一样不断请教生长在北京的朋友。他这种精益求精的治学精神，实为后人之楷模。

可叹的是，最终先生竟因英文翻译而离开了我们——1972年7月初，还在牛棚劳动改造的他，接受了周恩来总理委托审校《国际主义还是俄罗斯化》一书的任务。林汉达初审以后发现，这本书的翻译质量不高，审校难度很大，"有的像大学生翻的，有的却像小学生翻的，全书估计有七八个人翻译过，所以，要达到全书的统一就比较困难"。这位年过古稀的老人知道毛主席在等着看这本书，便夜以继日地伏案工作，认真校改，每天工作长达十六七个小时之久。据林汉达之子林文虎回忆，一次吃饭时大女儿劝林汉达完成这次任务后就退休养老，他突然丢下筷子大喊道："你说什么！坏人诬陷我，狠整我，这么多年不让我工作，今天好不容易才干一点工作，你竟然让我退休养老！我老吗？我不老！我还有个20年的写作规划要去完成，我恨不得一天工作48小时！"

7月24日深夜，林汉达终于完成了这项重要的翻译任务，最后审完了书稿。也许是过于兴奋，25日凌晨他心脏病突发，经抢救无效，26日凌晨在北京医院去世。

作为社会活动家的林汉达

林汉达不仅是著名的学者，也是著名的社会活动家，他是中国民主促进会的创始人之一，也是民进的卓越领导人。

抗日战争胜利后，上海反内战的民主运动风起云涌。林汉达也积极投身其中，几乎每天都要在各大学、中学、工厂等演讲，呼吁反对内战争取和平和反对独裁争取民主。他的演讲尖锐泼辣，生动深刻，具有很强的鼓动性，被国民党嫉恨为"青年贩子"。同时，他也经常邀请上海的一些民主人士到自己任职的大学讲演，自己的家也成为民主人士和青年学生聚集的场所。

1945年12月30日，在中共上海市委地下党的支持下，林汉达和马叙伦、王绍鏊等发起正式成立了中国民主促进会。次年6月23日，上海人民举行反内战游行活动，林汉达、王绍鏊、陶行知三人被推选为大会执行主席。

在上海北火车站广场举行的欢送各界和平代表去南京请愿的大会上，林汉达再次进行了慷慨激昂的演讲。他在演讲中说："中国人民没有人愿意打内战。中国的主权属于全国人民，政府的官吏只是主人的仆人。但是，今天不是主人当政，而是仆人当政。我们要恢复主人的权力。我们的代表就是要吩咐仆人立刻放下武器。我们不能让仆人把主权送给外国人。现在，我们的代表到南京请愿，假如不成功，我们就第二次再去！全上海的人都去，我们步行去，非达到目的不可！"林汉达的话掷地有声，全场群众为之振奋，响应着他的倡议，齐声有节奏地高呼："去！去！去！我们步行去！"

第二天，上海警方就发出了通缉林汉达的消息。在地下党的营救下，林汉达戴上斗笠，化装成渔翁，从大连经朝鲜到达东北解放区。紧接着他担任辽北教育厅厅长，在条件极其艰苦的情况下，他夜以继日地编写扫盲教材，深入基层指导青年教师，为解放区的教育事业竭尽全力。

1949年6月15日，中国人民政治协商会议筹备委员会在北京中南海勤政殿开幕，林汉达与马叙伦、王绍鏊、许广平等作为民进代表参加了筹备会议，并且与雷洁琼一起参加了起草《中华人民共和国中央人民政府组织法》的工作。9月21日，他作为民进的正式代表出席了中国人民政治协商会议第一届全体会议。

1957年5月，林汉达为响应中共中央关于"整风运动"的指示，把在上海、宁波等地视察教育工作时发现的问题，写成了考察报告。在报告中他向中央建议，全党要重视教育，要提高中小学教师的社会地位，改善他们的生活待遇，要重视师资力量的培训和提高等。同时指出，全国扫盲工作计划有冒进浮躁、不切实际之处。因此，林汉达次年即被划为"右派分子"，入中央社会主义学院改造学习。此后，林汉达一直处境坎坷，但他仍然孜孜不倦于读书写作，直到生命的最后一刻。

林汉达先生一生一心向学，却不求阳春白雪的学问，只盼如何让更多劳苦大众受益，其作如人，被广泛认可。这次"开明教育书系"在考虑林汉达先生的教育文选时，我曾经考虑选择包括他的博士论文《中国民众教育的发展与中国文字改革的关系》在内的部分论文，但最后还是选择了《向传统教育挑战》和《文字改革是怎么回事》两本代表作和《我的自传》(节选)。《向传统教育挑战》一书系统介绍了国外教育心理学的研究成果，论述了许多教育问题，批评了许多教育现象，在今天读来仍然十分亲切，有着非常重要的现实意义。《文字改革是怎么回事》不仅与他的博士论文一脉相承，而且深入浅出地讲述了汉字是如何创造的，汉字的优缺点，为什么要简化汉字及如何简化汉字等问题。《我的自传》(节选) 是从未发表过的一篇文献，写于"文化大革命"开始的 1966 年，虽然带有明显的时代痕迹，但却是一份珍贵的历史资料，讲述了他从求学到工作的教育轨迹。

  由于工作的关系，我有幸读到林汉达先生的大量未发表的手稿，希望将来有时间能够继续研读整理这些珍贵的文字，开明出版社能够继续出版他的相关著作，让更多的读者能够聆听巨匠的心声，领略先驱的风采。

目录

第一辑　向传统教育挑战

学习心理学的要点——代序 ································· 003

镶金嵌玉的锄头
　　——文字教育的毒害 ································· 014

阴风昧生
　　——知识的相对价值 ································· 019

写大字用大笔
　　——刺激生长说 ····································· 024

脑筋的训练
　　——官能心理学 ····································· 029

小和尚念经
　　——练习律与联结说 ································· 034

熟读唐诗三百首
　　——强记与理解 ····································· 039

一通百通
　　——学习迁移说 ····································· 049

记不得这许多
　　——遗忘的研究 ····································· 054

强而后可

  ——动机的研究 ………………………………… 060

驴子磨粉

  ——理智的诱因 ………………………………… 075

棒头出孝子

  ——情绪的诱因 ………………………………… 086

两个和尚扛水吃

  ——社会的诱因 ………………………………… 094

填鸭教育与放任主义

  ——兴趣与努力 ………………………………… 103

铁桩磨绣针

  ——学习的技术 ………………………………… 121

依样画葫芦

  ——思想的解放 ………………………………… 138

龙生龙凤生凤　贼养儿子掘壁洞

  ——遗传与环境 ………………………………… 154

悬梁刺股

  ——疲劳的研究 ………………………………… 169

水来土掩

  ——心理卫生 …………………………………… 178

六十岁学吹打

  ——成人的学习 ………………………………… 199

万物之灵猿狗猫

  ——学习的理论 ………………………………… 207

本辑参考用书 …………………………………………… 221

第二辑　文字改革是怎么回事

汉字是怎么创造的 ································· 231
汉字有什么优点和缺点 ··························· 235
怎样简化汉字 ······································· 241
为什么要采用拼音文字 ··························· 249
为什么要采用拉丁字母 ··························· 254
要做哪些准备工作 ································· 259
总的说一说 ·· 264

附录：我的自传（节选） ···················· 267

林汉达著述年表 ································· 274

后记 ·· 288

第一辑

向传统教育挑战

学习心理学的要点

——代序

一、本书的立场

　　我不想在这里讨论教育的大题目，也不想编辑一部学习心理学；因为我们目前教育界所需要的并不是高深的理论，也不是一本完全的心理学教科书。目前所急需的却是教学上日常问题的检讨。检讨日常问题若偏重事实，难免救了头痛加重了足痛的弊病；若偏重理论，又怕结论尚未得到，却先把病人牺牲了。因此，我们想把教学的经验和学理，沟通起来。因为有经验而无学理作为根据，是为"土方"（Rule of thumb）"土方"会阻碍科学的进步。有学理而无事实作为应用，是为空谈，空谈无补于事。

　　除与实际生活有关的原理外，我们并不讨论抽象的理论，也不叙述心理学的派别，神经系的构造，也不介绍实验的程序，测验的种类等等。因为这些问题与心理学习并无直接的关系，如果像一般的教科书一样，包罗万象都带叙一些，"聊备一格"，反会使初学者对于学习心理学的认识，混乱不清。假如学习心理学是一台酒席，则内中自然有冷盘，有水果，有点心，以及吃到后来还有一些只摆摆样却无人下筷的东西。而我们这本学习心理学因为着重在日常的教学问题，所以只好算是一桌"和菜"或"点菜"。大爷们或许会批评说，"这种点菜难登大雅之堂"。我们却以为在实际生活上，"小吃部"似比"正厅"更为需要。

在这本学习心理学里没有创作的学说，却也没有抄袭的糟粕。如果有创作和抄袭地方，那也只有两点：编制是独出心裁的，实验是引用他人的。我们研究的方法是这样的：先在日常生活中抓住一个重要的问题，再由这个问题引出学习心理学的原理来，然后以观察和实验为根据去批评那个原理，最后才提出解决问题的办法。所以讨论的步骤是由归纳到演绎，再由演绎到归纳。日常生活中所选出的问题既是目前急须解决的重要问题，则我们所研究的原理自然也是学习心理学中最重要的原理。我们便用这个方法想把经验和学说配合起来，同时便把学习心理学的要点叙述出来。所说重要的问题是哪一类的问题呢？主要的是我国教育上急须破除的迷信。这些迷信之中，有的是中华土产，有的却是过时的舶来品。因此，本书具有双重意义：一方面是"向传统教育挑战"，一方面是"学习心理学讲话"。

本书所讨论的要点可分为三大类：急须破除的迷信问题；教育上各执一词的问题；心理学习上一般的问题。

二、急须破除的迷信问题

若在我们的行为上或思想上，自己发觉有迷信的地方，则这种迷信尚无多大的势力。信而不知为迷，才是严重的问题。若教育专家或心理学者亦以某种迷信误认为真理，则其为害于教育必更甚于普通的迷信。我们且举五种为例：

（一）形式训练说——"形式训练说"（Theory of formal discipline）

是以"官能心理学"（Faculty pscholgy）为根据，其意以为我们所以能思想，能记忆，能推理，全因脑筋中有思想的官能，有记忆的官能，有推理的官能等等。教育的使命是在训练各种独立的官能。学科的优劣须以训练官能所得的成效为标准，而学科的内容是否适应生活的需要倒在其次。例如学习算术，并不是真的要儿童去"算账"，乃是训练他的推理的官能。背诵古文，并非叫你去说古人的话，乃是训练你的记忆力。所以教育所重的是训练的形式而非学科的内容。这种学说在我们教育界中不是很占势力么？

（二）学习的迁移——"学习的迁移"（Transfer of learning）是"形式训练说"的亲生子，其意以为你若学会了一种材料则这种习得的能力便可"迁移"到其他类似的材料上去。习拉丁文非为拉丁文而学习，乃是学习现代语的方法。因为拉丁文能通，英文法文自然也容易通了。欧美各国的传统学校以拉丁文为必修科便是这个缘故。但近来"进步的学校"（Progressive schools）把拉丁文废去了。而我们进步的教育家则仍以为文言文能通，白话文自然也通了。甚至推而广之，国文程度高的学生，英文程度也不会低，大学毕业能得第一名，则无论哪一种中学，无论哪一种学科都能教了。各种专业训练都是多余的。我们也并不否认"迁移"的可能性，但是认定"迁移"为必能，一通便是百通，这便是迷信。

（三）练习律与联结说——"练习律与联结说"（Law of exercise and theory of the bond）是鼎鼎大名桑戴克葫芦里卖的秘药。这种学说神秘得很，在神经学上亦无实验的根据。桑氏以为神经上有无数各自独立的"神经键"（Synapses）。"神经键"愈多用，则其阻力愈减少，"刺激与反应的联结"（S-R bond）亦因此而愈密。一切的学习便是为要造成各种的"联结"，所以教员的任务是在尽量供给刺激，学习的方法是在反复练习。结果怎么样呢？既以选择和供给刺激为教育的主要任务，则教员和教材便做了中心，儿童却退居在被动的地位；既然着重了反复练习，则"推理"（Reasoning）和"洞悟"（Insight）难免被忽视了。你且看我们各级学校不是都着重"试误"（Trial and error）和"强记"（Rote memory）么？有几个在鼓励洞悟的学习和创造的思想呢？

（四）文字教育——一般人都有一种错误的观念，以为受教育便是读书，读书便是识字和写文章。只要你的文学精通，你便是头等读书人。但是头等读书人所读的是什么书呢？所学习的又是什么呢？是经济么？是工程么？是医学么？是农学么？都不是这些。那末到底研究些什么呢？从前只读国文，现在改良了，又加了一科英文。可是国文是教育么？英文是教育么？读了几年文字便算是受了教育么？有些教员和学生也许会瞪着眼睛回答说，"文字不是教育，什么是教育呢？"

（五）反民主的学说——中国不是民主国么？美国不是以民主教育闻名的国家么？然而我们的教育不但不够民主化，而且还有人从美国贩来了一些反民主的学说。这种反民主的学说之中最主要的有遗传，有本能，有个性差别，有智力恒定等等强词夺理的臆说。有些教育家和心理学家戴着科学的面具，不惜曲解实验，为特殊阶级作辩护。例如个人既有"获取本能"（Instinct of acquisition）、"自我本能"（Ego instinct）、"争斗本能"（Fighting instinct），所以私有财产制度，放任的资本主义，和侵略的帝国主义都是合乎天性的。遗传和智力既有差别，而且都是先天的恒定的差别。所以社会必须有阶级。有钱有势的压迫者是因"得天独厚"，又贫又贱的被压迫者是因"命里注定"。文盲是命里注定的弱者何必一定要给以教育呢？得天独厚的少爷们才应享受高等教育。读者不要惊奇，这还是赫赫有名的美国教育专家的论调呢！

三、教育上各执一词的问题

教育上有许多问题是两方面的，而这两个方面却组成同一的事物。

历来的教育家却各执一词争论不休，实则都上了二元论的大当。在教育哲学上攻击二元论最力的莫如杜威，在心理学上媾通二元论的莫如"格式塔心理学派"（School of Gestalt psychology）。杜威举"工作与游戏"为例。工作与游戏的本身并不是两个不同的行为，乃是同一的行为作为两种看法。有兴趣的工作等于游戏，使人厌烦的游戏等于苦役。因此他的一元论的应用即是"以游戏的精神来作工"。"格式塔"心理学者以图画为例。白的纸画上黑的图，便成了"形基结构"（Figure-ground structure），黑的图为"形"，白的底为"基"。"形基"合一便是一个"格式塔"，或称"完形"。"完形"是不能分割的，你若硬把"形"和"基"分割起来，那你又上了二元论的当。本书中关于这一类的问题主要的有下列数项：

（一）遗传与环境——除生理的遗传外，个人心理的特性都可用环境来解释。因为精虫与卵珠结合以后，环境便起了作用。婴孩落地时毫无智力可言，那末，以后的智力哪里来的呢？还不是习得的么？没有人生下来便能说话的，这说话的能力又是习得的。可是为什么牲畜不能学话呢？可见发音机关的特殊构造是人类独有的遗传。以此类推，一切的学习和发展，须先有学习的可能性和发展的倾向，作为出发点，而后环境才能发生影响。然而有了出发点而不出发，或无发展的机会，则所谓可能性也不过永是可能性而已。一粒谷若不落在泥土中决不会生长，开花，结穗的。教育家如农夫，他的工作是耕种，却不是创造种子。教育家而迷于遗传以个人的成败为先天所决定简直等于在打自己的嘴。因为"人非生而知之"教育才有地位，环境可以改造个人，教育才有意义。所以我们并不闭着眼睛，否定学习的可能性，却主张：既然人人都有学习的可能性，人人都应有学习的机会。

（二）兴趣与努力——这又是一个使教育者各执一词的问题。兴趣主义者以儿童的兴趣为中心，其意以为有了兴趣，儿童才肯努力。主张形式训练者则以教员和教材为中心，其意以为先训练儿童去努力，以后才能因努力而生兴趣。哪里知道兴趣与努力是有连环性的。兴趣生努力，努力生兴趣。要争论谁先谁后，等于讨论鸡生蛋蛋生鸡一样的无谓。那末，谁应作为教学的中心呢？是儿童呢还是教员和教材呢？是兴趣呢还是努力呢？我以为绝对的固定的中心是没有的，且亦不应有。有的只是一个"动的中心"（Dynamic center）。这"动的中心"是在儿童和教员之间，或说兴趣与努力之间。何时近于这边，何时近于那边，则须看学习的"情境"（Situation）而定。这不是静的中庸之道，而是动的时时改造。例如杜威创办"进步的学校"原为反抗形式训练而以儿童的兴趣为中心。他的企图是成功的，但是由某方面看来，这种企图还须改进，于是最近他在《教育与经验》一书中又批评新教育太忽视教员和教材了。"动的中心"又要移近教员和教材那一边去了，但这是进一步的改造而非形式训练的"复辟"。

（三）试误与洞悟——桑戴克以为学习是"试误"，"格式塔"心理学家则以为学习是"洞悟"。若以"试误"为学习，则学习的方法重在反复练习和强记。若以"洞悟"为学习，则学习的方法须重理解和"类化"（generalization）。实则"试误"与"洞悟"并不是两个不同的"本体"（entities），而是程度不同的同一学习。"试误"是延长的"洞悟"，"洞悟"是缩短的"试误"。"试误"的学习并不是"瞎撞"，其中也有理解的成分；"洞悟的"学习亦不是突然的"福至心灵"，其间亦有"试误"的过程。例如学走"迷津"（Maze）是"试误的"学习，但"试误"了几次便有进步，这进步自然是由洞悟而得；拼生字，学笔画是强记的学习，但后来也能归纳出道理来，这便是理解。同样，"难题试解"（Problem-solving）重在洞悟，却也需要相当的试误；自己预备一篇演讲，自然句句都是理解的，但也要强记几段。因此，我们可以说，试误与洞悟，强记与理解，在学习上都有相对的地位，何者当重，何者当轻，又须看学习的材料和学习的情境而定。若是各走极端，则又跑到二元论的歧途上去了。

（四）嘉许与谴责——这似乎又是两个不同的"诱因"（Incentives）。因此教育者又各执一词分为两派，有的主张教育儿童须用奖赏，有的主张须用惩罚。其实这两个又是程度不同的同一事物。受惯了嘉许的儿童，一旦做了素来常得嘉许的事，而未得到嘉许或嘉许得不够，他便会感觉到受谴责一样的痛苦。常被责打的儿童，一旦未受责打，或谴责得比较柔和些，他也会感觉到受嘉许一样的愉快。这并不是说嘉许和谴责可以随便采用，乃是指明嘉许和谴责都有利弊，其利弊并不在赏罚本身的不同，而在受赏罚的个人和其当时的情境而定。例如对于聪明的儿童，谴责比嘉许更为有效；对于愚钝的儿童，则嘉许比谴责更为有效。那末，嘉许与谴责应注重哪一点呢？我以为任何一点都不应注重，如果一定要注重的话，则又应注重"动的中心"。

（五）工作，疲劳与休息——继续不息的工作会发生疲劳，疲劳了需要休息，休息以后再作工。其中似乎有三个阶段。若为便利讨论起见，分为三个阶段亦未始不可。但是把它们看作三个分割的独立的行为，则又破坏了一个"格式塔"。这样一来，至少会发生三种弊病。第一种弊病是把休息视为妨碍工作和虚掷光阴的行为，所谓"勤有功戏无益"，便是二元论者的见解。结果，必致发生过度的疲劳，因此反减少全部工作的效率。第二种弊病是把工作视为苦役而以休息为享乐。能不作工最好不作工，能休息最好尽情休息。第三种弊病是把休息视为静止的状态，正如工作为动的状态。若以静止的状态为休息，那末监狱里的犯人和失业的工人，都是世界上的活神仙了，岂不是笑话？为要改进这三种错误的观念，我们须把工作，疲劳和休息，视为相互错综的行为和状态，却不应把它分割起来，硬使之各自独立。

（六）阴风昧生与创造的思想——"阴风昧生"（Information）包括

消息、传闻、书本知识，以及一切关于各种事实的材料。"阴风昧生"的学习重在知识的积聚。创造的思想包括推理，难题试解，想象和发明。学习者重在理解、观察、实验、类化、应用和独出心裁的态度。"阴风昧生"的积聚，使学习者知道"思想什么"（What to think）。思想的训练使学习者知道"如何思想"（How to think）。传统的教育多重"思想什么"，进步的教育多重"如何思想"。于是教育家各执一词又分为两派。实则这两种学习又是不能分割的。我们固然要注重思想，但是人不能在"真空管"里思想，便是"空想"亦须有一些空想的东西，绝对的空想等于"不想"或"无想"。可见"如何思想"须以"思想什么"为基础，创造的思想须有"阴风昧生"作为根据。这是说明二者都有相对的价值，不能有此无彼，或有彼无此。但是哪一项应更注重些呢？这须看一国的教育情形而定。在中国历来不注重思想，今日的学校教育又偏于"阴风昧生"，因此以目前的需要而论，我们非鼓励"如何思想"不可。

四、心理学习上一般的问题

本书所讨论的都是一般的问题，所以书中并未分类，但我在检讨问题时，无形中有个步骤：便是先来揭穿有害于教育的顽固的思想；其次把教育上因受二元论的影响以致心理学家各执一词的问题，予以检讨，并指出我们目前应取的路径；此外再研究学习心理学中几个基本问题及其他，统称为一般的问题。主要的有下列数项：

（一）学习的动机——"动机"（Motivation）是学习的驱力，犹如需要是发明的驱力一样。所谓驱力并不是外界的刺激，如社会的需要，家长师长的策励等，也不是内在的冲动，如自觉需要，存心要学等。乃是由内在的需要和外界的刺激而组成的合力。因为我们知道刺激生反应，反应亦生刺激。所以动机可借外力而引起，亦可由自身的需要而发生。由外观之，动机是被动的，由内观之，助机是主动的。其实，绝对的被动或主动均不可能。真正的动机乃是"内外交攻"，刺激和反应相互错综而成的活力。

（二）学习的诱因——"诱因"（Incentives）是动机的方法（Motivating devices），可分为三类，即：理智的诱因；社会的诱因和情绪的诱因。理智的诱因是指学习者自己知道学习进展的情形和学业的成绩，因而对于工作更有兴趣更肯努力。测验和考试便是使学生知道自己成绩的方法。社会的诱因是指学习者因与其他的学习者共同努力，效率因而得以增高。共同努力的方式有竞争和合作两种。究竟哪一种方式更为有效亦是学习心理学应研究的问题。情绪的诱因是指学习者因要得到成功的愉快，或避免失败的烦恼，便格外兴奋起来。使学习者感觉到愉快或烦恼的方式有两种：强烈的，有酬报和惩罚；柔和的，有嘉许和谴责。究竟哪一种方式更为有效，又为教育者应给以解决的问题。

（三）学习的技术——官能心理学所倡导的训练记忆、推理、思想等各种官能的学说，已被行为心理学和"格式塔"心理学所击破。心理实验已证明记忆、推理或思想的本身是不能改进的，那末，由学习而改进的是什么呢？某人记忆进步了，某人推理进步了，某人思想进步了，又如何解释呢？原来所谓进步，是指方法而言。所改进的并不是记忆或思想的本身而是记忆或思想的方法。于是心理学者便从"形式训练"的泥潭里跳了出来，脚踏实地，来研究学习的技术。本书除研究一般的学习技术外，又照所学习的对象的性质，把技术分三类，即：强记的学习技术；理解的学习技术；和思考的学习技术。强记的学习技术是指改进"记忆的方法"，理解的学习技术是指改进"理智的方法"，思考的学习技术，即所谓思维术。这样的分法全为便于讨论，实际上，记忆，理解和思考都有连带的关系，决不能机械地分拆开来。

（四）人格的发展——这里所说人格的发展并不是讨论劝人为善的

伦理，也不是使灵魂得救的宗教，乃是讨论个人应如何学习以适应社会的标准。所谓心理卫生不外乎良好习惯的养成。个人所有的各组习惯能互相调和，与社会的标准不起冲突，这便是健全心理。若各组习惯自相矛盾，又而不能顺应社会，这便是变态心理。而变态心理是妨碍人格的发展的。所以要发展儿童的健全人格，做父母的，做师长的，以及儿童自己须讲究心理卫生。

（五）成人的学习心理——传统的教育家都有一种错误的观念，以为儿童时期是学习的黄金时代，过了这个时期，学习的效率便减低，甚至会减低得几无学习可言。于是教育的目的是为预备将来。儿童所学的在当时毫无实用，因为教育的应用是在将来。因此，教育变为早年的"冷藏"。关于这一点，杜威攻击得最有力。为改进这种"冷藏"教育的错误观念他便提出"教育即生长"的口号。教育既是生长，则决不能以儿童教育为限。教育须是继续的，学习须是终身不息的。所谓"做到老学到老"便是这个意思。杜威的学说如没有心理实验作为根据，至多只可算是理想而已。好在近来的心理实验和观察都证明成人的学习兴趣和学习能力，不但不亚于儿童，而且远胜儿童。既如此，不但文盲应当扫除，成人教育应当推行，即非文盲亦应有继续学习，"死而后已"的态度和决心，才不辜负此生。

（六）学习的理论——学习是多方面的，学习的材料又有难易的分别，学习者的程度又各不同，而心理学家要用一个理论来解释一切的学习，这是事实的不可能。因此，见仁见智，各执一词。我们不想把已过去了的关于学习的理论来个总检讨，因为这是无谓的尝试。"任凭死人埋葬他们的死人"。不过当今的心理学家对于学习的见解，似有介绍的必要。最主要的有三种：即试误的学习，制约的学习，和洞悟的学习。"联结主义者"（Connectionists）以为学习是以试误来增加刺激和反应之间的联结；"行为主义者"（Behaviorists），以为学习是制约的反射之形成（Formation of Conditioned reflexes）；"格式塔"心理学者则谓学习是行为的改造，而此种改造乃由学习者与情境交感而成，所以须有洞悟。实则，以这三种理论来解释三种不同的学习，都极有理；若以任何一种来解释一切的学习，则都犯了"盲人谈象"的偏见。因此"发生心理学"（Genetic psychology）采取三家的学说来解释不同的学习。因为学习者程度有高低，所学习的材料又有难易，在学习的过程中自有试误，有制约，有洞悟。正如吃食，有吞、有嚼、有咽，却不能说一切的食物都须吞食或都须咀嚼。究竟如何吃食须视个人与食物而定。所以"发生心理学"的见解似较近理。

五、总述

学习心理学本身的发展尚在幼稚时代，其所研究的项目和范围自无固定的标准。因此同是一个问题，某甲叙述特详，某乙或竟毫不提及。同是一条原则，丙视为极其重要，丁却视为无甚价值。可见心理学家在研究问题时虽尽量采用客观方法，而选择题材难免凭着主观。我们也考虑到这一层，觉得根据心理学的历史来选择讨论的题材，似乎不大妥当，因为我们并不研究心理学的本身；根据心理学家的派别，似乎也大可不必，因为我们并不要标榜某一主义。因此我们便根据过去的经验和最近的观察，选出几个中国教育界急需解决的教学上的重要问题，再按照问题的性质，依次讨论。着重在揭发我国传统教学上的迷信，和教育上二元论的弱点。为要讨论这二大问题，便不得不牵连着许多学习心理学中重要的原则。既然讨论了学习心理学的要点，所以本书亦可称为"学习心理学讲话"。这样的研究学习心理学比"俨乎其正"的讲学，自然较有兴趣，但是挂一漏万，在所不免，尚祈读者随时指正。是为序。

镶金嵌玉的锄头

——文字教育的毒害

一、识字便是教育么？

中国推行民众教育已数十年了，肃清文盲的大纲和办法，也由教育部或各省市颁布了多次。这种教育的办法是什么呢？是千字课，是注音符号，是识字。目标是什么呢？又是识字。似乎识字便是教育，教育便是识字。小学生的认方块字或读变相的方块字课本，且不说，便是中学生，甚至大学生，他们在学校里也并不都在受教育，而是只在认字，国文科的学生，所费的时间，多在求字义，考典故上。英文科的学生可说把全部学习英文的时间都费在查生字，读音，拼生字。汉字英文认得多，能写得出，拼得出的便是好学生。教员和学生都以为识字便是教育，而不知识字并不是教育，连初步的教育也不是。识学只是受教育的初步预备。所以仅仅认得几个字，懂得几个古典的学生，简直可说还没有受过教育。

二、读书便是教育么？

比识字更进一步的是读书。从前国文书上有一课说明教育的意义，"先生曰，'汝来何事？'学生曰，'奉父母之命，来此读书。'先生曰，'然，人不读书，不能成人。'"这一课现在是不读了，但先生和学生还以为学生到学校里来，为的是读书。因此国文科英文科尊重读书不用说了，便是历史、地理、经济、社会、物理、化学，也只凭"读书"。大学里用英文原本的尤其如此。不管学生所读的是什么，他都当英语课本读。照样查生字，求字义，照样读书。却顾不到各科所注重的内容。不但学生如此，教员何尝不然。只要某生文字通顺，他便是有教育的人才了。而不知文字不过是求知的工具，是方法而非目的。

三、美丽的铁锄

假如文字是矿工所用的铁锄，那末，学问是用这铁锄所开出来的矿物。自然，矿的种类不一，金矿银矿也好，铁矿煤矿也不错。怕只怕工人们什么矿都不采，只在那里费了五年十年的光阴和精神，专在擦亮他们的铁锄。中国历来的读书人，大半的努力，全费在美化他的工具上。他把铁锄擦亮了还不够，再把铁锄的尖头镶了金，嵌了玉，又把锄柄改为象牙的。费了一生的光阴和努力，只做成了一柄镶金嵌玉的锄头，什么矿也没有开。而且这种美丽的锄头根本不能用以开矿的。这种开矿工人要他何用？这种读书人，哪里有什么教育？过去的读书人是这样，现在的学生还不仍是这样么？学生在学校里干什么呢？还不是在他的锄头上做功夫么？谁叫他这样干的呢？自然是他自己，他的父母和他的教员。一个学生若在作文簿上写了几个别字，或夹了几句不通的字句，国文教员便批评他"不通""国文程度够不上"，而他所写的内容如何，却不过问。即使有好的内容，也因他的别字或"书法恶劣"而被抹煞了。

反之，一个学生如能做诗，且能做分平仄押时韵的旧诗，那末，不管他所说是花呀，是月呀，甚至是屁呀，他总是一个有国学根底的好学生。国文科如此，其他各科大半也如此。这样的学生不但自己很高兴，便是他的教员，他的家长，也很得意。诗人还不是有教育的么？他有了一柄镶金嵌玉的锄头，还不是好矿工么？

四、平民买不起的工具

我们既把开矿的锄头认为矿的本身，因此矿是不开了，也想不到有开矿这一回事。所以只在锄头上下功夫。别人家的鹤嘴锄是铁制的，又合实用，价又便宜，人人容易得到一柄。而我们既认锄头为矿的本身，那末，铁的自然不雅观，太卑贱，用不着。要怎么样的呢？不必担心，好在我们有一柄祖传的镶金嵌玉美丽的锄头，可作模范。所以无论哪个工人，如买不起，或制不出这样的一柄，他便没有做矿工的资格。于是一般想做矿工的人民，摸摸自己的腰包，太瘪，算算五年十年的时间，太长，便自动地回头了。有的白费了一些时间和金钱，叹了一口气，半途而废了。

黄裳、杨敏祺、李智三位先生①调查小学生识字数的结果是这样的：六年级约识四千二百字，五年级约三千九百字，四年级三千字，三年级二千三百字，二年级一千四百字。你想费了六年工夫认识了四千二百不同的符号，的确不容易了。而认识了这许多单字，却还连不成句，看不来书。小锄头还没有柄，比一比我们祖传的镶金嵌玉的锄头，不但相形见绌，简直太不像样。这是说识字。作文呢？阮真先生②也有一篇报告，他说："至于学生国文程度，小学毕业者，我无统计研究。初中毕业，曾进高中一年，白话文通顺者，根据一千三百八十四卷之统计研

---

① 黄裳、杨敏祺、李智：《识字测验经过的报告》，《教育杂志》1936年第11号。
② 阮真：《中学国文课程标准之讨论》，《中华教育界》1936年第5期。

究，其及格程度占一百九十卷，约占 13.73%，尚有 86.27%之成数，白话未通也。至于高中毕业生，我虽无统计研究，然据所教各班历届毕业生之观察，亦甚清楚。大约文言能通者（白话亦通）1%，能作文言而未通者（白话有通有不通）20%，作白话大致通顺者（不能作文言者）50%，作白话仍未通顺者（不能作文言者）20%。此今日初高中学生国文之实在程度也。"

穷人子弟得能高中毕业，已费了十二年的光阴（还不能留级），花了父母汗血所换来的钱做学费，满想买一柄锄头去开矿，实在是难能可贵的了。那知十二年之后"文言能通者1%"！进了高中一年，已费了十年光阴，而白话文通顺者，还不到14%！如若文言能全通，不知还要费多少年的时间。这样难得的锄头，谁买得起？即使花了长久的时间，不断地努力，而仅仅得到了一柄锄头，矿还没有开，岂不冤枉？于是教育家安慰他们说："算了吧！你们既有了这样的一柄锄头，就算开过矿了。"而且读书本是镶金嵌玉的雅举，哪里要你真的去开矿呢？因为我们的箴言是："天子重英豪，文章教尔曹；万般皆下品，惟有读书高。"这种观念，直至今日还未铲除。那些办教育的，大有"天子重英豪"的风度，受教育的只在读文章。你若不信，且看一般大学生所选的科目。一九三一年国内五十九个大学中有二万八千六百七十七个学生得学位，其中入法科及文科的倒有一万六千九百八十四人，占全数59.2%。入农科的只有九百零八人，即3.1%[①]。谁都知道中国是以农立国的，而我们的大学生都想做天子所重的英豪，不愿做下品的工农。一九三三年的统计[②]告诉我们：全国的大学生入文科的占67.07%，入理科的仅占32.93%。这还是教育部竭力抑文科重理科之后的情形呢！

---

① League of Nations Mission of Educational Experts, The Reorganization of Education in China. Paris, 1932, P. 150.

② The Year Book of Education 1937, Evans Bros. P. 569.

五、全国无教育

我们几乎可以说中国没有教育。因为入学的儿童数在每千人中只占二十二人。每一百学龄儿童中只有四十余人入小学。全国人口中只有20%非文盲,已是极可怜的了。哪知连这极可怜的限度中,只是识字,念书,读文章,还谈不到教育呢。

综上所言,可得几个结论:

第一,仅仅识字读书不得算是教育;

第二,教员不应单单"教书",还该指导学生追求学问;

第三,课程应多注重内容,少铺张形式;

第四,文字是研究学问的工具,而非学问的本身(除非你专门研究文字学);

第五,我们祖传的工具似有改革的必要。

阴风昧生

——知识的相对价值

自从五四运动以来，我们才讨论到读书问题，再由读书问题，讨论到读经问题。不但是讨论，简直还引起了激烈的争辩。左派说，"人是活的，书是死的，尤其是古书，所以我们不应该读死书。"右派说，"书是知识的仓库，古书是不朽的杰作，杰作无时间的限制，永远是活的，所以我们读的是活的书。"骑墙派说，"凡事不可一概而论，古书虽已过了时，但也不全是死的。今书虽然摩登，但也不全是活的。不管古书今书，多读一些书，总是有益无损的。"

这三派的话听来都有道理，其实都是废话，尤其是第三派的话不但是废话，而且是害人的毒素。谁都知道书是死的，因为它是无机体，是不能活动的，然而人是活的，死书未始不可活读。不朽的杰作自然是活的，不过活的书不一定能供给各人的需要，不必人人都去读同样的书。所以前两派的话等于不说，即等于废话。但第三派的话"多读一些书总是好的"是一种陷阱，青年人听了以为极有道理，于是把工夫都费在读书上，而不辨别什么书当读，什么书不当读。

一、价值的相对论

这第三派的理论,我们可引斯宾塞(Spencer)的话来驳覆。他的教育论中有一篇叫作《什么知识最有价值》①。他说:"我们所争论的问题是非常重大,问题并不在讨论什么知识是不是有价值,而在讨论什么知识较有价值。一般人对于某种学科能指出某种利益时,以为理由即算充足了;却不估量他们所指出的利益,是否充足。凡经人们加以注意的学科,恐怕没有一件不是多少有些利益的。你若下一年的苦功,去研究纹章,你或能更明白古时的仪式和道德,以及姓名之起源。你若把英国各城市之间的距离都记熟,则你在一生之中,或者能在这千余件事实中,可以找出一二件事实于你将来计划旅行时,有些用处。……然而在这些事件内,我们须要明白,我们的劳力与将来或有的利益,其比例是否相当。若有人主张把儿童的时间耗费于这样的知识之获得,却因此而牺牲了本来可以得到的更有价值的知识,对于这种主张绝不会有人能够容忍吧。……但是我们应当牢记求学的时间是有限的。这不仅因为我们寿命的短促,也因为生活的复杂,所以我们须特别审慎,使所费的时间能够求得最大的利益。在你为时尚和癖爱所驱使,以几年的光阴费于某种研究之前,最好先估量估量:倘使你以同样的岁月费于其他的事业上,其结果是否有同样的或更大的价值。"

可见问题不在古书,今书,死书,活书,不在书之有无价值,也不在知识之有无利益;因为无论什么书多少总有一些价值;无论什么知识,多少总有一些利益。问题是在我们以同样的时间能否看更有价值的书,能否得到更有利益的知识。若是我们把时间费于读一些价值较少的经书,或费于获得利益较少的知识,却因此而牺牲了本来可以用同样的

---

① Spencer, Herbert, Education, Section I, "What Knowledge Is of Most Worth?"

时间而得到更有价值的知识，这便是不经济，等于虚掷光阴。这个道理叫作价值的相对论。

二、阴风昧生不是知识

斯宾塞所说"什么知识最有价值"句中的"知识"一词，原文为 Knowledge，而由研究纹章或记熟各城市的距离而获得的"知识"，却是 Information，我们在译文中都写作"知识"。这是不妥当的。知识是活的动的，可以发展的，而 Information 却是死的，静的，是只能增加，不能发展的。这个字还没有适当的译文，勉强译为"消息""通知"或"见闻"。但都不甚恰当，所以我便照字音译为"阴风昧生"（现在一般译为"信息"——编者注），以别于活的，动的，能发展的"知识"。胡山源君在《中美周刊》中有一篇文章，叫作《略谈大学国文用书》[①]。他以为我们要学生读了国文教科书而获得的，不外乎思想、"知识"、技能和趣味。在论"知识"的时候，他说："所谓'知识'者，就是希望学生听了所选的文章之后，能够知道一些历史上的事迹，尤其知道一些古今未列入文章范围内的经、史、子、集、之类。这两点差不多包括了原来我们所选读的作品的大半。当然，这也是需要的，然而在平时我就以为没有过分提倡的必要；至于在现在，我却更以为尽可将分量减轻，即使不读这些文章也不要紧，为什么呢？原来'知识'愈多，就可以称为饱学之士。然而饱学之士，不知世故人情，因此见解怪僻，举动乖张，轻之为人所笑，重之为人所恶的，我们原来也见过不少。至于现在，建设事工急于星火的现在，我们对于这些饱学之士，有什么倚赖呢？那末我们为什么还要叫学生多获这种不切实用的'知识'，依了考据研究之类，而作这样的候补饱学之士呢？……"（知识二字的引号

[①] 胡山源：《略谈大学国文用书》，《中美周刊》1940年第23期。

是我加上的。)

胡君文中所提出的"知识",并不是活的,动的,能发展的知识,也不是学生所应追求的学问,而是斯宾塞所说由研究纹章或记熟各城市的距离而获得的"阴风昧生"。知识愈多,思想愈发达;而"阴风昧生"则愈多,愈使"饱学之士,不知世故人情,因此见解怪僻,举动乖张"。明白了知识与"阴风昧生"的分别,我们便会知道,现在学校中的学科大半不是为了发展学生的知识,而是在向学生拼命注入"阴风昧生"。即所谓"填鸭教育"。不但是古书死书,便是今书活书,也用以来增加学生的"阴风昧生",结果,制造了一批一批的"见解怪僻,举动乖张"的两足书橱。不但国文科如此,即其他的学科,若专重"阴风昧生",亦莫不如此。

三、阴风昧生不是教育

现在只有两种国家着重"阴风昧生",一种是文化落后的国家,根本没有教育方针,教育者只抱定因袭主义,像鹦鹉一般,将自己从前在学生时代所得到的"阴风昧生",照样地传给现在的学生,使现在的学生将来也去做鹦鹉式的教员。另一种是实行独裁制度的国家,不但教育有一定的方针,而且学程的组织,书籍的出版,教法的实施,课程的内容,都照政府所指定的去办理,不得稍有更动。受教育者完全是被动的,只接受教育者所给予的"阴风昧生"。思想是现成的,大众不必自己去思想。人生观是由国家订定的,个人不应有自己的人生观。我说"阴风昧生"不是教育,因为教育使学生如何思想(how to think),而"阴风昧生"只让他们去思想什么(what to think)。教育所重的是创造,"阴风昧生"所重的是守成。教育使人寻找真理,"阴风昧生"使人服从命令。教育是动的,向前的,"阴风昧生"是静的,望后的。教育使人有科学的思想,而"阴风昧生"最理想的效果是八股文章。因此我们不得不指出注重"阴风昧生"的教育者，仍脱不了科举的习气，而死记"阴风昧生"的学生，充其量，一个想考八股的文童而已，还配不上称为"饱学之士"。

这"阴风昧生"与"知识"的分别，可以帮助我们辨别相对的价值（Relative Value），使以后在讨论读书问题，读经济问题，或死书活书问题的时候，有一些评判的标准；也可提醒用功的学生们不可再因"阴风昧生"而牺牲了知识，因思想什么而忘了如何思想。

写大字用大笔

——刺激生长说

从前共和国国文教科书第二册有一课说:"羊毛鼬毛,皆可制笔。写大字,用大笔,写小字,用小笔。"可见那时一个六岁的小孩子第一年进校,便须"磨墨,执笔,写字"了。现在呢?落后的小学校且不说,比较进步一些的小学校长,总算受了西洋教育的风气,对于小孩子也比较宽待一些,于是执大笔,写大字的一回事,是在第二年开始,第一年只用铅笔。本来七八岁的小孩子,洗面,梳发,穿衣,著鞋,还要仰仗别人。在学校里,裤带散了,若非别人代他束好,也许拉着裤裆回家。现在居然叫他写墨笔字,其成绩自然大有可观。成绩在哪里呢?两只手在磨墨的时候早已染了墨迹,嘴巴出了胡须,鼻子像个烟囱,甚至衣服上也都有写大字的成绩。当他到学校里去的时候,母亲代他打扮得齐齐整整,写了大字回来,活像一个送煤炭的小学徒。

一、学习大字的理由

为什么要叫小孩子写大字呢?因为在科举时代,书法恶劣的文章是决不会录取的。考进士，考状元，更需要极好的书法。书法不但是预备赶考的必修科，而且书法的优劣，据说，于个人的道德品性都有极大的关系。书法既是这样的重要，既是每个读书人都应该学习的，那末，自然愈学习得早愈好，你若不信，且看古今名书中的"闹学图"：当老师打瞌睡的时候，一群小孩子都在翻筋斗，捉迷藏，张猫，其中只有一个最好的小孩，据说后来是中状元的，却在写大字。可见得小孩子能不玩耍，能专一地练大字，将来是可以中状元的。于是做师长的，做父母的，都想自己的子弟中状元，都竭力督促小孩子写大字。七八岁的小孩子，如能拿得起大笔，挥得成一副对子，他便是"神童"。一九〇五年以后，科举总算勉强废去了，秀才、举人、状元也不考了，似乎写墨笔字的一科可以不必太注重了。然而不然，状元虽然没有，"神童"还是可做的，而且书法不但有实用，还有美术的价值，还有陶冶人格的影响呢。墨笔字既有这样大的价值，且有这样大的魔力，那末即使小孩子把墨迹染了像个煤炭店里的小学徒，也管不得这许多了。

墨笔字，尤其是大字的功用，是否如一般人所想象的那样大；文章好，书法好，而中状元的或因而成名的，远如秦桧近如郑孝胥等是否道德高尚而不做汉奸，甚至字写得相当的可观，却在水门汀上告地状的小孩子，是否都是神童，这些且不说，现在假定说书法的确是有实用的，的确是学生都应该学习的，那末，还有两个问题可以研究：第一，学习墨笔字应否在小学第一年便开始？第二，实用的书法是小字，为何要学习大字？

二、写大字与刺激生长说

"迟早总须学习的事，总以及早学习为是"，这句话听来极有道理，不但一般"外行"人认为不错，便是"内行的"教育家从前也以为是对的。后来心理学家用科学的方法来实验才知道那一句话只是真理的一半。因为那一句话里面,只包括二个要素:一个是总须学习的"事",一个是用以去及早学习的"时间",却没有顾到最紧要的一个要素,那便是用"时间"去学习"事"的"学习者"。只计及"学习"和"时间"而忘了"人",所以这笔账难免算错了。"迟早总须学习的事,总以及早学习为是"是真理的一半;那完全的真理是"迟早总须学习的事,总以学习者到了成熟的时期去学习为是"。

在教育心理学上也有过"刺激生长"一说(The theory of stimulated growth)。大意是这样:一个人的智力在常态的环境中是从初生到成熟期间逐渐发展的,所以在个人的生长时期内,在他的发展限度还未达到之前,如能乘机加以严格的训练,可以增加他的发展的速度。如若这个学说是对的,那末,早期的训练和环境在教育上是最最重要的。盖次(Gates)[1],以"有系统的"和"随时机的"教学法来试验初小一年级的学生。他把年纪相同,体格智力相同,学课的成绩也相同的学生,分为两组,教以同样的材料,却用不同的方法,一组是用"有系统的"教学法,另一组是随学生的心意而教的方法。其结果却证明有系统的加紧训练并不增加儿童的能力;儿童所得的进步非由加紧训练而来,乃是用较好的学习方法而来。

革赛尔和汤卜逊(Gesell and Thompson),[2] 用两个孪生子来实验特别训练的影响。孪生子"甲"在初生后四十六星期的时候,便教以爬楼梯,天天教天天爬,教了六个星期,这时孪生子"甲"已五十二星期大了。当孪生子"甲"天天在特别训练之下学爬的时候,孪生子"乙"毫无这种训练。他在五十三星期大的时候,才以教孪生子"甲"

---

[1] Gates, A. I. Experimental investigations of learning in the case of young children, J Educ Res, 1925, 12: 1—48.

[2] Gesell, Arnold and Thompson, Helen, Learning and growth of identical infant twins, Gent Paychol Monog, 1923, 6, No. 1 Cited from Davis, Robert A., Psychology of learning, 1935, P. 37.

同样的训练教他两个星期。结果呢，比甲迟七个星期而学习，也可说比甲更大了七个星期的乙，只以短期的学习而得到同样的效果。可见儿童尚未成熟到学习某种动作的时候，即使以更严格的训练，勉强去学也是枉费时间和精神的。学习的迟早，要看儿童的神经组织的成熟与否而定。特别的训练不能促其成熟。这个实验可以证明"迟早总须学习的事，总以及早学习为是"是真理的一半，"迟早总须学习的事，总以学习者到了成熟的时期去学习为是"才是真理的全部。

初小一、二年级的儿童莫说神经组织尚未成熟到能欣赏书法的时期，便是他的腕骨也还未成熟到能握大字笔的程度。孪生子"乙"只以二个星期的学习，而有孪生子"甲"六个星期的学习的成效，这一个实验或可用以来推测小学生写大字的成效。我们虽然还没有孪生子甲乙写大字的实验，但也可推想，一个初小一年级的儿童写了六年大字，他的成绩未必会超过一个到了五年级才开始而只学习两年大字的儿童。因为十岁以上的儿童决不会如六七岁的儿童，大字写到口鼻上，或衣服上去了。

三、学习的迁移

我们的第二个问题是：实用的书法是小字，为何要学习大字呢？很简单的回答是："因为大字学好了，小字自然也好了。"原来学大字即是练小字的方法。这个说法在心理学上叫作"学习的迁移"（Transfer of training）。意思是说学会了动作甲，则与动作甲相关的动作乙也容易学了。近来的心理学家对于这个问题的实验极多，简直不胜枚举。其结论则因所学习的动作或性质不同，而分为三种，第一，学习的迁移是成立的；第二，学习的迁移等于零；第三，学习的迁移少于零，或称为负的迁移。但其中有一点是相同，那便是与其学习了甲，再迁移到乙，则不如直接去学习乙，更为经济。如学习的目的是在甲，但因而也迁移到乙，那末乙是额外的收获，何乐不为。如学习的目的是在乙，却转了一个大圈子先去学习甲，再由甲而迁移一些到乙，则未免太傻了。例如学习放大炮，因而也能学习放手枪，自然未始不可。然而你如存心要学放手枪，却先从学放大炮着手，则未免小题大做了。我们如认为这个比喻有相当的意思，那末，要学习有实用的小字，便直接学习小字，何必去写大字呢？我们也常听到学生问先生，学大字用什么帖好，先生便介绍了柳公权、颜真卿等等。学生又问小字用什么帖好？柳公权颜真卿的帖好么？先生却会说，柳公权颜真卿的大字好，小字并不好，学小字不如用什么什么帖。这当中明明已有了矛盾。既然大字学好了，小字便也好了，那末，为什么写大字的专家反没有好的小字帖呢？稀奇得很，我们连这一点的常识也没有，还在强逼小学生学习大字。

综上所说，可得四点结论：

第一，书法与人格无关；

第二，如以书法为美术，则不如学画，较合儿童的兴趣；

第三，十岁以下的小孩不适于写墨笔大字；

第四，书法以实用为主，而实用的是小字，则即使要学，也当直接学习小字。

脑筋的训练

——官能心理学

现在学生的功课比从前紧，紧得非努力用功，难以升级，尤其是在小学。小学生不但在学校里整日忙碌，便是放学回来，还须自修，做课外作业。一般做父母的都很同情他们的儿女们，常说："我看他们真苦得要命。我们的阿宝国文还不错，可是算术还不及格；妹妹每晚做算术，不知怎的，她仅仅得个'可'。"的确，儿童在家作业，大半的时间都化在算术上。而据学生成绩的统计，最差的也还是算术。可见在小学课程中，最难的是算术了。在教员看来，小学的算术并不十分难，翻来覆去，还不是加减乘除这一套花样么？那末，为什么小学生会做不来算术呢？最大的原因是：算术引不起儿童的兴趣，因为算术和儿童的经验相去太远。其实，不但是儿童，便是在成人的生活中也少和算术发生关系的。儿童对于算术既无经验，又无兴趣，那末，只能在严格的训练下，才能有些成就。于是在晚上或由父母的督促，或因自己好胜的心理，勉强来背算式，演算题；有时在梦呓中还咿呀着"六八四十八；一百五十丈为里"。可见他实在是用功的了。

一、算题举例

这是八岁的小宝做的一个算题:"拿一条六尺长的竹竿量路;一里路要用这条竹竿量几回?"他先问他的母亲:"这问算题用乘法还是用除法?"因他自己从未量过路,也从未见过有人拿一条竹竿去量一里路。他根本不知道如何着手。后来母亲告诉他,说是先用乘法后用除法,于是他便记住"这问是先乘后除"。

这是十岁的二宝做的一个算题:"买田15.3亩,每亩价银75.8元,若使要得利214.2元,求每亩必须卖价多少?"二宝拖着鼻涕,一些也不像一个地产商。他的经验只有拿着二分钱去买一块糖,五分钱去买一个橘子,根本意想不到会拿一千多块钱去贩地皮。

这是十二岁的大宝做的一个算题:"鸡兔同笼,只知共有头五十个,足一百六十只,问笼中有鸡几只,有兔几只。"大宝算得不耐烦起来,笨孩子倒说出几句聪明话来:"鸡和兔为什么要关在一只笼子里?""即使要数,可以先数兔子,再数鸡,为什么要数脚呢?"假使我们认教育为经验的改造,使经验更有意义,以增进那指引后起的经验的能力。① 那末,我们不得不怀疑儿童做这种算术,是否在改造他们的经验?是否使他们的经验更有意义?是否在增进他们的能力?大宝的办法,先数兔子再数鸡,确实比数脚更简便,更合理。现在教他数了鸡兔的脚,再以二或以四除之,以求鸡兔的只数,不是越弄越笨么?这不是在增进儿童的能力,乃在制造笨伯,这话似乎说得太过火,因为学习算术,自然另有作用的。

二、学习算术的理由

儿童既然毫无算题中所说的生活经验,又无兴趣,横做竖做又不讨

---

① Dewey, John, Democracy and Education, P. 89.

好，而费了这样多的时间，这样大的精神，岂不冤枉？学校中有这一科自然不是没理由的。于是教育家便说："儿童的经验本来并不丰富，教育为的是增加他们的经验。算术和儿童生活目前似无关系，将来是有用的。教育是预备学生的将来，岂能专顾眼前的兴趣？"这话也有相当的道理。然而或许有人还不满足这个答覆，还要问，"将来也未见得有这种生活的。算术中的算题，只能在算术教科书中找得到，社会上哪里有这种事呢？我活了几十岁，不能说不是成人了。但我从未见过兔子和鸡关在一个笼子里，也从未见过一个人拿了一条竹竿去量一里路，可见这种生活，将来也不会有的。"于是教育家便笑了笑回答说："你是外行，自然不知道其中的学理，儿童学习算术，不一定预备他将来去做这种算题。算术是开儿童的心窍；练习是训练儿童的脑筋呀。"这个学说在心理学上叫作"形式训练说"（Theory of formal discipline）。现在让我们来看一看这学说的大意。

三、形式训练说

我们所以能思想，能记忆，能想象，能推理，全靠脑子，脑子所以能有这个功用，据说，是因为这里面本来有思想的官能，有记忆的官能，有想象的官能，有推理的官能。教育的成功或失败，全视各种官能（Faculties）的训练适当与否而定。这种官能若不运用，其能力便越来越弱。反之，你若多多训练记忆的官能，或推理的官能，你的记忆力或推理的能力便会增强。各种课程是训练各种官能的工具，正如石刀石担是练臂力的工具。练臂力不一定要石刀石担，便是铁哑铃，弹簧拉力器也好。同样，课程是用以训练官能的，则最主要的是课程的形式而非内容。算术是训练推理官能的最好形式，算题的内容是否适合生活的经验，还是次要问题。竹竿量路，鸡兔同笼，是算术的内容，本不重要，所以不必拘泥。何时须用乘法，何时须用除法，则是训练推理的能力。

只要官能有受训练的形式，便完成了教育的使命。所以假使官能心理学（Faculty Psychology）或形式训练说（Theory of Formal discipline）是对的，那末，我们为了训练儿童思想的官能，即使算术不合儿童经验，即使将来亦无实用，我们也不得不督促他们，叫他们吃些苦。万一形式训练说是一种迷信，官能心理学是一种哲学的遗骸，那末，儿童吃了这种苦，岂不冤哉枉也！

四、官能心理学的死对头

到现在官能心理学和形式训练说已到了末路，因为它碰见了很多的致它死命的对头。这里只举出两个作为例子。一个是"实验"，另一个是"生理心理学"。最早实验形式训练说的是詹姆士（W. James）[1]，他用背诗的方法来试验记忆力能否增进。他在八天中共费了一百三十一分的时间记忆嚣俄（今译为"雨果"——编者注）的《萨提儿》一百五十八行。此后，他每天费了二十分钟来背密尔顿的《失乐园》。如是者共费了三十八天。经过了这一番记忆力的训练后，再去读《萨提儿》另外的一百五十八行，直到背出，却费了一百五十一分半的时间。他的结论是：记忆力的本身是不能增进的。詹姆士之后直至今日，其中有很多类似的实验都证明官能心理学及形式训练说的不确。

生理心理学的反证，可用拉希莱（Lashley）[2] 的实验作为例子。他训练老鼠走"迷津"（Maze）或辨别光线。训练某一种行动的能力之后，再把老鼠的脑髓的某一部分略为损坏，脑髓损坏的部分各有不同。假使脑髓的各部分各有特殊的功用，则某部分受了损伤，便不能再做某种动作了。但实验的结果证明脑髓的功用是综合的，而非各别的。这样一

---

[1] Davis, Robert, Psychology of Learning, P. 238.

[2] Lashley, K. S., Studies of cerebral function in learning. Psychol. Rev., 1924, 31: 369-375.

来，则训练记忆官能以增进记忆力，训练推理官能以增进推理能力的学说，不是受了一个致命的打击么？类似的实验还有，其结论大致相同。

这样，官能心理学既不合科学，形式训练说又不成立，则我们不得不反对借名为训练脑筋的教育。我们须提倡使儿童有兴趣，使他们的经验更有意义，即合于生活的教育。那末，不但鸡兔同笼，竹竿量路的算题毫无意义，即其他的课程，若和儿童的经验相去太远，或在成人的生活中也无实用的，都可不必硬加在儿童的身上。而把这省下的时间来做更有意义的教育活动。

小和尚念经

——练习律与联结说

我们有一句话说："小和尚念经，有口无心。"其实不但是小和尚，便是老和尚念经，何尝有心呢？念一百遍阿弥陀佛，或十遍廿遍心经、金刚经，有几个和尚懂得所念的是什么意思呢？那末为什么要念呢？原来念经的人都相信不管有心无心，懂得不懂得，多念念总是好的。念经如此还不足怪，儿童读书也是如此，才是怪现象。你看儿童的朗读不是和小和尚念经一样的无心么？不但是儿童，便是中学生和大学生也常有不用思想，反覆念着一课书，十遍廿遍读下去，似乎多念一遍，在脑中可多刻一个痕迹，因为学习心理中有所谓"练习律"（Law of exercise）一个学说。现在我们要研究：只凭反复练习是否是学习的最好方法？要研究这个问题，不得不先探讨这个练习律是否可靠。

一、练习律的定义和解说

练习律是桑戴克学习心理学中最基本的一个学说[1]。桑氏的练习律

---

[1] Thorndike, E. L., Human Learning, New York, Century, 1931.

包括"用律"和"废律"(The law of use and the law of disuse)。刺激（stimulus）与反应（response）之间的可变的联络，愈练习则这个联络的势力愈会增强；反之，倘在一个时期中不练习一个可变的联络，则这个联络的势力便会减弱。所谓联络的势力，在他的心理学中称为"联结"（bond）。凡事一经反复练习，则有效的动作即被"印入"（stamp in），无效的动作即被"印出"（stamp out）。印入愈多则联结愈强，印出愈多则"联结"愈弱。何以有效的动作即被印入，无效的动作即被印出呢：桑氏乃用"效果律"（Law of effect）来解释。据说刺激与反应之间的可变的联络，一经练习会发生某种满足及不满足的效果。其他情形相等，满足的效果会增强"联结"；不满足的效果会减弱"联结"。因为凡满足的动作即被选入，不满足或厌烦的动作即被摒除。例如把一只饿猫关在一个特制的笼中，笼外放一条鱼，猫便极力要跑到笼外去吃鱼，而不可得。于是在笼内东跳西跳，东抓西咬，做出种种"杂乱无章的动作"（Chance movement）。后来偶然触到了门钮的机关，笼门就开放，猫便达到了吃鱼的目的，实验者把猫的动作及其达到目的所费的时间都记下来。以后接连照样试验数日。虽然那只猫仍不知立刻去抓门钮，但它的无效的动作却逐渐摒除，所费的时间也逐渐减少了。到最后一个时期，饿猫一经关入笼中，便立即去抓门钮，门便立即开放，只费一二秒钟便可达到吃鱼的目的。桑氏便解释说，有效的动作发生满足，因而被印入；无效的动作发生厌烦，因而被印出，或说被摒除。所以学习不过是"试误"（Trial and error）。学习者对于其所学习的事物可说没有领悟的必要；学习的进步是由反复练习逐渐而来。倘使这个练习律是成立的，则小和尚念经，虽是有口无心，也会进步的。桑氏的练习律不但在中国的教育界中很占势力，即在美国也还有相当的权威。可是近来经过许多心理学家的试验和驳斥，这个学说已呈总崩溃的趋势。今试举比较简易的几个新实验和理论如下。

二、神经上是否有"联结"？

根据练习律，凡满足的动作即被印入，因而"联结"愈强；厌烦的动作即被印出，因而"联结"愈弱。凯孙①以为神经学的本身尚未成熟，不能随即应用到心理学上来。"印入""印出"的解释非常暧昧。而且满足的动作即被选入的说法亦是因果颠倒。因为在学习中有了有效的反应之后，才能感到满足。可见反应在先，满足在后，这后来的满足的效果怎能影响以前的反应而使以前的"联结"增强呢？此其一。

第二，若是某种刺激引起某种反应，反复练习可使其间的"联结"增强，则未经练习的某部神经便不能有同样的"联结"。但是拉希莱②的实验证明"联结"的说法是一种臆说。他把白鼠的左眼罩住了，使它单用右眼去练习某种动作直至练熟。后来把左眼的眼罩除下，去罩在右眼上，这时左眼毫无练习，然而原先用右眼所学习的能力，却同样的有效。可见神经系上并不是有无数的各不相关的联络。于是"联结"一说难免使人发生怀疑。

三、练习能增强"联结"么？

依据"用律"及"废律"刺激与反应之间的可变的"联结"，愈练习则这个"联结"的势力愈会增强，换言之，某种动作发现的次数愈多，则愈强，发现的次数愈少则愈弱。再根据桑氏的试验，饿猫关在笼内则必发生厌烦，为要求得满足，才东抓西咬，发生杂乱无章的动作。而这杂乱无章的动作的次数，既多于触着门钮的动作的次数，则何以这

---

① Cason, H., "Criticisms of the Law of Exercise and Effect", Psychol, Rev., 1924, 31: 397-417.

② Lashley, K. S., "Studies of cerebral Function in Learning", Psychol. Rev., 1924, 31: 369-375.

多数的动作反逐渐被摒除，而少数的动作反被印入呢？若是发现多次的动作不一定能增强"联结"，则单靠多次的练习也不一定能增加学习的进步。

四、无效的动作即被印出么？

一般人都同意桑氏，以为无效的动作逐渐被摒除，所以错误的反应于学习上是有害的。但是邓辣普[1]因为在打字时常把 the 打作 hte，他便故意打错，反复练习，专打 hte，结果，反使这个错误因此改正了。后来霍尔燥浦尔和范闹士[2]作了一个类似的实验。他们把打字练习生中所常打错的字，叫两组学生去练习。一组照邓氏练习打错的方法，另一组照平常练习打正的方法，每字各打八行，然后各予以测验。结果，练习打错的效果反比练习打正的效果更大，这是什么道理呢？因为故意打错来改正错误，是有意的练习，而非盲目的反复练习。可见学习的进步全靠领悟所学习的是什么，而非单靠无意义的反复练习。

五 试误是学习的不二法门吗？

饿猫的试验使桑氏断定学习是"试误"，学习的进步是由反复练习逐渐而来，甚至学习者对于其所学习的事物没有领悟的必要。这个理论最合中国人的口胃，因为我们素来读书，只重朗读和背诵，而不大注重讨论的。从前小学生背诵百家姓、三字经、大学、中庸，以及现在的中学生背文法规则，大学生背文选不是很符合"练习律"么？然而人类的学习是否和白鼠学习跑"迷津"或饿猫学习开门钮一样的呢？我们

---

[1] Dunlap, K. A., "Revision of the Fundamental Law of Habit Formation", Science, 1928, vol. 67: 360-362.

[2] Holsopple, F. Q. and Vanouse, I., "A note on the Beta Hypothesis of Learning", School and Society, 1929, Vol. 29: 15-16.

是否必须试了又试，反复练习，才能得到进步呢？还是有更合理的学习方法呢？

客勒（一般译为"苛勒"，格式塔心理学家——编者注）的人猿的试验①，可引来回答这个问题。他把一只人猿关在栏内，在栏外放着一只香蕉，栏内还放着两条杆子。起初人猿竭力伸长手臂想去抓香蕉，可是距离太远竟抓不到。它便拿起一条杆子去取香蕉，而杆子还是太短。于是它把两条杆子接合起来，成为一条长杆，才达到了目的。它一经达到了目的，以后便知道如何去取食物。这是说，人猿练习取香蕉的方法，只练习一次便练熟了，它用不着反复练习，用不着逐渐减少错误，用不着以"试误"来得到进步。桑戴克以猫的实验来证明他的"试误的学习"（learning by trial and error）的理论来证明反复练习是学习的最好方法。客勒却更进一步，以人猿的试验来证明他的"洞悟的学习"（Learning by insight）的理论，来证明学习的最好方法是洞悟而非盲目的练习。学习者对于所学习的事物必须彻底了解，才能事半功倍。人猿比猫更有悟性，而人比人猿更有悟性，所以人类的学习须以洞悟为基础。这样，我们便不能容忍盲目的反复练习。小和尚念经有口无心的朗读及背诵，是不足为训的。勉强的练习，不愿意的练习，非洞悟的学习，不但无益，反会发生消极的影响。有人在最后的一学期考毕了国文科，便把文选撕破，便是这个道理。因此我们不应把学生看作饿猫，最低的限度，我们应视学生比人猿更有悟性的学习者才是。

---

① Köhler, W., The Mentality of Apes.

熟读唐诗三百首

——强记与理解

一般的国文教员为要勉励学生去熟读他们不愿意背诵的文章，常会说"熟读唐诗三百首，不会吟诗也会吟"。熟读了三百首唐诗因而能做诗的，我们不敢说没有；仍旧不能做诗的自然也有；熟读了唐诗，不但不能做诗，反因此不喜欢再读诗的，也不能说没有。反之，三百首唐诗尚未读熟，或甚至从未读过，而竟能做诗的，这样的人自然也不在少数，例如那些做三百首唐诗的诗人，根本便没有熟读那三百首唐诗的可能。如果真的读熟了三百首诗便会做诗，那末，无论何人只要每天读熟一首，不到一年工夫，个个都成诗人了，那又未免太看轻诗人了吧。可见"熟读唐诗三百首，不会吟诗也会吟"这一句话，不过是一张不能兑现的空头支票。可是中国的学生是受惯欺骗的，不兑现的支票，照样收下来。于是教员们索性再多开几张。学生读国文为的是要学习阅读和作文的能力。用什么方法学习呢？读《古文观止》，不但要阅读，且要朗读，读熟，熟得能背诵。为什么要熟读背诵呢？因为一般教员相信"熟读古文若干篇，不会作文也会作"。但是背诵的结果是什么呢？"高中毕业生大约文言能通者，百分之一；能作文言而未通者，百分之二十"①。可见百分之九十九的高中毕业生不能做通顺的文言，其中百分之八十连未通的文言还不能做。这样坏的结果，可说坏得"无结果"，而小学，初中，高中，以及大学的国文却都是注重背诵的。背诵既得不到结果，照理应该根本怀疑背诵，而改用别种学习的方法了，可是背诵是我们祖传的方法，谁敢反对？凡是祖传的东西，我们都舍不得抛弃，因为我们相信"三千年无改于祖宗之道，可谓孝矣"。所以我们在教育上所注重的是记忆而非思想，记忆之中又多注重强记，少注重理解。国文应否背诵的问题还在其次，最重要的问题是在学习上强记与理解，哪一种更应注重？我们如果能解决了这个大问题，则其他连带的问题，自然也可解决了。

一、强记与理解的区别

在教育心理学中有两种学习，一种叫作强记的学习（Rote learning），一种叫作理解的或逻辑的学习（logical learning）。强记的学习指一是一，二是二地读熟有意义的或无意义的材料。例如读熟一批无意义的音缀（nonsense syllables），一首诗，或一篇古文，须读得逐句背得出，逐字默得出，字句不得稍有更动。理解的学习则不重逐字逐句，而重所学习的材料的意义，和问题的正确的解决。强记的学习是一种机械的程序，而理解的学习则是合乎理性的程序。这两种学习方法的区别，可分类如下：

（一）强记的学习

（甲）正确地记忆无意义的材料。

（乙）正确地记忆有意义的材料。

---

① 阮真：《中学国文度标准之讨论》，《中华教育界》1936年第5号。

（二）理解的学习

　　（甲）明了材料而不重正确的记忆。

　　（乙）解决问题。

　　无意义的材料只能强记，有意义的材料则或用强记或用理解来学习。强记的学习是材料的积聚和复述；理解的学习是材料的消化和应用。复述贵在一字不差，应用贵在变化多端。积聚是注入的，学习者只要囫囵吞下；消化是注入和引出，内外相和而起同化作用的，学习者须要自由讨论。强记须有保存的能力，理解须有创造的能力。强记是静的学习，是保守的；理解是动的学习，是前进的。这两种学习方法的取舍与一国的文化有密切的关系。文化落后的国家如埃及，印度和中国，是静的，保守的，所以注重强记的教育；文化前进的国家，如欧美列强，是动的，向前的，所以注重理解的教育。教员或学生选择哪一种学习方法并不全是个人问题，而是一个文化的整个势力逼之使然。前进的国家即使教员要注重强记，学生也不答应。反之，落后的国家，即使学生要反对强记，教员也不答应，即使有少数前进的教员答应了，教育当局也会出而干涉。我们若明白了这个道理，对于主张"教授国文宜注重熟读"的教员们，也当体谅他们的苦衷。

二、强记在学习上的地位

　　这样说来，什么都不必强记了么？那又不然。强记在学习上也有相当的地位，凡不能理解的或虽能理解而太费时间和精神的材料，则只能强记，强记是一种万不得已的学习方法。例如乘法里"三七二十一""八八六十四"，虽然三个七加起来也是二十一，八个八加起来也是六十四，然而总不及背熟了乘法表来得更经济。此外，还有主要的人名，年代和地名，以及各种公式、规则等，都不能有一字之差，都须逐字复述，不能随意变化。要记住这些材料，须凭保存的能力，而不需要创造的能力。除了这些呆板的材料以外，还有比较不呆板，而更有意义的东西，例如诗歌，演讲录，台词，俗语，格言，引句等，都需要正确的复述（exact reproduction），都须强记。可见强记在学习上确有相当的地位，不能一概抹煞。然而我们若以强记有相当的地位，因而把这个地位特别抬高，高得超过理解的地位，那便会发生食而不化的危险。因此，与其抬高强记的地位，不如设法降低它。在学习上如能尽量降低强记的地位，则学习者便能从机械的死读的束缚中解放出来，而把时间和精神用在理解的学习上，以发展思想和创造的能力，使学习变为动的学习，使教育变为活的教育。降低强记的地位有三个方法：（一）严格地认清须强记的材料；（二）把理解和强记连贯起来；（三）利用代人记忆的工具。

第一，我们须认清强记是万不得已的学习方法，如某种材料可用比强记更好的方法来学习，则当尽量利用这种更好的方法。凡遇到不能用理解来学习的，或虽可用理解而反为不经济的材料，则只得强记，例如：汉字的构造，英文中不规则的拼法，成语和单字，算术上及化学上的公式等等。这些材料是有限的，教员比学生更有经验，应当防止他种材料侵入这个范围。

第二，凡可以用理解而仍须强记的，则须先理解而后强记。例如乘法表不得不背，但是与其让学生盲目地背诵"八八六十四"，不如先说明八个八加起来便是六十四，则学生知道加了半天八个八还是一个六十四，不如记住"八八六十四"来得省时，这样的强记便有意义了，除法表也是如此，"八四改作五，逢八进一"，照字面背是毫无意义的，如先说明八除四十便是五，八除八便是一，然后反复练习，则强记不致变为死记。其他汉字的构造，英文的拼法，成语和引语，都当先理解而后强记。

第三，文化愈进步则要学习的东西愈多，这便是"文明的负担"。

但是负担不定要放在背上背，或肩上挑。这是原始人的背负法，不但太费力，而且所负担的也决不多。我们为要省力省时，而且要负担得多，则不妨利用车辆或船只。学习也是如此，我们当尽量利用代人记忆的工具。一个有学问的人并不是事物记得最多的人，而是知道哪里去查阅所需要的材料的人。字典，辞典，索引，年表，百科全书，以及自己所备的日记，摘要，备忘录，便览等等，都是代人记忆的工具，而且这些东西所告诉你的比你自己所死记的更正确，更保存得久长。有了工具而不用，必要把负担放在肩上，便是野蛮部落内的土人也不致如此，我们岂可强迫学生去做野蛮的学习者呢？

三、理解在学习上的地位

强记的学习在程序上多用收受的思想（receptive thinking）少用建设的思想（constructive thinking）。理解的学习或解决问题的学习，则不单是收受，堆积和保存，还须研究材料的相互关系和实际应用。谁都知道后者比前者更为重要，可是我们的学校却不注重后者。鲍尔文[1]在十九世纪所下的批评，可为今日我国教学法的写生，他说：

"我们在教授法中常忽视推理的文化。教授的目标素来以教材的事实和实情塞入记忆中而不发展创造的思想和调查的能力。即使在教思想科目的时候，竟也会多用记忆少用思想。我们常把心（Mind）看作可以塞入东西的容器，而不把它看作可以发展的活动。"

凡注重熟读，注重记忆，注重注入的教授法的教员们都以为心是容器，可以塞入知识的，或以为心是一张白纸，要印入什么便可印入什么。哪里知道我们都上了空想的哲学家的当。心灵的问题姑且不谈，这里我们不妨根据鲍尔文的见解，以"心"为可以发展的活动来说，则

---

[1] Baldwin, Joseph, Elementary Psychology and Education, New York, Appleton, 1889.

理解的学习也当重于强记的学习。强记与学习者自己的思想不能发生关系，正如塞在容器内的东西，决不能变成容器本身的一部分。学习者如果要把学习变为他的思想程序中的一部分（a part of his thinking process），他们须得明了所学习的材料而能从所学习的当中得到意义。所说明了这种材料，并不是单单懂得所读的是什么，也不是单单每字都能认识，逐句都能解释。这些当然是重要的，而最重要的却在明白相互的关系，逻辑的思想和所含的原理，以便推论和应用。因此读几个别字，写错几句，有什么了不得。这样的学习才算是理解。消化过了的食物不再是藏在胃里的食物，而是本人的一部分。凭理解而学习的材料，不再是材料，而是学习者思想程序中的一部分。

愚笨的父母常使小孩患积食，患反胃。我们的学生为什么也会患积食和反胃呢？学生是喜欢理解而厌恶强记的，可是缺乏专业训练的和懒惰的教员却讨厌这种学生，因为回答"这是什么？"比回答"为什么？"来得便当。取巧的学生因此常预测教员要考什么而预备什么，教员注重强记，则学生用强记学习法，考试便可过门，分数也可及格。然而这样的学习是极危险的。因为过分注重强记会抹杀理解，思想和创造力。

四、广读与精读

强记与理解的区别及其在学习上所占的地位，已如上述。现在应用到读书方面，不得不商榷"广读"（Extensive reading）与"精读"（Intensive reading）相对的重要性了。"精读"需要理解和强记（不讲理解专凭强记的"精读"简直算不得是读书，所以这里不谈了）。"广读"需要理解而不重强记。精读贵于深入，而失于范围狭窄。广读贵于范围广大，而失于肤浅。注重强记的教员多主张精读，注重理解的教员多主张广读。精读与广读在学习上的地位，和强记与理解的地位相仿佛。必须强记的材料自然必须精读，这里毋庸再说。现在的问题是：可以理解的材料当用哪一种读法。哪一种读法在学习上有更大的效率，有更多的保持（retention）？换言之，假如两个人以相等的时间，一个广读范围较大的材料，一个精读范围较狭的材料，哪一个学习得多？保持得多？谷德①用两组同等的中学生做试验，来测量学习的效率，且顾到学习的效率的各方面，如知识的范围和正确性，解决问题的能力，以及意义的复述。测验以后，过了几个星期几个月，再予以复试，以测量记忆的保持。他把同样科目的材料（分量不同）分给甲乙两组学生，甲组给以某问题广读的材料，乙组则给以该问题而范围较小的精读材料。阅读的环境又分为两种，一种是在课外阅读，一种是在课内阅读。测验的结果是：以复述所读的意义而论，同在课内阅读的学生，精读胜于广读；同在课外阅读的学生则复述的成绩相仿佛，但广读者有侧重大意的倾向。这是说测验复述所读的意义。测验解决问题的能力，和回答包括"阴风昧生"（Information）的问题的能力怎么样呢？测验的结果证明广读者胜于精读者。这些试验的结果使我们断定：若阅读的目标是在复述指定的意义，则精读胜于广读；若目标在启发解决问题和推论的能力，则广读胜于精读。②

　　记忆的保持怎么样呢？广读者因有侧重大意的倾向，注重理解和推论，所以记忆的保持更持久。精读者因有侧重指定的意义的倾向，且不得不用强记法来学习，其记忆的保持，反而薄弱。因此，我们又可以说若阅读的目标是在短时期的记忆事实，则精读胜于广读，强记胜于理解；若目标在长时期的领悟大意和原理，则广读胜于精读，理解胜于强记。

---

① Good, carter V., The Effect of Extensive and Intensive Reading on the Reproduction of Ideas or Thought Series, J. Educ. Psychol., 1927, 18：477-485. Good, Carter V., The Relation of Extensive and Intensive Reading to Permanency of Retention, Ped. Pem., 1926, 33：43-49.

② Davis, Robert A., Psychology of Learning, 1935：177-178.

五、保守与进步

　　精读好比听京戏,越熟越要听。一般的戏迷不知已看过多少次的《玉堂春》《游龙戏凤》,却还要去看。广读好比看电影,无论怎样好的片子,至多重看一次或两次。其实平心而论,"复活"比"玉堂春"更有意义;"一夜皇后"比"游龙戏凤"更有艺术的价值。但是看京戏的人喜欢旧剧本,看电影的人喜欢新片子,这是什么道理呢?或以为喜看京戏的人大都倾向保守,喜看电影的人大都倾向新奇。现在还没有关于这问题的测验和统计,我们不敢断定是否如此。但是我们可以说,京戏的本身是保守性的,所以调来换去,老是这几出戏,而且模仿某派某派的演员,大都不及他们的前辈,因此京戏的艺术很少进步。因为以保守原有的为目标,结果难免退步。反之,电影的本身是创造的,所以不断地拍制新片,因此其艺术便日新月异,进步得快。京戏和电影对于观众的影响怎么样呢?京戏的范围狭窄,观众只能欣赏他们所已知道的材料。电影的范围广大,而且新片子不断地产生,观众除欣赏以外,还能扩大见闻,增加知识。所以如果国家要借戏剧来提高文化的水准,与其鼓励京戏,不如提倡电影。同样,学生精读《古文观止》或"文选"等古文,尽其量不过养成欣赏我国古代文艺的嗜好,于见闻的扩大,知识的增加,则很少裨益。学生如能广读近日的各种书籍,则不但可以增加知识,且可启发解决问题和创造的能力,所以如果国家要借教育来提高文化的水准,则与其鼓励精读古文,不如鼓励广读今文。

六、强记古文若干篇

　　强记与理解的学习法,使我们讨论到精读与广读的相对的价值,和对于文化的保守与进步的关系,已如上述。现在再要回到"熟读古文若干篇,不会作文也会作"的问题。中学生和大学生读古文的目标是什么呢？为了要扩大见闻，增加知识么？大概不是吧。一来古人的见闻和知识，与现代人相比，正如小孩来比成人，相差太远。叫庄子，孟子，荀子，以及唐宋八大家来投考现在的初级中学，也不会录取的。退一步说，即使古文中确有值得今人采取的知识，则由说书先生说一遍，或译为白话文叫学生像看电影似地阅读一两遍，也已够了，何必要十遍廿遍读得须能背诵呢？可见精读古文并非为要得到知识。直捷了当说一句，为的是要模仿古文的形式和体裁，字眼和腔调而已。以现代的活人模仿古代死人的腔调，其结果可想而知。模仿得不像，弄成半文半白或不文不白还可。万一模仿得像了，那更糟糕，非弄得酸气十足不可。以今人写古文，势必恶俗得如京戏中的人物搬到马路上去蹀方步，去"起坝"，岂不可笑？所以古人的腔调是万万学不得的。那末为什么要精读古文呢；于是又有人想出一个理由来，说可采取现在仍可通用的字句和语法，例如在司马迁《报任少卿书》中有许多字句可以采用，如"士为知己者死，女为悦己者容""奋不顾身""救兵不至""事已无可奈何""身非木石""死或重于泰山，或轻于鸿毛""摇尾而求食""由此言之""人情莫不贪生恶死"。我仔细研究了那篇文章中现在还可通用的字句，就只寻出这上列的九句，约占全篇句数百分之二，计五十八个字，约占全篇字数百分之二强，而为了这九句五十八个字，却费了一个多星期去背熟全篇四百四十八句，二千四百零五个字，岂不冤枉！若以同样的时间来广读更有价值的现代书籍，不是更有进步么？这样说来，我们叫学生精读古文，既不是为求知识，又不是为模仿古人的腔调，更不是沙里淘金去寻找几句现在尚可通用的字句。那末到底为的是什么呢？还不是为了要保守教育上的迷信么？还不是为了要训练学生去强记么？还不是为了要学生因此可少去思想么？惰性十足的民族，既然对于《玉堂春》《游龙戏凤》，百看不厌，自然对于《快哉亭记》《归去来辞》也会百读不厌的。可是时代不允许我们再沉醉于这种有闲教育。若不设法提高理解的学习，来替代强记的学习；以活的，动的，前进的教育，来替代死的，静的，保守的教育，则人民的思想难望解放，我们的文化难免落后，这是负着发展文化使命的教育家所希望的呢？所以强记与理解不仅是学习心理学的一个问题，且与一国教育的宗旨和方针都有莫大的关系。

一通百通

——学习迁移说

愚民崇拜泥塑木雕的偶像，是比较容易看得出的迷信。倒是知识阶级，尤其是办教育的学者，抱定了一种似是而非的学说，那才是最难破除的迷信。"一通百通说"便是这种迷信之一。

一、一通百通的说法

我记得从前的大学住校生，每人有一个自己寝室的钥匙，各寝室的门锁都不同，所以自己的钥匙只能开自己的锁，而不能开别的锁。舍监先生却有一个特别的钥匙，叫作"万能钥"（a master key），可以开任何一间的寝室。这样，一百只不同的锁，不必需要一百个不同的钥匙，只要有一个"万能钥"便行了。而所谓"万能钥"，其构造反比普通的钥匙更为简单，钥匙上没有参差不齐的齿口，只是一条光干，尖端上有一个叉牙而已。"万能钥"能开不同的锁，似乎可证明一通百通的理论是成立的；我们何必辛辛苦苦去研究各种科目，正如做钥匙的人在齿口的大小高低上用功夫呢？我们可以取巧，专做"万能钥"，就可以了。

我国有四五千年的文化，难道这一点会想不到么？自然早已知道了这个秘诀，所以我们的教育史上，没有课程问题，课程上也没有什么医科、农科、工程科等等的麻烦。我们有的是"道德文章"，这便是教育，这便是课程，这便是"万能钥"。因为我们的祖宗都相信，一个读书人能有好的道德文章，还怕他办不来一切的事么？你若不信，请翻阅《四书》一看，便不得不承认儒家所重的是道德文章。一个人若能诚意，正心，修身，则齐家，治国，平天下也做得到，何况办理比治国平天下更小的事？后来精益求精，简而又简，觉得"道德文章"还是"万能钥"上的两个叉牙，还嫌太复杂，而且道德不比文章，可以用客观的方法来考试，所以无形中便只重文章了。文章考取了，便是一通；一通便是百通。于是小则被录用为县官，为知府，大则为某某总督，某某巡抚，便可以大发经纶，治国平天下了。读书人不但能够规划政治，而且也能造林，疏河，筑路，造桥。因为这些工作，不过是琐碎的"百"，而文章却是整个的"一"，这整个的"一"能通，那琐碎的"百"自然也通了。到了后来，我们又把这一通百通的道理，发扬光大，变为一通千通。譬如说某甲的文章通了，政府便任用他去办学。他虽然不懂得教育应当怎么办，但根据一通百通的道理，他自然也能办教育的。他既一通百通能办教育了，那末，他的娘舅，外甥，小叔，大伯，自然也都通了，也都可以帮助他大发经纶。这叫作"学有渊源"。

二、一通百通的应用

一个中学或大学毕业生的职业地位是怎样找到的呢？有的由校长或教员推荐，有的由朋友介绍，但其中很多的还是靠他的父兄，或亲戚来设法安插。倘使他的父亲是木行的经理，那末，他所学的虽是文学，也能在那木行中或父亲的朋友的行中，做做木头生意。倘使他的叔叔是开药房的，那末即使他所学的是政治经济，也能跟着叔叔去做丸散膏丹。

不但在商业中是如此，便是在教育上又何尝不如此呢？大学毕业生，都可做中学教员。因为读书读到大学毕业，还不能教书么？自然可以教的。教什么呢？这又是多余的问题，校长要他教什么，他便教什么。历史、地理、算术、物理、英语等等都可以。哪一科少了教员，便叫他担任哪一科。你没见过京戏中的全武行么？一个武生，玩了长枪，再玩单刀；玩了棍棒，再玩大刀。所谓十八件武艺，件件皆能。若是一个文学士或理学士而不能教算术或英语，他怎能毕业呢？他既已毕了业，便是一通；一通便是百通。至于做教员所应知道的教学法、心理学等等那不过是琐碎的"百"，而大学毕业这一件事却是整个的"一"。于是我国的师资问题，又变成了多余的。高级小学毕业的可以教初小，中学毕业的教高小，大学毕业的教中学或大学，这样的分配已很理想的了，哪里还谈得到师范教育！教员如此，职员校长也如此。工程师可以担任教务；洋行买办，甚至政客，流氓，都可以做大学校长。不但做的人，从不自省配不配担任这种工作，便是教员，学生，以及全社会都不以为意。因为一个人能出名，则必有一通；有了一通，便是百通。你不见那连自己的姓名也写不来的"大亨"，也在"写"对联，题辞，做着书法大家了么？因为我们素来相信一个人能在商业上、政治上、社会上，甚至赌场上，或戏台上能露头角，则他在其他方面也必能成功，不但"必能"成功，而且"已经"成功，例如名人都能写大字。

著作家和出版界也都相信一通百通的学说。甲是医科毕业的能写天文学或地质学的课本；乙是商科毕业的能译马克斯或爱因斯坦；丙是语言学家能写中国美术史或中学会考题解。总之，只要你能写文章，你便是各科的专家。你有了"万能钥"，还怕什么锁不能开呢？

三、一通不通

在文化水准低落的原民中，无所谓科学，无所谓专业训练，也无所谓分工。"一"便是"百",或相等于"百",所以一通百通,还是事实。即在今日生产方法落后的农业社会中,也还如此。然而在文化水准较高的社会中,科学的发明改变了生产的方法,和社会的组织,分工越来越精,专业训练越来越专,一是一,百是百,不能混在一起。于是一通绝不是百通,且也不能百通。"万能钥"也失了效用。其实,当初的"万能钥"并不是钥匙的万能,而是锁的无用。那种简陋的锁,只要用一条铅丝,拗些回文,也可开得。便是没有铅丝,只用鞋底在锁洞上重击几下,有时也可开得。锁既如此简陋,则个个叉牙的钥匙便自鸣得意称为万能。后来锁的构造进步了,复杂了,完美了,如现在的"耶尔锁",以及银行保管库的"限时锁",除专一的一个钥匙外,别的钥匙都是一通不通了。这个简单的道理,似乎人人都该明白的,然而不然。据可靠的调查,浙江省英语教师中没有专业训练者,占百分之八十以上[1]。张士一先生统计全国公私立中学英语教员的学历,把教员所毕业或肄业的学校及院系科,依和英语教学专业训练两相切合的程度分为十等。他统计的结果是:合于第一等资格的,即受过专业训练的中学英语教员还不到全数百分之十[2]。自然,受过专业训练的不一定是好的,没有专业训练的也不一定是坏的,那是另一问题。我们要知道的是:社会的组织既已复杂了,正如锁的构造已较从前的更为进步了,那末何以我们还死守着早已失了时效的,一通百通的观念呢?何以我们还想拿着回文铅丝去开保管库呢?

四、文化的落后

这不外乎两个原因:第一,是学习迁移说的遗毒,其说明已详"写大字用大笔"和"脑筋的训练"。第二,是社会和文化的失调。这里所

---

[1] 陆殿扬:《中学英语科师资训练(附表)》,《教育杂志》1935年第7号。
[2] 张士一:《中学英语师资训练(附图表)》,《教育杂志》1935年第8号。

说的社会是指人与人，和人与物的客观的关系（Objective relationships），文化是指人与人之间态度的关系（Attitudinal relationship）[1]。物质界改变了，客观的关系进步了，而人的态度的关系却还跟不上，其结果便是文化的落后。例如，国家正在赶筑铁道和公路的时候，而民众还迷信着风水。同样，我们的学科已分系了，我们的社会已需要专门人才了，而一般人还迷信着一通百通的旧说，这便是我国的社会和文化的失调，也便是文化的落后。提倡文化的教育家，如竟不知不觉做了文化的落后者，这岂不是天大的冤枉？而中国竟有多数的这种人，真是冤枉中之冤枉！

---

[1] Katz, D. & Schanck, R. L, Social Psychology, 1938, P. 001.

记不得这许多

——遗忘的研究

法国某地有一个种田老板，一日，他对他的助手路易说："我在城里买了一架蒸汽器，你明天须一早起来，预备一部四轮马车，到城里去把机器装运了来。那架机器很重，四轮车最好用六匹马拉。"路易听了很高兴，因为以后他可以用机器来耕种了。他一夜睡不着，巴不得早些天亮去运机器。第二天清晨，他把六匹马和马车都预备好，正要动身的时候，老板娘看见了，便对他说："你到城里去么？请顺便给我买一包缝衣的针来。路易，你的记忆力素常是很坏的，这次可不要再忘了。"路易不服气地说："这次我决不会忘记，你看，我把手帕打上一个结。你放心吧，我回来时，给你一包针便是了。"

到了黄昏的时候，路易驾着一部六匹马拉的大车子，浩浩荡荡赶回家来。他一到了家，便先去见老板娘，手里拿着一包针，得意洋洋地对她说："谁说我的记忆力不好，你看针在这儿。"老板娘很高兴，称赞他办事不错。这时，种田老板也进来了，向路易说："你回来了么？那架蒸汽机好不好？"路易呆了一呆，吞吞吐吐地说："这个……这个……啊哟，该死，我忘了！"

一、我们的路易

这位路易要是到我们的学校里来读书,一定是个好学生,考试一定可以及格,毕业也无问题,因为在我们的教育上所着重的是缝衣的小针,而不是需要六匹马拉的大机器。教员所注重的,以及考试时所问的,大多是琐碎的节目,而不是切身的大问题。不但是教员,便是一般的教育家,都像那叮嘱路易不要忘记小针的老板娘,例如历史科读到欧洲的宗教革命一节,教员要学生记忆的,是什么呢?不外乎路得·马丁;一五一七年;赎罪券;抗议意见九十五条;威丁堡教堂;一五二〇年被开除教籍;开战;媾和等等。总之,不外乎人名,地名,年月和史实,至多再加上一些前因后果。而一提到前因后果又须记住另一批人名、地名和年月。至于经济机构的演进,社会组织的改变,倒被忽视了。根本想不到:那时即使没有路得·马丁,别人也会发动这个改革;即使宗教革命不发生于日尔曼也会发生于他处;即使不发生于一五一七年,也会发生于别的时候。教员们也不会指出今日的路得·马丁们,今日的赎罪券,今日的抗议书,今日的争斗,而不知这些却是切身的大问题。这些切身的大问题,即在毕业会考上也不会发现的。考试的只是"哪一年?""何人?""在哪里?"于是我们的路易们得意洋洋,拿了一包小针去见老板娘,老板娘也很高兴。那需要六匹马拉的大机器呢?这个……这个我倒忘了。或说,如能把一切的事物,重要的和不重要的,有意义的和无意义的,都记住,不是更好么?但是一来我们记不得这许多,二来如果把不重要的和无意义的一切都记住了,那末,那些重要的和有意义的也都变成不重要的和无意义的了。

二、有意义的和无意义的教材

大卫斯①曾收集了关于学习无意义的材料（Meaningless Materials）的研究十七种，关于学习有意义的材料（Meaningful Materials）的研究二十三种，他把这四十种的研究综合起来，制成图表。从那个图表上我们可以看出学习无意义的材料时，学习者的进步线是杂乱的——有时上升，有时下降，且下降得很厉害，然后再上升一些。而在学习有意义的材料时，他的进步线是稳定的，是逐渐上升的。因为有意义的材料可用联想帮助学习，而无意义的材料由于单调乏味，只能机械地反复练习，换言之，全凭死记（Rote Memory）。再以上述的宗教革命一节为例，我们可说那些有连带关系的史实是有意义的材料，如天主教的腐败，经济的侵略，国家主义的兴起等等。而路得·马丁何以不叫做路得·牛丁；抗议意见何以不是九十四条或九十六条，而是九十五条；那教堂所在的地方是叫作威丁堡，何以不叫作丁威堡？这些不讲理解，不必使学习者领悟的人名，地名，数字等，可说是无意义的材料。这无意义的材料有时死记了，有时记不得这许多，因此，学习者的进步线便形成升降不定的样子。我们重视无意义的材料而忽视有意义的材料，考试学生升降不定的进步过于考试稳定的进步，不能不说是学习中莫大的损失。这还是照学习时的进步而论。学习以后记忆的保持（Retention）怎么样呢？哪一种材料容易忘记呢？有人以为难学习的事物，一经反复练习，习熟了，便能保持得久长；容易学习的也容易遗忘，所谓"其进锐者其退速"。如果是这样，那末，死记是一劳永逸的，也还值得死记，领悟是"其退速"的，也不足为贵。这个问题不能随便推测，必须用实验来答覆。

---

① Davis, Robert A, Psychology of Learning, 1935, P. 156.

三、什么东西容易忘记

记忆的保持，大有分别。有的极其清楚，有的却糊里糊涂。某种刺激能立即引起所需要的反应这便是完全的保持。但是时间一久长，甚至多种的刺激仍引不起所需要的反应，这便是失去了保持，也便是遗忘。没有保持，则思想无着落，新的问题起来也无法应付。所以学校应当训练儿童发展经验，保持经验，作为思想的基础。

测验记忆的方法有三种：回忆，认识和重习。但无论用哪一种方法去测验，都显示出学习者在学习以后最初的短时间内，遗忘的最多，也最速，以后再遗忘的却渐渐少下去，慢下去了。诗、散文和其他有意义的教材比无意义的音缀能保持得更长久。有连带关系的字句比断续的字句保持得更长久。图画比文字更不易忘；抽象的字句不易保持。

格林（E. B. Greene）[1]，研究大学生所学习的动物学、心理学和生理化学三个学科，要查出过了三个月还能保持多少。他把一千零六十二个学生在六月里该科所得的成绩作为根据，到十月里（即过了一个长期的暑假）再去测验他们，他查出大约一半的材料已忘了。迈尔士（G. C. Myers）[2]，测验一百零七个高等师范一年级的女生，她们在一年前已读过美国史，测验的结果是：百分之四十五的答案是对的；百分之二十三是一部分对的；百分之十五是完全错的；百分之十七没有回答。这两种研究可以证明学生在中学里及大学里所学习的，一大部分是遗忘了。此外尚有其他的实验不能一一详举。但据教育心理学家的研究，学习者过了一年已忘了一半。那所保持的一半，大多是有意义的材料[3]。

---

[1] Greene, E. B. The Retention of Information Learned in College Courses. J. Edus Res. 1931, 24: 262-273.

[2] Myers, G. C, Delayed Recall in American History. J. Educ. Psychol. 1917, 8: P. 275-283.

[3] Davis, R. A. op. cit, P. 227.

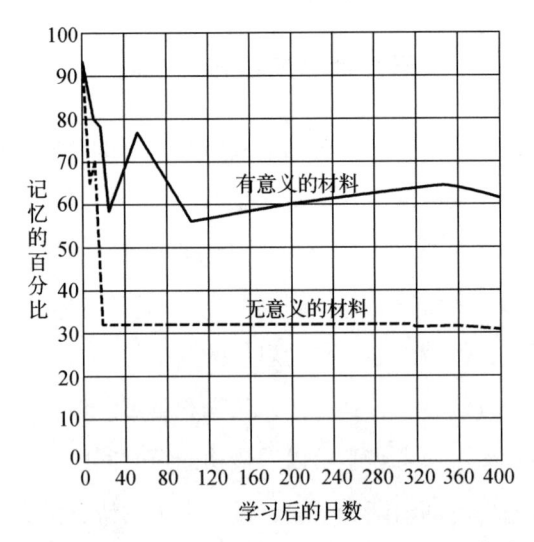

大卫斯和穆尔①综合关于学习无意义的材料的研究十八种，关于学习有意义的材料的研究二十四种，这些都是以回忆的方法来测验保持的。他们根据这许多研究的材料制成图表（见图），显示出：学习者过了四百天以后，那有意义的材料保持了百分之六十，无意义的材料保持了百分之三十。无意义的材料在学习后二十天内已忘了百分之七十。这又引起了一个问题：在短时期内即被遗忘的东西为何还强逼学生去记忆呢？最普通的回答是：因为这些东西是有用处的，所以不得不记。于是又发生了第二个问题：记了总是要忘的怎么办呢？

四、代人记忆的工具

据说有人问一个著名的历史家说："拿破仑死在哪一年？"那历史家很生气地回答道："任何管图书馆的人都能回答这个问题，何必来问我呢？"这明明告诉我们，有许多事物是不必记的，也记不得这许多。一个有学问的人并不是事物记得最多的人，而是知道哪里去查阅所需要

---

① Davis R. A. and Moore, C. C, Methods of Measuring Retention, J. Gen. Psychol. 1935.

的材料的人。字典，辞典，索引，年表，百科全书，以及自己所备的日记，摘要，备忘录，便览等等，都是代人记忆的工具，而且这些东西所告诉你的比你自己所死记的更正确，更保持得久长。那末我们为什么不利用这种工具呢？我可举出三个最大的原因：（一）文化的落后（Culture lag）；（二）教育者的恶意；（三）工具的不完美。

所谓文化的落后，是指一个人的意念或说精神生活跟不上物质的进步。原始时代没有纸笔，一切知识全凭记忆来保持。后来虽有纸笔，却还没有印刷，学习的主要方法还是记忆。到了现在，印刷术大进步，代人记忆的工具也天天增加，照理应当改变学习的方法了。然而我们还保持着传统的观念，还不肯放弃原始时代的学习方法。不管记得记不得这许多，不管值得不值得死记，还想用手工来替代机器，于是造成了文化落后的现状而不自知，这是学习上极大的浪费。第二，教育者素来是统治阶级的忠实的仆人，而统治者最怕人民有思想，所以在教育上只注重"阴风昧生"（Information）而不注重知识（Knowledge），于是教育者便训练学生去"记"，而不指导他们去"想"。第三是汉字的限制。我们的文字不能用以来编制检查极便的索引，你要在一本书中查阅一条你所需要的材料，不是海底捞月，便是沙里淘金。不但要在书中找一条所需要的材料使你失望，便是在字典中要查一个字或在图书目录卡片上要找一本书，也会使你不耐烦起来。即使你自己有了一本备忘录，而一到所备忘的事物多了，你自己也无从查阅。这原始时代的文字不能不使我们用原始时代的方法来学习。学习的浪费，文化的不进步，几乎成了不可避免的结果。我们如果希望不必去记忆这许多，便不能不设法去铲除上述的三个障碍。

强而后可

——动机的研究

好奇心人人有之，尤以儿童为甚。儿童每每缠住父母或年长者接连不断地问"为什么？"这便可证明儿童是好学的。可是一到了正式受教育的时候，竟有许多学生懒做功课。父母叫他写大字，他却去打弹子。教师叫他预备算术，他却偷偷地在看连环图画。你叫他读国文，他却喜欢唱歌。等你正式叫他唱歌，他却要听故事。于是做家长和师长的便以为孩子只喜欢干"闲事"，却不喜欢用功读书。喜干闲事是"入邪"，用功读书是"归正"。"入邪"是坏的天性，所以须极力抑制，"归正"是逆水行舟，所以须"强而后可"。家长和教师也知道"养不教父之过，教不严师之惰"的道理，于是一方面不许儿童打弹子，看连环图画，以及其他种种"闲事"。一方面督责儿童用功读书。督责无效，继以斥骂，斥骂无效，继以体罚。"鞭儿在后"即蠢牛亦可驱之前进，何况儿童？哪里知道"牛耕田"和"儿童学习"是两件事。"牛耕田"可以"强而后可"，因为牛所耕的是农夫的田，于牛的本身无关，只要把田耕好，就是了，谁去管它愿意不愿意。"儿童学习"是儿童自己的学习。自己的学习，须出于自动和自愿。学习者觉得有兴趣，极力上前，固然是最好的，即使学习者并不觉得有兴趣却自己勉励自己，或别人勉励他，使他自愿"强而后可"亦属可能。若自己根本不愿意，则旁人决不能勉强他。

现在我们要讨论的是：你不准儿童做的事，为什么他却偏要去做？勉强他做的事，为什么他却偏不肯做？即使他勉强做了，为什么会做不好？这些问题似乎是很复杂的，其实，我们只要想一想小孩吃饭，便会觉得这个问题是极简单的。为什么有时小孩吵着要吃饭？为什么有时把饭送到他的口中，他还不肯咽下去？小孩吵着要吃饭，因为他觉得饿了。越饿越要吃。他不要吃饭，因为他并不饿，或他的胃并不需要食物。这不是很明显的么？他饿了，你不许他吃，他要吵，吵不到食物，他还会哭。他不饿，或胃口不开，便不想吃，你若勉强他吃，他也不肯咽下去，你若硬把食物塞入他的肚中，他甚至会呕吐出来。

胃壁肌肉的紧缩和化学质的刺激，是饥饿者的"内驱力"（Drive），因这种刺激而发生局促不安（即想求食的反应），是机械作用（Mechanism）。内驱力和机械作用的总称，叫作"动机"（Motive）。饥思食，渴思饮，是由动机开始。学习也是如此，学习者有了动机，他便因内在的迫力，使他局促不安，非达到学习的满足不肯罢休。所以动机，即如何可使学习开始，是学习程序中的先决问题。

一、动机的意义

心理学家所用的动机一语，据雷斯德说，其意义有二：第一，动机是一种精神的驱动力，是伴随本能与情绪行为的精神力量。第二，吴伟士用较纯粹的机械术语来说明动机，则以为合本能，情绪与习惯，是一组"机械作用"而为次"机械作用"的驱动力；故动机是所发生行为的前一行动,而非活动的各种特殊力量①。这两个意义之中,都提到"本能""情绪",以及"精神力量"等的神秘字句,大概是受了马克杜加尔(Wm. McDougall)的本能论的影响②。其实"饥思食"与其说是本能,不如说是因个人心身构造和刺激的关系较合科学。

武德卫史(Woodworth,钟译作吴伟士;萧译作邬德渥斯)解释驱动力与机械作用如下:"普通说来,动机即是对于某种最后的结果(end-result)或最后的反应(end-reaction)之倾向。此种倾向之自身系为某种刺激所引起,且有某些时间之继续性,因其最后之反应非立即发生者。此则由于此种反应须有相当的刺激与动机相联而后可以引起之。当动机继续其内部之活动时,其功用在使对于某些刺激之反应易于发生而同时阻止其他各种反应之出现。其时辅助之种种反应系为最后的反应准备必要之情境,俾使其有出现之可能。易言之,此等反应可以引起最后的反应之刺激。人为内部的动机所迫,常有不安之状态;而在最后的结果已经获得时,遂有静定与满足之状态起而代之。"③

这一段话初证之,颇为费解,若以"吃饭"为例便极易明白。上面全段的意义,可按句译为如下:"饥饿即是吃食的倾向。此种倾向之自身系为胃壁肌肉的紧缩与化学质的刺激所引起,且有某些时间之继续性,因人一觉得饥饿,不一定立即便可吃食。此则由于吃食须有食物的刺激与饥饿相联而后可以引起之。当饥饿继续其内部活动时,便只想吃食而同时不愿另做别的事情。其时洗手,就座,拿筷等行为是吃食准备必要之情境。易言之,饥饿时一见了'饭'便更引起'吃'的行动。

---

① 雷斯德著,钟鲁斋、张俊玗译:《现代心理学与教育》,上海:商务印书馆1937年版,第144页。

② McDougall, William, An Introduction to Social Psychology, John W. Luce & co. Revised ed. 1926.

③ 萧峥嵘:《学习心理学中之三大问题》,见《学习心理学》,上海:开明书店1935年版,第1-2页。

人为饥饿所迫,常有不安之状态;一到吃饱了,遂有静定与满足之状态,起而代之。"

吃饭如此,学习也是如此。例如,你听了教师或同学很动人地介绍一本书,同时这书中的内容,即是你所喜欢研究的。这时你因这种刺激,便发生了一种内驱力,催促你去读那本书。可是手头没有书;要去买一本,天已晚了,这时你要读那本书的动机,便有某些时间之继续性。同时,你越因尚未买到那本书,越要想读。等到书买到了,翻开了,这时,那本翻开的书的刺激和你要读那本书的动机相联,而后才很有滋味地读下去。这很有滋味地读下去的行为,使你"有静定与满足之状态"。

你因种种的刺激,感觉到读书的需要,这需要便是动机的内驱力。你坐下来,或躺下来,把书翻开,这种种行动便是动机的机械作用。想读书更把书翻开,是内驱力产生机械作用。翻开了书便读,又是机械作用产生了内驱力。因为"要读书"是一个刺激;"翻开的书"也是一个刺激,这便是心理学家所说刺激发生反应,反应亦可发生刺激。学习者到了反应发生刺激的时候,他便会"发愤忘食""欲罢不能"了。

二、动机的种类

动机的分类,很不一致。心理学家各有各的意见。萧孝嵘[①]根据彭奈特(Bennett)的意见,把动机分为四类如下:

(一)自我之倾向。例如,男性欲为成人,强大或优越;女性欲柔媚动人,自重;服从指导与依赖保护;自信与自主;自我之表示等。

(二)社会之倾向。例如畏人谴责,望人赞许;合作精神;服务精神等。

[①] 萧孝嵘等编著:《学习心理学》,上海:开明书店1935年版,第5—7页。

（三）直接影响学校工作之倾向。例如精神活动之兴趣；身体活动之兴趣；摹仿之倾向等。

（四）艺术的伦理的与宗教的兴趣。例如对于真善美的兴趣。

实则，这四类可并作两类，即：自我之倾向和社会之倾向。例如对于研究事物的兴趣或对于真善美的兴趣，如出于内驱力，则为自我之倾向，如出于望人赞许的心理，则为社会之倾向。

汤姆孙[①]则把动机分为两大类，即自然的动机（Natural motives）和人为的动机（Artificial motives）。

自然的动机包括自主的动作和反射；习惯；本能和身体的活动；食欲；情绪；游戏和运动；以及自我的表示。人为的动机包括惩罚；奖励；合作；参加；精神动员；良好的模范；英雄崇拜；以及社会的压力。

自主的动作和反射（Autonomic acts and reflexes）包括呼吸，脉搏，血流，消化，以及腺状分泌等。将来科学发达，或许可以用注射化学物的方法来支配动机。习惯到了顶点几乎可变为自主的动作和反射，例如已养成了看书习惯的人，一旦不准他看书，简直和禁食一样的痛苦。所谓本能并非指某种特殊的本能，乃是指应付环境的心理倾向。食欲又包括个人的嗜好，在教育上也应有训练。情绪是指愉快和烦恼，教员应尽力设法使学习者有愉快的情绪。游戏与工作根本并无分别，如游戏作为达到某种目的的手段，则游戏便是工作，毫无兴趣可言。反之，如工作视为目的，则工作之中亦有游戏的乐趣。所以教育者应使学生在工作时有游戏的愉快精神。自我的表示（self-expression）又分为"小我"的优胜和"大我"的优胜两种欲望。教育者应培养学生以"大我"之荣为荣，以"大我"之辱为辱的心理。国家至上，民族至上的爱国精神，

---

① Thomson, Mehran K., Motivation, Educational Psychology, (ed.) Charles E. Skinnes, Prentice-Hall, Inc. 1936, Ch. VII.

未始不可由自我的表示而养成之。

上述七种自然的动机如能一一顾到，则学习者本人即有一种驱动力使他上进，不必"强而后可"了。如果尚嫌不足则再辅以下述八种人为的动机；惩罚是素来用为学习的主要动机，但因惩罚是基于恐惧的心理，有时虽有直接的效力，而间接的坏影响还抵不过直接的效果，所以现代心理学家都以为得不偿失，还是不用为妙。奖励比惩罚略胜一筹，因为至少它是积极性的。可是亦有一种危险，即学生若以奖励为学习的动机，反把学习的本身价值忽视了。沽名钓誉的行为，便是一个例子。合作与参加活动本是教育的重要目标，所以每个学生都应有尽量发展其合作精神的机会。所谓精神动员是指集合多种相辅的动机，以加强学习的驱动力。例如增强原有的动机，引起新的动机。或使学生能自知学习的进展，能预料完工时的愉快和满意。良好的模范绝不是宣教式的训育，也不是教学生须看某某的榜样。乃是以自己的人格作为暗示，使学生不知不觉摹仿起来。所谓英雄崇拜也不是指崇拜某一个英雄，乃是崇拜自己的理想。末了，社会的压力即指社会的谴责和赞许。个人的社会大小不同，或以学校为社会，或以家庭为社会，或以三五的朋友为社会，或以国家世界为社会，而对于个人的势力则一。一家之中如充满着用功读书的空气，学校内如有研究学术的校风，则个别的学习者不知不觉也会增加他研究学术的动机。

缪增格[①]也把动机分为两种：一为需要（Needs），一为外力（impositions）。需要又分为生理的和社会的两种。凡是个人自己所觉得的需要，不论是生理的心理的或社会的都属前者，凡是由外力所指挥的则属后者。换言之，内在的需要可称为内驱力，外力的指挥，可称为外驱力。例如儿童自己要做算术，这是由于内驱力的催促。师长或家长叫他

---

① Muenzinger, Karl F., Psychology, The Science of Behavior, The World Press, Inc. 1939, 20–21.

做算术却是由于外驱力的催促。外驱力之可贵乃因它不但也是动机之一种，且有变为内驱力的可能。若外驱力永是外驱力，或外驱力不能引起内驱力，或不能与内驱力联在一起，则专凭外驱力只使学习者"强而后可"而已。这样说来，缪增格所说的需要和外力，颇与汤姆孙所说的自然的动机和人为的动机相似。

三、动机的强度

小孩子也知道不喜欢拍瘪皮球，因为皮球瘪了，便拍不高。反之，弹力越足，越拍得高。同样，动机越强，效率越高。因为动机使学习者感觉到不安定，即所谓心理的不平衡（Imbalance），一到"最后的结果"或"最后的反应"已经获得时，遂有静定与满足之状态起而代之。所以愈觉不安定愈要求得安定，愈觉不平衡，愈要求得平衡（Balance）。厄力奥特（M. H. Elliot）[1] 的实验是个极好的例子。他用两组白鼠学走迷津（Maze），一组是极其饥饿略为口渴的，另一组是略为饥饿极其口渴的（见下图）。在开始的九天中，迷津的末端（即目的地）放着食物。在这九天之中极饿的一组的学习效率比略饿的一组高得多。到第十天，迷津的末端不放食物，却放着水，这时极渴的一组的学习效率比略渴的一组高得多。这个实验的结果证明动机的强度与学习的效率，有直接的关系。

若是动机的强度增高，可以提高学习的效率，则再加一个动机不是使效率更可提高了么？例如有人请我吃饭，这是一个动机，倘若席中还可会见几个老朋友，而且还有音乐，不是更使我愿意去赴席么？这个例子可否应用到学习上来？我们且看了下面的实验再来回答。

---

[1] Muenzinger, Karl F., Psychology, The Science of Behavior, The World Press, Inc. 1939, 37-38.

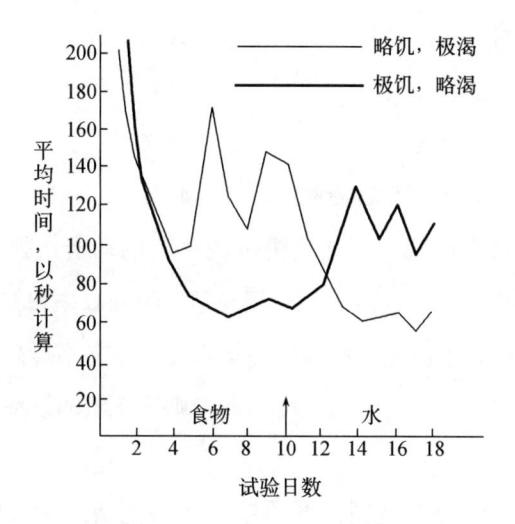

强而后可

马勒（J. B. Maller），① 叫两组学力相等的儿童做加法。一组只以"叫他们加"为动机，另一组除"叫他们加"为动机外，另加一个"竞争"（即社会的需要），为辅助动机。他告诉他们，如做得比另一组更快，还有奖品。这两组所做的加法的平均问数如下：

只以指导为动机者　　　　41.4 问
指导和竞争为动机者　　　46.6 问

第二组的效率固然略为高些，可是并不若何显著。缪增格以为两个动机之中若其中一个已达到了极高的强度，则另加的强度会进入"酬报递减"的阶段。他又做了一个实验，其结果正与这个理论相符。他用三组白鼠学习走"辨别箱"（Discrimination box）。第一组以"饥饿就食"（Hunger-food）为动机，第二组以"逃避电震"（Shock-escape）为动机，第三组以"饥饿就食"及"逃避电震"为动机。这三组平均的学习效率如下：

---

① Muenzinger, Karl F., Psychology, The Science of Behavior, The World Press, Inc. 1939, 40.

组别	试误的次数
第一组　饥饿就食	114.1 次
第二组　逃避电震	51.6 次
第三组　饥饿就食及逃避电震	49.2 次

第一组的效率最低,可见"饥饿就食"的动机之强度,不及"逃避电震"的动机之强度远甚。第二组与第三组的效率相差无几,可见若是动机的强度已到了极点,则即使另加强度,亦并不提高多大效率。假如电震的强度减低,或饥饿的强度增高,则第三组的效率应比第二组的效率为高。

有人以为电震即是刑罚,刑罚错误者必能增加学习的效率。奔炊(M. E. Bunch)[1] 用两组蒙了眼的学生学习蜡版写字的迷津(Stylus maze)。一组只以指导为动机,另一组则除指导外,每逢做错时,施以电震作为刑罚,直到学会为止。这两组的学习效率如下:

组别	试误次数	错误次数
第一组　只以指导为动机	45	449
第二组　指导和电震为动机	18	216

可见第二组的效率比第一组高得多了。那些主张惩罚的教育家一定会引了这个实验来证明惩罚错误在学习上的重要。可是这实验的结果是否应作如此解释,尚成问题。因此缪增格又做了一个实验,不但错误的"受惩罚",便是做得对的也"受惩罚",再看其结果如何。他用三组白鼠学习走"辨别箱"。第一组为饥饿就食;第二组为饥饿就食,再加走错时施以电震;第三组为饥饿就食,再加走对时施以电震。三组的结果如下:

---

[1] Muenzinger, Karl F., Psychology, The Science of Behavior, The World Press, Inc. 1939, 42.

组别	平均错误	失误次数
第一组　饥饿就食	30	114
第二组　饥饿就食，错时电震	11	39
第三组　饥饿就食，对时电震	14	48

可见第三组的效率和第二组相差无几，而比第一组却高得很多。难道"惩罚对的"也能增加学习的效率么？难道功课坏的学生遭打还不够，连功课优秀的学生也遭打，便能增高全体学生的学习效率么？最合理的解释是：由"被试"（Subject，即受试验的人或动物）方面着想，电震并不是惩罚，乃是一种阻力（Obstacle），这种阻力是引起学习者特别注意的刺激。我们又做了一个实验叫作"打洞板迷津"（Punchboard maze）。一组学生只以指导为动机，另一组除指导外，另于选择取舍时加以阻力，以引起其注意。两组学生的成绩如下：

组别	平均错误	试误次数
一、指导	82	16
二、指导及阻力	43	9

由上面的种种实验看来，我们可得结论如下：

（一）使学习者感到需要，是学习的根本动机。

（二）动机的强度越高，学习的效率越大。

（三）主要动机之外，另加辅助动机，可以增加动机的强度。

（四）若某一动机的强度已到了极点时，即使再加动机，亦难增高效率。

（五）学习时另加刺激，以引起所学习的问题的注意，可以增高效率。

四、动机与满意

我们已说过动机是由不平衡走向平衡的驱动力。所谓"不平衡"

即是"不安定"和"需要",例如饥饿,电震,口渴,以及求知的欲望。所谓"平衡"即是"安定"和"满意",例如得食,逃避电震,解渴,以及学业的进步。现在我们又要研究,倘使不平衡竟达不到平衡,需要得不到满足,或只得到稍微的满足,在学习的效率上有何影响呢?换言之,学习者有愉快的情绪与没有愉快的情绪,在学习的进展上有无关系?学生知道自己的进步,与盲目地学习下去而不知道自己的学习状况,在学习的效率上有无分别?例如饿鼠学走迷津,倘使走到了目的地而得不到食物,则它能否学得好?

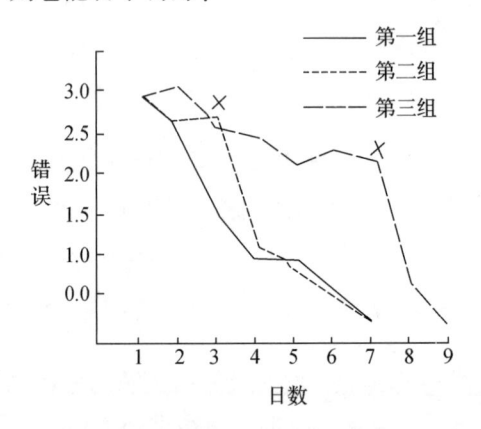

布罗吉脱①用三组白鼠学走迷津。第一组每次学习时一达到迷津的末端即得食物,第二组直到第三天才开始得到食物,第三组直到第八天才开始得到食物,这三组学习效率的区别,可由上图见之。

第一组一开始即得到满足,立刻便有进步,第二组和第三组在未得到最后反应的满足以前,几乎可说并未减少错误,即毫无进步可言。但第二组一到第三天,第三组一到第八天,便进步得很快。

---

① Blodgett, H. C. "The Effect of the Introduction of Reward upon the Maze Performance of Rats." Unv. Calif. Pub. Psychology, 1929, 4, No. 8: 113-134. Quoted from Husband, R. W., Applied Psychology, Harper & Bro. Pub. 1934, P. 321-322.

布鲁司①的实验更可证明得不到平衡的学习者，可说毫无学习的成绩。他把"被试"分为两组：实验组与控制组。两组同有食物，作为学习的酬报，等到两组几乎把迷津快要学会了的时候，实验组便开始不给以食物，于是该组以后的学习变成乱七八糟的样子，毫无成绩可言（见图）。

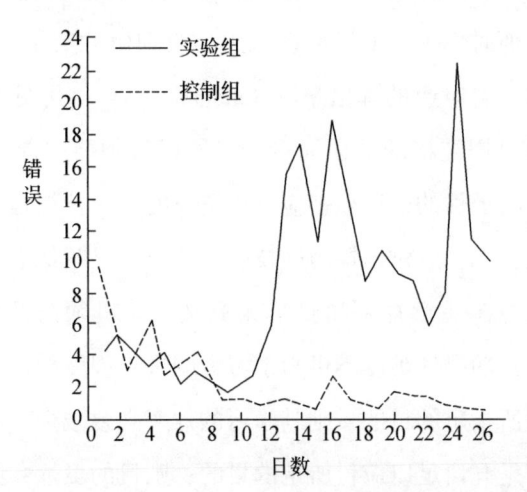

此外，尚有许多实验，都证明动机的强度越高，学习时酬报越大，则其学习的效率也越高。这里所说的"酬报"若解作学习者的满足，或学习时的愉快，想来不致大错。所以做教师者一面要设法使学生感觉到需要，一面还须使他们有兴趣，使他们能觉得学习进展的满意。

五、动机与洞悟

"格式塔"（Gestalt）心理学者以为动机即是"洞悟"（Insight）。换言之，有悟性的人类，应以"理由"（Reason）为动机。例如你想吃些东西，因为你饿了，但是除了极端的饿荒情形以外，你决不会饥不择

---

① Bruce, R. H., "The Effect of Removal of Reward on the Maze Performance of Rats." Univ. Calif. Pub. Psych., 1930, 4, No. 13：203-214.

食的，决不会见了人家手中拿着食物，或食物店的橱窗中放着蛋糕，便来充饥。你会想一想，若是来不及回家，可以上菜馆，上了菜馆，还要选择合你胃口而又经济的菜，至少你不会勉强吃你素来所厌恶的东西。又如有人请你去看电影，你却不去，情愿坐在家里看书；有时却放下书本，要去看电影。或此或彼，总有你的理由。甚至照理应该做事，你却偏去看电影，那时你去看电影的动机不是与理由冲突了么？其实不然，至少你会想出去看电影的理由来（Rationalization）。可见有悟性的人不是单凭内驱力只用纯粹的试误而行动。所以教师要引起儿童学习的动机，须使他们明了目的，还须把应付该情境的必要技能指导他们。不然目的太远或太含混，应付该情境的技能又缺乏，只叫他们去试误，则教师以为是动机，在儿童看来简直毫无意义。动机须与儿童的"洞悟"相符。换言之，功课的难度不可与学习者的进步程度相差太远。学生的洞悟不足应付所指定的目的，则其学习的效率必致减少。

反之，若是洞悟足以应付所定的目的，则目的虽远，亦能维持某些时间之继续性。例如大学生一心想做医生，而入医学预科，虽然尚须学习四五年（即过了长时期的学习才能达到目的），他还能继续努力。可是洞悟的程度，与个人的年龄，学力，都有关系。叫一个七八岁的儿童用功做算术，说将来可做工程师，不如对于他说"你做好了算术，我给你吃棒冰"。因为年龄愈小，或洞悟的程度愈低，或最后反应的满意的距离愈远，则学习的效率愈无把握。

哈密尔敦[1]的"延迟酬报"的实验可作为例子。他把白鼠分为五组：第一组走到了迷津的末端时立即得到食物，即得到了满意，或达到了最后反应的愉快；第二组延迟了十五秒钟才得到食物；第三组延迟了三十秒钟；第四组延迟了一分钟；第五组延迟了三分钟。这五组学习的

---

[1] Hamilton, Gent. Psychol. Monog. 1929.

结果如下：

组别	延迟的时间	试误的次数
第一组	0	5
第二组	15秒	9.7
第三组	30秒	9
第四组	1分钟	10
第五组	3分钟	17.5

从上面的表看来，延迟了三分钟的满意，竟使学习的效率减低了三倍多。学生们缴了作文或考卷，急欲探听其成绩，随带照相机的游客，沿路就把所拍的照片晒出来，便是这个道理。所以课程的难度须与学生的洞悟和能力相称，同时须使他们自己知道进步的状况，以得到成功的满意。这成功的满意又会变成继续学习的内驱力，即武德卫史所谓"次机械作用的驱动力"，亦即"反应又能引起刺激"之意。动机引起学习行为，学习得到成功的愉快，成功的愉快又引起新的动机，这样循环下去，不是使学习者"欲罢不能"么？那里还会"强而后可"呢？

六、总述

动机犹如弹力，无弹力的行为可说是奴隶生活，亦即牛马生活。奴隶生活最明显的现象为"强而后可"。在人类的行为上，与其拿着鞭子逼他活动，不如引起动机，使他自己受内驱力的催促，不得不向着最后的结果方向行去。

动机的分类颇不一致，简单说来，不外乎"自我之倾向"和"社会之倾向"，即汤姆孙所说的"自然的动机"和"人为的动机"，亦即缪增格所说的"需要"和"外力"。动机的强度愈高，则越觉不安定和不平衡，于是愈要求得安定和平衡。在进行时能见到最后的结果，才有工作的满意和愉快。成功的愉快又可变为新动机的刺激。在最高的行为中，动机即是理由，亦即"格式塔"心理学派所说的"洞悟"。洞悟使学习者明了学习的意义，明了学习的意义能够增高效率。若洞悟的程度和应付动境的力量，不足应付最后的反应（即目的），则即使勉强试误，决无多大效率。所以课程的分配，技能的指导，学习的兴趣，进展情形的自觉，以及成功的满意，都是引起动机，维持动机的刺激。这种种刺激都能提高学习的效率。

驴子磨粉

——理智的诱因

"驴子磨粉"是和"理智的诱因"相反的。理智的诱因是有意识的,是学习者知道自己进行的状况的一种动机方法。"驴子磨粉"却是盲目的进行。我们为要提倡理智的诱因,不得不打倒"驴子磨粉"式的学习法。

驴子磨粉时,须有人拿着鞭子跟在后面,每逢它的步伐慢下来或停下来时,便在它的身上打一下。可是赶驴子的人,一天到晚跟着驴子在磨坊里团团转,未免太麻烦,于是他便在磨道旁边坐下来,让驴子自己跑着,每逢驴子经过他坐的地方,便打它一下。这个方法比跟着驴子团团转,方便得多。可是驴子也有灵性,跑了几圈之后,它知道你坐的地方,于是只在将走近你的身边时赶紧跑几步,以后便慢了下来,有时会走得很慢很慢,直到再走近你的身旁时,忽然又快起来。一离了你,便又慢下来,真是够气人的。倘使驴子不知道你在什么地方,也不知道自己是在磨道的哪一段上,那末,它只得时时提心吊胆,不敢放慢脚步了。赶驴的人也知道这个心理,于是发明了一个方法,把眼罩蒙住了驴子的眼睛，使它一些也看不见什么，或只让它看面前却不能看两旁。这样一来，即使没有人赶它，它也会机械地走着。所以现在磨坊里的驴子大多都戴眼罩的。水牛辗谷，黄牛车水，都用这个法子。

一、我们的驴子

学校里上自修课时，照例有一个督课的教员，他好像是赶驴子的人，可是在小学里甚至在中学里，这赶驴子的工作，很不容易。学生不肯努力，有什么办法呢？有时教员看得不耐烦，便喊几声"读呀！""读呀！"在事实上，这样喊喊，无补于事。又如儿童放学回来，或在晚上，做父母的叫他们自修。他们便随意翻开一本书，或拿起一支铅笔做算术。那时做父母的以为儿女已在用功了，自己便干着别的事情。转眼一看，他们却坐在桌旁玩着，于是，便喊着说，"读呀！"或"快做算术呀！"可是他们不肯用功，你便喊破喉咙，也是没用的。这是什么缘故呢？当然，原因或许很复杂的。可是最大的原因是儿童不知道在这一小时内或二小时内应当预备什么。做父母的也不知道他们这时应读哪一课书，或应做哪几问算术。你不指定他们适当的工作，又不限定他们什么时候应当停止，应有什么结果，只叫他们读呀读呀，有什么用处呢？儿童自己不知道应当学习什么，也不知道学习的效率如何，结果如何，这种学习哪里会有兴趣呢？至多像驴子磨粉一样，盲目进行而已。

若是我们没有驴子的经验，那孩子的经验，总是有过的。若连孩子的经验也遗忘了，那末，走路的经验总不致没有的。同一距离的两条路，陌生的路比熟路似乎来得长些，走起来也比较吃力。这是什么缘故呢？第一，我们不知道这条陌生路到底有多少长；第二，也不知道已经走了多少，还有多少；第三，有时还要怀疑会不会走错。因这种种原因，在心理上似乎这条路又长又难走。反之，我们在走熟路时，自己知道走路的速度；也知道，例如，过了洞桥还有一半路程，大槐树转弯再走三里，便是路亭。这样有把握的走路会减少许多无谓的苦闷。凡事在进行时，自己知道进展的情形和结果，便叫作"理智的诱因"（Intellectual incentives）。学习时有理智的诱因和没有理智的诱因，在效率上相差若干，我们不妨来研究一下。

二、关于理智的诱因之研究

前一讲里我们已讨论过动机在学习上的地位。这里所说的诱因，便是动机的方法（Motivating devices）。照一般心理学家的研究，诱因分为三种：（一）理智的诱因；（二）情绪的诱因；（三）社会的诱因。现在我们且先谈理智的诱因。

学生对于工作如果抱着主动的态度，学习时有要得到成功的决心，那末，他的进步比那些抱着被动态度的人，必定会高得多。可是怎么能养成学生主动，使他有决心呢？第一，须给以指定的功课；第二，须规定成功的目标；第三，须时时使他们知道进展的状况。这三点便是理智的诱因的三方面。

哈密尔敦[①]试验两组学生学习无意义的音缀（Nonsense syllables），同样的材料，同样的时间，同样的学习，只是控制组每次不知道自己的成绩，实验组则每次知道学习的成绩，第二天各与以测验，两组的结果如下：

组别	错误的百分比
控制组	127
实验组	45

可见实验组的学习效率比控制组几乎高了三倍，换言之有理智的诱因之学习其效率可提高二三倍。

[①] Muenzinger, K. F., Psychology of Learning, (unpublished manuscript) Univ. of Colo., 1939. Ch. Ⅲ.

布克和诺凡尔①以学写"a"字的实验，来证明理智的诱因在学习上占什么地位。他们把学生分为两组，开始时给甲组知道自己的结果，却不使乙组知道，果然，甲组的效率高于乙组。后来，用相反的方法，给乙组知道自己的结果，却不使甲组知道，这时两组学习的效率，忽然颠倒过来，如上图。

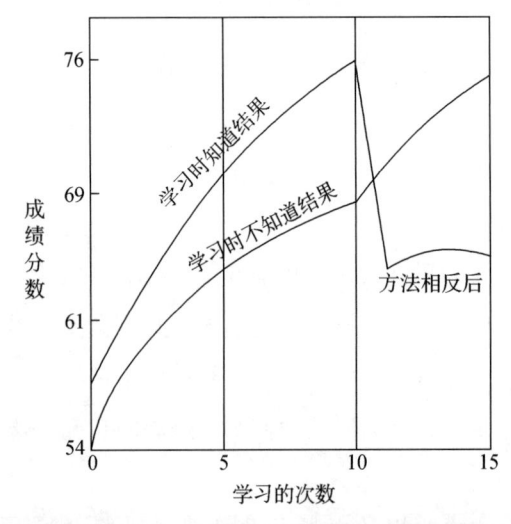

理智的诱因能提高学习的效率，已是铁一般的事实。可是还有人以为成人的学习固然应使他知道自己的结果，至于年轻的儿童何必给他知道呢？即使知道了又有什么用呢？或者又有人要问：这理智的诱因是否于各年级的学生都有直接的关系，还是只限某种程度的学生？关于这些问题大卫斯②已做过一个统计，他把历来关于理智的诱因的实验，依作者姓名的次序列为一表。现在我把那个表译成中文如下。（英文姓名的次序译成中文便不成其为次序，故改照实验的年份依次排列。）

从下面的表看来，"被试"之中有小学生有中学生，有大学生，有男生，有女生，有成人，有儿童，而其结果均证明学习时知道自己进行

---

① Davis. R. A., Psychology of Learning, 1935, P. 307.
② Davis. R. A., Psychology of Learning, 1935, P. 308.

年份	作者	动机的因素	受试	结果
一九一五	迈尔士（Myers）	知道结果	二十六个大学女生	有积极的影响
一九一七	阿帕斯（Arps）	知道结果	三个成年学生	有积极的影响
一九一七	察普曼和裴德（Chapman & Feder）	知道结果	三十六个五年级儿童	有积极的影响
一九二〇	阿帕斯（Arps）	知道结果	三个成年学生	有积极的影响
一九二二	布克和诺凡尔（Book & Norvell）	有兴趣和知道结果	一百二十四个大学生	有积极的影响
一九二三	哈勒孙（Harrelson）	知道结果	二十六个大学生	有积极的影响
一九二三	乃特和勒末尔斯（Knight & Remmers）	知道结果	十个大学一年生 五十四个大学三年生	有积极的影响
一九二三	斯宾塞（Spencer）	知道结果	四个大学生	有积极的影响
一九二五	吉力兰（Gilliland）	知道结果	大学生	有积极的影响
一九二七	罗斯（Ross）	知道结果	五十九个大学生	有积极的影响
一九二八	和谟兹（Holmes）	荣誉录	中学生	有积极的影响
一九二九	得飘替（Deputy）	知道结果	大学一年生	有积极的影响
一九二九	泽尔息尔特（Jersild）	考试	七十四至一百二十六个六年、九年、十二年，及大学一年生	无明显的差别
一九三〇	阿伦（Allen）	知道理智的水准	三百四十七个六年、九年、十二年，及大学一年生	无明显的差别
一九三〇	判拉息桂和乃脱（Panlasigui & Knight）	知道结果	小学四年级生	有积极的影响

的状况，对于学习的效率有积极的影响。这十六年来（一九一五——一九三〇）的实验可说已完全解决了理智的诱因的问题，此后对于这个问题，简直没有新的贡献。

三、测验和考试

理智的诱因，在学习上的重要，既如上述，我们不得不检讨测验和考试在学习上的地位了。要使学生知道自己学习的状况，非用测验和考试不可。但是现在一般学校的测验和考试，几乎变成了学校的行政事务，与学生本人完全无缘。测验和考试本是帮助学生知道自己的成绩，是一种施教和学习的方法。但因施用不当，反使学生视为"巡捕的搜查工作"，哪里还会受学生的欢迎呢？积极的施教方法，变成了消极的搜查工作，真是教育上的大不幸。这还是从好的一面来说。从坏的一面来说，连搜查的工作也未必做得好：有时莫名其妙地搜查了一下，一无所得，把测验和考试当作"例行公事"；有时竟会捉了几个无辜良民指为嫌疑犯，而真正的罪犯却漏了网。这种种弊病，学生比教员知道得更详细。兹以理智的诱因为出发点，列举测验和考试应加改良的要点如下：

（一）每次测验须使学生知道其所得的成绩。近来各学校因每班学生人数增多，口述的复课太费时间，于是多用考问或测验（Quiz or test）。有的教员每星期举行一二次，有的每课都有，用意颇佳。可是教员哪有工夫去改这种平日的考卷呢？于是卷子只有缴进去，永不发回来。教员把卷子堆在写字台上，堆得高了，索性清理一下，丢在字纸篓里。有的尚有良心，把它保存起来，到了学期终了，一并还给学生。试问这种测验，这种考问，于学生有什么帮助？至多利用恐惧心理，拿纸老虎来吓吓学生，免得他们毫无预备而已。可是这种纸老虎即使不即戳穿，学生也会渐渐失去兴趣，不把这种考问当作一回事。所以我们不用考问或测验则已，要用，则每次须郑重其事，须每次仔细批阅，指出错误，使学生确实知道自己的成功和失败。不但每次应当发还，而且愈发还得早愈有效力。一经延迟便会减少学习者的动机（其理由和实验，见本书动机的研究第六十——七十四页）。

（二）考问或测验须约定时间。有的教员故意不使学生知道什么时候要考问，却临时来了一个"迅雷不及掩耳"的办法，正如上了眼罩的驴子忽然尝了一鞭。这种不合理的举动，可说与"暗箭伤人"相仿佛。学生预备功课并不是"一枚钉子一个洞"的呆板，有时须统盘预算，有时因兴趣关系，某课多花些时间，某课暂时忽略一些，有时某科预备得比指定的更多，某科准备星期终了补习。教员举行测验如能事前通知，可使学生从容分配预备的时间。否则，临时考问，即素来用功的学生有时也难免吃亏，而且受试者除预备功课外，还有其他的准备，例如灌足墨水，削尖铅笔等等。受试的学生临时因墨水干了，或铅笔断了，而受窘，而焦急，因此发生心理的疲劳，以致影响他的成绩的，时或有之。这种种的限制都是冤枉的，一次两次受了这种不白之冤，会使他对于教员，对于考问，甚至对于所考的科目发生恶感。这样一来，不是把理智的诱因变成了理智的抑制（Inhibition）么？所以"半夜搜查"式的考问是利少弊多的。

和约定时间同样重要的是，"守信"。常有教员对学生有意无意地说，本星期几或下星期几要有考问。后来却遗忘了，或来不及预备题目，或因其他原因，竟未照约定的时间实行考问。这便是教员的糊涂。你糊涂，他们也会糊涂。以后你即使要照所约定的时间举行考问，学生也会说"啊呀，我们忘了"，或说"改到下一课吧"。所以考问须约定时间，约定了须绝对遵守。

（三）考试的题目须有价值。这里所谓"须有价值"，涵义颇广，因考试的形式不同，所以不能一概而论。这里只举出三种最普通的考试形式，再根据理智的诱因，说明每种形式应注意的要点。第一种是"考问"（Quizes），可说是最简单的考试，多用于平日。第二种是"客观的测验"（Objective tests），可说是近来新式学校最通行的一种考试，无论大考，月考，平日，都颇适用。第三种是"旧式考试（Old type examinations），和作文相仿佛，所以又称为"论文式的考试"（Essay type examinations），多用于月考或大考。无论哪一种都应以教学为主要目的，而以行政为副。

"考问"应探测学生所必须学习的材料，所以不应吹毛求疵，出挖苦的题目。若是学生已学习了所应知道的材料，而个个都得到完全分数，这是最好没有的事。做教员的切不可以为全班都能回答的题目是太容易了。学生能够回答，便会感觉到成功的满意。知道自己的进步，也是一种学习的动机。不必记忆的材料，例如生僻的，无甚实用的，以及过了些时迟早总要遗忘的材料，可以不必考问。这不但可以避免学习者发生无谓的失败的烦恼，且可鼓励他们应如何选择主要的材料。学生读书，尤其是高年级的学生，并不是按字按句都须死记，他们理应多着重主要的而忽略次要的，或无关重要的。若是教员明明知道考问主要的材料，怕学生都能回答，于是偏偏去考问次要的却是难回答的材料，这种考问不但不能引起理智的诱因，反会摧残学习的兴趣。所以有价值的考问只测验学生所应知道的主要材料，使他们能明了自己的进展，能感觉到成功的愉快。

"客观的测验"须有真实性，客观性和可靠性（Validity, Objectivity and reliability）。真实性是指测验所应当测验的；客观性是指测验的题目毫不含混，毫无使学生"碰运气"的成分；可靠性是指题目难度的一致。测验的题目越多越可靠。每一客观的测验须有一百左右的项目，包括各种材料，再符合其他条件，才够得上可靠。若题目太少，或项目之中性质重复的太多，不能称为测验，只可算作"随意抽查"而已。"随意抽查"而过了门，不能证明学生的成绩好；过不得门，也不能证明他们的成绩不好。这种考试，无论学生因侥幸而得到优等分数，或不幸而不及格，都不是理智的诱因。有真实性，客观性，和可靠性的测验，可使学生明白自己的成功和失败；教员也可因此正确地查出学生的优点和缺点，作为指导的根据。客观的测验不但测量学生的成绩，也所以检讨教员自己的教法。

"论文式的考试"因题目有限，所以多着重大意和理论的组织能力，若用以测验学生的知识和"事实的阴风昧生"（Factual information）不但极不适宜，且有使学生舞弊的引诱。考试犹如检查体格，是帮助生长和健康的一种方法。受检查者岂肯瞒骗医生？除非这位医生另有作用，要和病人为难。就一般而论，学生舞弊，教员也应负一部分的责任。论文式的考试应着重理论的组织能力，照理，可以使学生没有舞弊的可能。真正的学习不应和实际生活分割。在实际的生活中，我们常用参考书，摘记，字典等；举行论文式的考试时，不妨公开地允许学生翻阅书籍和笔记。若是学生一翻阅书籍，便把考试的"法宝"收了去，则这种试题的价值也可想而知了。教员防止舞弊的态度越严，则舞弊的方法越会精明。与其禁止学生翻书，而仍有舞弊甚至被斥退的学生，不如叫学生公开利用书籍，使他们无作弊的可能。考试是为学生而立，学生不是为考试而生。若考试不能引起学生的理智的诱因，则不如废止考试较合学习的原理。

可是一般的考试，不但不是理智的诱因，而且摧残学习的兴趣，为了这个缘故，有些教育家如否勒①，伦德②等极力攻击考试和分数制度。否勒以为不顾到学习者兴趣的考试和分数，只鼓励舞弊，摧残好奇心，

---

① Fowler, Burton, "How Much Do School Marks Matter?", Parent's Magazine, Vol. VIII, No. 8. (1933).

② Lund, John, "The Newton Experiment", Understanding the Child, Vol. IV, No. 4. (1934).

使学习的高尚目标变成无价值。伦德则谓要培养健全的心理态度，须废止贿赂性和恐吓性的考试。他们的理论的确无可批评，因为不以教学为目标的考试，便无理智的诱因。这种考试和分数于学生毫无利益，只是行政的例行公事而已。

四、总述

驴子是哑口动物，所以不妨戴上眼罩，使它盲目进行磨粉的工作。人类的学习是理智的行为，所以应使他们知道自己的进行状况。笼统地叫儿童用功读书，难以引起儿童学习的动机。要使儿童处于主动的地位，使他们有成功的愉快，须给以指定的工作，规定工作的限度，时时使他们知道进展的状况。

关于理智的诱因，已有多种实验，都证明学习者知道自己学习的结果，于效率上有积极的影响。但是怎么能使学习者客观地知道自己的成绩呢？用什么码尺（Yardstick）来量他们学习的结果呢？这个码尺便是测验和考试，可是没有专业训练的教员，却有两重困难：第一，没有正确的码尺；第二，不知道怎么量法。于是考试变成了"消极的搜查工作"，或无甚意义的"例行公事"。无论是考问，是测验，是旧式考试，须使学生知道其所得的成绩，教师须仔细批阅，指出错误，且须及早发还，以提高学习的动机。"半夜搜查"式的考试，近乎"暗箭伤人"，无论教员的用意如何，结果是利少弊多的。考问须约定时间，既已约定，须绝对实行。有价值的考试是理智的诱因，无价值的考试反会引起学生的恶感。

考问应以探测学生所必须学习的材料为限，非主要的材料以及不必记忆而又艰难的问题，不必考问。客观的测验须有真实性，客观性和可靠性。这种测验不但测量学生的成绩，也所以检查教员的教法。论文式的考试应多注重大意和理论的组织能力。若以论文式的考试来测量"事实的阴风昧生"，不但极不适用，且有使学生舞弊的危险。与其禁止学生翻书而仍有因考试而被开除的学生，不如公开地允许学生参阅书籍和笔记。

总之，以教学为目标的（For instructional purposes）考问，测验，以及考试，是一种理智的诱因，所以是值得提倡的。无教学意义的考试，即否勒和伦德所谓只鼓励舞弊，摧残好奇心，使学习的目标变成无价值，以及贿赂性和恐吓性的考试，还不如废止为妙。人类的学习是理智的行为，所以教师不应像赶驴子的人时时施用鞭子，学生也不应像上了眼罩的驴子，只知盲目进行。教师和学生为要知道学习的结果，非用测验不可。不过我们须记住，测验不但用以测量学生，亦所以测量教师自己。

棒头出孝子

——情绪的诱因

素来娇生惯养的孩子，后来居然打爹骂娘的，确实也有。可是一味责打，只用棒头想把孩子打成一个孝子，也未见得这样便当。我们却历来相信，教训儿童免不了要用棒头。棒头是家庭教育最好的工具，所以用以惩罚儿童的棒头，叫作"家法"。家庭教育如此，学校教育自然也如此，教导学生免不了要用木板，或鞭子，所以用以惩罚学生的木板叫作"教方"，鞭子叫作"教鞭"。可见"棒头"和"教育"有密切的关系。中国如此，外国何独不然。他们的俗语"省了棒头，坏了孩子"（Spare the rod, spoil the child）不是和我们的"棒头出孝子"一鼻孔出气么？原来在学习心理学中，"惩罚"（Punishment）也是动机的一种，可以帮助学习的进步，我们不能武断地抹煞它的功用，但是惩罚的反面是"酬报"（Reward），酬报也是动机的一种，也可以帮助学习的进步。这两种动机即为"情绪的诱因"（Emotional incentives）。现在我们要问，这两种诱因都是好的，还是都是坏的？若都是好的，哪一种更好？若都是坏的，又坏在那里？这些都是学习上极重要的问题，我们须有相当的研究，作为教学法上取舍的根据。

一、惩罚与酬报的范围

我们已经说过，学习上有三种动机的方法（Motivating devises）：（一）理智的诱因；（二）情绪的诱因；（三）社会的诱因。理智的诱因，我们已讨论过了；社会的诱因且待下章再说；现在单研究情绪的诱因。情绪的诱因包括酬报和惩罚。照一般人看来最严厉的惩罚是体罚，其次是责骂。其实也不尽然，还要看体罚和责骂的程度和个性的差别。有时或许骂比打更痛。体罚和责骂以外，还有讥笑，讽刺，记过，扣分数，批评，以及使学习者感到痛苦的刺激，都属于惩罚的范畴。酬报包括奖励，称赞嘉许，和其他使学习者感到满意和愉快的刺激。这样说来，酬报和惩罚都有不同的等级，在同一等级之中又有轻重。照理，不用情绪的诱因则已，要用，则坏的儿童既受惩罚，好的儿童应受酬报了。可是在事实上，无论在家中或校中惩罚总是多于酬报。这是什么缘故呢？大概不外乎四个原因。第一，功课好，是学生的本分，无所谓酬报，所以学校只惩罚坏的学生。第二，历来教育家以及家长都看受教育原是一件吃苦的事，教育是养成学生将来能受得起艰难之预备，所以在求学时代不应称赞他们使他们愉快。甚至家长或教员明明觉得某一儿童值得称赞却不愿让他知道，免得他因此自鸣得意，骄傲起来。固然，不适当的酬报，无诚意的称赞，或"癞痢头儿子"的自己中意，不但不能算是诱因，且有使儿童自负自大的倾向，所以酬报不能滥用。然而何以要多用惩罚呢？如果称赞会使儿童骄傲，难道打骂不会有使儿童自觉卑劣的危险么？既然酬报和惩罚行之不当，都有同样的弊病，则何以惩罚总是多于酬报呢？原来第三个原因是：惩罚含有报复的性质。做家长和师长的，个人也有意气，因此常借惩罚儿童来发泄自己的忿怒。第四个原因是性恶的观念。以为婴孩一出世便有罪恶。不但宗教家的主张如此，即本能论者亦会列举一大批坏的本能，例如自大，自私，好战，欺骗，贪心等等。人性既然本是恶，教育为要感化恶性，和纠正坏的本能，自然非多用惩罚不可。

上述四个施行惩罚的理由，不但没有科学上的根据，而且正是利用情绪的诱因时，应当纠正的谬见。第一，我们须教育儿童使有正义的观念，有罚无赏，或明罚暗赏，决不会使儿童心服，也不是公平的办法。第二，教育不是使儿童吃苦的义务，而是他们应得享受的权利。故意使学习者感到不快，只会妨碍学习的效率。第三，即使免不了要有惩罚，亦须以儿童的利益为目标。报复的泄怒的惩罚是残酷的行为。没有爱心的家长或师长即无惩罚儿童的资格。"高高举起，轻轻放下，打在儿身，痛在娘心"才是惩罚儿童的正当态度。第四，本能论者所举一大批坏的本能，是心理学尚未脱离冥想的哲学时代的臆说，其价值和从前的鬼神论相仿。电闪雷响而不知其理，即以雷公电婆解说之；痨病疟疾的病理未明白以前，即诿诸狐精疟鬼作祟。同样，自大，自私，好战，贪心等等的行为，未明白其原因以前，懒惰的哲学家和心理学家不去研究，不去实验，一股脑儿称为"本能"，多少便当。所以我们研究情绪的诱因，不得不先纠正这些似是而非的理论。

二、惩罚的弊病

有人以为惩罚可以促进动物的学习，且比酬报更为有效。例如饥饿和电震是使动物学走迷津的动机。饱肚的猫会在问题箱内打瞌睡，受了电震的鼠，才会极力尝试，走入正路。可见促进学习的是惩罚而不是酬报。其实，饥饿和电震，在"主试"以为是惩罚，而"被试"却未见得有同样的观念。猫为饥饿所逼，而极力寻求食物，它哪里存心要学习什么呢？受了电震的鼠，只受到一种刺激，使它特别注意应走的路，它哪里会明了这是惩罚呢？我们承认内驱力可以促进学习，却并不以惩罚为内驱力。灼痛了手的小孩,见了火便怕,这也是事实。但他的怕火和避免再被灼,并不是因上次已受了惩罚,也不是因已有了避火的内驱力,而是因"制约作用"(Conditioning),已有了火能灼痛手的经验。所以惩罚的第一种弊病,是受惩罚者不能了解惩罚的意义。

第二,儿童不知道应当避免惩罚的事,而只知道规避施惩罚的人。儿童因玩耍或不用功,被父亲打了一顿,他怕了。怕什么呢?怕去玩耍么?怕不用功么?不是的,他所怕的是父亲,只要父亲不在,他仍会去玩耍,仍会不用功的。客勒①禁止人猿去干它们所喜欢干的某一种事,犯禁时,即施责打,而且连连责打了多次。人猿居然怕了。于是客勒躲起来不使它们看见,去观察它们的行动。这时人猿很小心地东张西望,要确知施惩罚的人是否真的去了,当它们看不见挨打的危险时,便又热烈地干着所禁止的事了。所以严厉的师长或家长不能使儿童不去做不应做的事,只使他们怕师长或家长而已。

第三,惩罚能引起儿童不良的情绪。"内倾者"(Introvert)因屡受惩罚,会变得胆怯,怕羞,自卑,以及自暴自弃;养成了奴隶性。"外倾者"(Extrovert)因屡受惩罚,变得倔强,顽皮,恨怒,存心报复,以及做出种种反社会的疾世行为。无论是前者或后者,惩罚会使儿童有患病态心理的危险。

第四,惩罚只禁止儿童的某种行为,而不能抑制该行为的动机,更不能导引该动机使有适当的发泄。例如儿童在吃饭时拿着筷子敲碗,叮叮当当把大碗小碗敲得热闹非凡。这时他的行为是敲碗,敲碗是父母所不许,或许要责骂的;而其动机,则或因坐得厌烦了,要活动活动,或因偶然敲了一下,觉得声音好听,于是引起了要听听各种声音的动机。这时惩罚只能禁止敲碗,却不能抑制他要活动,或欣赏音乐的动机。可

---

① Köhler, W., The Mentality of Apes. New York: Harcourt, Brace, 1927, P. 297.

见行为不好，动机不一定是坏的。而且即使动机也是坏的，也可设法使之有好的行为。例如儿童喜欢虐待动物，要看看动物受苦的状态，这种动机当然是不好的。可是我们正可利用这个动机，叫他来帮助拍苍蝇或捉蟑螂。惩罚行为而不能指导行为的动机，在儿童看来反觉得受了冤屈。

三、谴责与嘉许在学习上的地位

无论在家庭中，或学校中，到了现在，严厉的惩罚，已有减少的趋势。即以中国而论，学校中的体罚已为法律所不许。因此，所谓情绪的诱因，大概只指谴责和嘉许。理智的诱因只使学习者自己知道成绩的好坏，让他们自己去省察。若是成绩好，自己觉得愉快；成绩坏，自己觉得不快，教师却不加以评论。就一般而论，高年级的学生比低年级的学生更能评论自己，所以理智的诱因，比情绪的诱因更为有效。若是学生对于理智的诱因，很少反应，成绩好，也不以为意；成绩坏，也若无其事，你使他们知道成功或失败，他们却并不感觉到愉快或烦恼，在这种状况之下，似乎须有情绪的诱因，来加强刺激。成绩好的不但使他们知道自己的成功，还要称赞他们，以引起愉快的情绪，勉励他们继续努力。成绩坏的，不但使他们知道自己的失败，还要谴责他们，以引起苦闷的情绪，催促他们重新努力。无论是谴责或是称赞于学习的效率上都有积极的影响。至于哪一种更有效力，则因个性的差别而不同。一般的实验都证明：谴责对于聪明的学生更有效力，称赞对于愚钝的学生是有力的动机。这大概为了聪明的学生已听惯了称赞，因此谴责反变为有力的刺激。同样，愚钝的学生受惯了谴责，一听到称赞，也许会受宠若惊，加倍努力了。

一次的谴责和一次的称赞，都可加强动机；然而继续的谴责却远不如继续的称赞。赫尔洛克①继续四天以算术测验给予学生。他把四年级和六年级的学生依照同等的能力分为四组。甲组加以称赞，乙组加以谴责，丙组同在室中却不加以批评，丁组另在他室作为控制。当甲乙丙三组同在课室中时，他称赞甲组前一天的成绩，却谴责乙组成绩不好，工作忽略等等，且把各人的名字朗读出来。结果怎么样呢？第一天，谴责和称赞的动机居然有同样的效力。以后三天，则称赞组远胜谴责组。那不受批评的丙组不但不及受称赞的甲组，且不如受谴责的乙组，然而比那另在一室的控制组却好得多。于是赫尔洛克便以为临时一次的谴责，其效力不亚于称赞，而继续施用，则不如称赞来得有效。

情绪的诱因，在学习上的影响，历来已有多种的实验。大卫斯②统计各种实验，列表如下：

年份	作者	动机的因素	被试	结果
一九一六	季尔克立斯（Gilchrist）	称赞和谴责	五十个大学生	称赞更有效
一九二三	盖次和里斯兰（Gates & Rissland）	鼓励和抑阻	七十四个大学生	鼓励更有效
一九二三	雷尔德（Laird）	各种诱因	九十二个大学一、二年生	消极的诱因有害，积极的诱因有利
一九二三	雷尔德（Laird）	同上	同上	同上

---

① Hurlock, E., An Evaluation of Certain Incentives Used in School Work. J. Edu, Psychol., 1925, 16: 145-159.

Quoted From Katz, D. & Schank, R. L., Social Psychology, 1938, P. 281.

② Davis, R. A., Psychology of Learning 1935, P. 310.

（续表）

年份	作者	动机的因素	被试	结果
一九二四	赫尔洛克（Hurlock）	称赞和谴责	一百零六个四年和六年级生	称赞更有效
一九二五	赫尔洛克（Hurlock）	称赞和谴责	二百五十七个白人一百五十一个黑人三、五、八年级生	均有效力，而称赞更有效
一九二六	勒克司罗特（Rexroad）	以电震为惩罚	八十个大学生	有积极的影响
一九二七	布立格兹（Briggs）	称赞和谴责	三百个研究生	称赞优于谴责

称赞比谴责更为有效，已如上述，但是无诚意的嘉许，或不论成绩如何，一概加以称赞，反使学生看不起教师的意见和态度。所以情绪的诱因不但要看学生的个性而施设，且要看教员的能力而评其价值。赫尔洛克的实验中，丙组不及甲乙两组，却胜于丁组，可见教员对于学生的工作，不应抱着冷淡的中立态度，好的坏的都应加以正确的评论，以引起学生的注意和对于工作的情绪。

四、总述

不论中国外国，历来都以惩罚为教训儿童必不可少的方法。原因自然很多，最明显的是：（一）惩罚能使儿童上进；（二）儿童应当吃些苦；（三）家长或师长以惩罚发泄自己的忿怒；（四）儿童生来便有坏的本能。我们已指出：称赞亦能使儿童上进，且比惩罚更为有效；故意使儿童不愉快只会阻碍他学习的兴趣；报复性的惩罚更是虐待；性恶的观念是宗教上和哲学上的臆说，没有科学的根据。惩罚，尤其是体罚，有几种弊病：例如受罚者不明了罚的真正意义，儿童只知道规避施惩罚的人；养成病态心理，如自卑或倔强；惩罚不能抑制行为的动机等。

到了今日，学校中的体罚已被禁止，而谴责，辱骂，讥刺等等还极盛行。谴责聪明的学生，或偶然用一次，虽然颇有效力，然而历来的实验，都证明称赞比谴责更为有效。因为谴责和称赞，虽然同为情绪的诱因，却因谴责是消极的而称赞是积极的，以引起所期望的反应而论，消极的诱因自然不及积极的诱因。

总之，棒头只能引起外倾者的反抗，和内倾者的自卑。即使棒头真能出孝子。那亦不过奴性的孝子而已。西洋的俗语"省了棒头，坏了孩子"到了今日，已不适用。还不如说"省省棒头，救救孩子"更为近理。

两个和尚扛水吃

——社会的诱因

　　这个世界大部分是个人主义世界，尤其是十九世纪以来的欧美。但他们的个人主义还着重竞争和合作，作为达到个人享乐的手段。中国是著名的个人主义的国家，可是不尚竞争，不谈合作，只着重抑让和自谦。因此我们有一种没出息的观念，以为做事须一人自做，人手一多，事情便不好办了。所谓"一个和尚挑水吃，两个和尚扛水吃，三个和尚没水吃"。照理，一个和尚能挑一担水，两个和尚不是能挑两担水吃，三个和尚不是能挑三担水了么？怎么多了一个人，反减少了一半效率，多了两个人，反而毫无成绩呢？难道是为了我们民族性的不争气呢？还是有其他的因素？假如这三个和尚的当家出来对他们说，"你们三个人，各挑一缸水，谁先挑好，谁便是好和尚"，或说，"谁先挑好，谁来领赏"。他们或许会争前恐后地努力了。因为这样一来，这挑水的工作中有竞争的动机。假如当家和尚第二次换一个方法说，"你们三个人若能把寺内的水缸，在二小时内都挑满了水，你们都有赏。"他们或许会相帮相助，赶快地把工作做完，因为这挑水的工作中，现在有了合作的必要。这竞争和合作便是"社会的诱因"(Social incentives)。可见两个和尚扛水吃的怠工状态，和三个和尚没水吃的罢工状态，并不是为了他们没有能力，也不是为了他们生性懒惰；其大部分的原因，却是为了没有社会的诱因。在学习上也是如此。除上述的理智的诱因和情绪的诱因以外，有时还须利用社会的诱因。

这里有几个问题我们须要讨论：竞争能否增高学习的效率？在质量上的影响如何？合作能否增加学习的效率？个人竞争与团体竞争，哪一种更有效力？个人单独学习与和他人共同学习哪一种更有效力？社会的诱因有无弊病？如有的，应当怎样才可免去？

一、竞争在学习上的影响

不论年纪大小，不论男女，不论智力高低，凡有竞争的工作，其效率总比没有竞争的工作高些。而且对于年纪轻的智力低的人影响更大。赫尔洛克[1]用一百五十五个四年级和五年级的小学生作实验。他把儿童分为两组，实验组和控制组。实验组利用竞争，控制组不用竞争，两组同做算术测验，且实验了好几次。每次的成绩，实验组远胜控制组。平均算来，实验组的效率高于控制组至百分之四十。小学生好胜心重，所以在做互相竞争的算术测验时，竟会增高了百分之四十的效率，大学生怎么样呢？

惠特谟耳[2]用男女大学生来作实验，他把大学生分为甲乙两组，叫他们做机械工作和心理工作。他对甲组说明各人须和其他的人竞争，而对乙组只说各人须尽力而行，却并未提及须胜过他人。结果在量的方面竞争者的效率比不竞争者增加了百分之二十六，而在质的方面，则不竞

---

[1] Hurlock, E. B., The use of group rivalry as an incentive, J. Abn. & Soc. Psychol., 1928. 22：278-290.

[2] Whittemore, I. C., Influence of Competition or performance, J. Abn. & Soc. Psychol., 1924-25, 19：236-253.

争者较好。

竞争的性质和赏罚相似，而其形式则不同。"谁做得好谁有赏"和"谁做得好，谁算第一"略有不同。奖赏有物质的酬报，而这里所说的竞争只有社会的嘉许（Social approval）。就一般而论，程度低的人重视物质的酬报甚于社会的嘉许，程度高的人则反是。不论竞争或奖赏，都能加强学习的动机，已如上述。现在要研究竞争，奖赏，和既不竞争又无奖赏，这三种学习，哪一种最有效，哪一种最合理。留巴①叫五年级的小学生做算术，来实验这三种学习的效率。他把儿童分为三组：甲，奖赏组；乙，竞争组；丙，控制组。又把好多条诸果律糖放在甲组生前，作为奖赏的诱因；而把乙组生的名字写在黑板上，对他们说，以后要照成绩评完各人的名次，第一名即作为班长。对丙组生却只叫他们像平日一样地做去，既无奖品、亦不评名次。结果，那以糖的奖赏为诱因的甲组，比没有诱因的丙组，效率增高了百分之五十二；那以社会的嘉许为诱因的乙组比丙组，效率增高了百分之四十七。这个实验有极大的意义，十一二岁的儿童自然最喜欢吃诸果律糖，可是他们要想得到嘉许的欲望，其强度几乎和想吃糖果的欲望相等（四七与五二之比）。那末，那些年龄较大的，对于社会的嘉许更有意义的儿童和成人，不是更会反应社会的诱因么？社会的嘉许即可代替物质的奖赏，则我们便常多多利用前者以鼓励儿童养成社会化的习惯。

二、竞争与合作

个人竞争比团体合作更为切身，所以合作精神比竞争精神更难培养。这大概为了"大我"的观念是后期的发展。因此，合作虽能增高学习的效率，却没有竞争那样来得明显。在学习心理学的实验上，我们以个人自己的成绩来比他人的成绩为竞争，以团体的成绩来比另一团体

---

① Lenba, C. J., a preliminary experiment to quantify an incentive and its effects. J. Abn. & Soc. Psychol., 1930, 25: 275-288.

的成绩为合作。在竞争中，个人负完全责任。在合作中，私人没有地位，没有名字，而以团体的成败为成败。所以在学习上竞争与合作的研究，亦即个人学习与团体学习的研究。

马勒[①]对于这问题曾下过一番研究功夫，他的实验和理论详载在他的《合作与竞争》一书中，其大略如下：他用814个五年级至八年级的儿童为"被试"，而以许多简单的加法（六个测验单元）作为测验工作速度的材料。工作的动机分为三种：（一）练习，他叫儿童按问做去，但不要写上名字，因为这不过给他们练习练习，是不批分数的；（二）竞争，他叫儿童尽力做去，因为不但要批分数，还要照各人的成绩评定名次，且有奖品，所以各人须努力来得到最高的分数；（三）合作，用两个并行组（Parallel groups）互相比赛。结果怎么样呢？儿童有了竞争的刺激，每次的效率都比有合作的刺激时来得高。平均而论，每一儿童在为自己工作时比为团体工作时，每十二分钟多做32.4问加法，即每分钟多做2.7问。工作的曲线亦因练习而有升降，在竞争时，曲线因练习而升高，在合作时曲线却一致地渐渐降低，如下图。

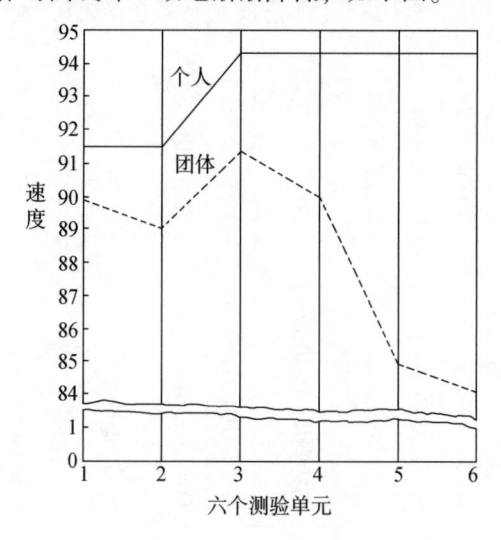

---

① Maller, J. B., Cooperation and Competition, Teach. Coll. Contrib. Educ., 1928, No. 384.

年份	作者	动机的因素	被试	结果
一九二〇	阿尔波特（Allport）	团体的影响	二十六个高级生和研究生	团体中增加思想的量，减少思想的质
一九二〇	卫斯吞与英吉利（Weston & English）	团体的影响	十个大学高级生	团体影响很大
一九二四	盖次（Gates）	团体的影响	大学生	除极难的工作外人数的多少并无影响
一九二五	特剌佛斯（Travis）	团体的影响	二十二个大学生	团体有优秀的影响
一九二五	华德生（Watson）	团体思想与个人思想	一百零八个研究生	团体不超过十人，则比个人为优
一九二五	惠特漠耳（Whittemore）	竞争	四个大学女生八个大学男生	竞赛增高百分之二十六，不竞争者工作的质较好
一九二八	蕃尔斯司（Farnsworth）	团体的影响	二十至三十六个大学生	对于艰难的工作单独做略佳
一九二八	赫尔洛克（Hurlock）	团体竞争	一百五十五个四，五年级生	竞争组比控制组增加百分之四十
一九二八	马勒（Maller）	合作与竞争	一五三八个五年级至八年级生	个人比团体更有效
一九二八	息谟兹（Sims）	个人竞争与团体竞争	一百二十六个大学生	个人动机优于团体动机，后者比无动机略优
一九二八	特剌佛斯（Travis）	团体的影响	二十五个被试	单独时联想较优
一九二九	锡尔曼（Sherman）	口头暗示坚耐的重要	六十五个六岁至十六岁的被试	对于年龄最小的与最大者暗示更有效力

从这个图中，我们看出：在开始时，竞争和合作都有相当高的效率，但是工作继续下去，那为个人而工作的，其效率继续增高，直到几乎不能再增高了；那为团体而工作的，其效率升而又降，降得几乎有一泻千里之势。马勒又说，当他让学生随意加入哪一组时，只有26%选团体组，而有74%选个人组。可见团体的诱因，其强度不如个人的诱因。

历来关于社会的诱因的研究，大卫斯①列表如上。

三、社会助长与社会抑制

与竞争和合作有连带关系的，还有两种势力，即"社会助长"（Social facilitation）与"社会抑制"（Social inhibition）。"社会助长"一语是阿尔波特（Allport）②用以指个人因见了他人也在做着同样的事，因而增加效率的意思。一个人孤单单地感觉得无聊，做起事来，兴趣也少，工作的效率不及和几个人一起做来得好。所谓"一起做"并不是合作，各人仍做各人的事，不过同时加上一种"别人也在着"的刺激。他人的行动以及声音使你感觉到你不是孤独的，因而你便格外起劲，这便是社会的助长。两个人有伴，路便走得快些（即使他是路人），几个人一起吃饭，胃口似乎更好一些，便是这个道理。同样，和他人一起学习，比自己关在房中更有效率，即不竞争，又非合作，这增加的效率是从哪里来的呢？照阿尔波特的解说，乃因社会的助长。虽说社会的助长乃因别人的动作和声音的刺激，并无竞争的动机，然而在态度上多少总发生一些竞争的倾向。所以有些社会心理学家称社会的助长为"轻微的竞争"（Mild rivalry）。

反之，有些人因加上"别人也在着"的刺激，反阻碍了他的工作，因别人也在走路，反把自己的速度不知不觉减低了。学习也是如此，一

---

① Davis, R. A., Psychology of Learning, 1935, P. 313.
② Allport, F. H., Social Psychology. Cambridge: Houghton Mifflin, 1924.

个人关在房里倒还不错，一到了教室，或和同级的人一起研究，反而不自然起来。所以同样的刺激，可作为社会的助长，也可作为社会的抑制。那末怎么办呢？我们在学习时还是与他人在一起好呢？还是独自好呢？

阿尔波特①做了四个实验，一个是划去母音的测验（a vowel-cancellation test），一个是以翻转透视来量注意的测验（a reversible perspective test of attention），一个是乘法的测验，一个是联想字语的测验。每个测验都分作两个不同的情境，四五个"被试"在一起做的叫作团体情境，每个"被试"分居一室的叫作单独情境。可是不论在团体或单独情境中，极力设法免除竞争的倾向，例如不让学生知道分数，或各组的分数比较，而且说明这种试验并无竞争的性质，也不准讨论测验的结果。

在划去母音的测验和翻转透视的测验中，有百分之七十一"被试"，在团体情境中比在单独情境中，工作得多。在乘法的测验中，有百分之六十六"被试"得到社会的助长。在联想字语的测验中有百分之六十六至百分之九十三"被试"在团体的情境中，做得比在单独的情境中更快，这四个测验都证明大多数至绝大多数的人都受了社会助长的影响。

创作的工作和深刻的思想，需要单独情境。阿尔波特又做了一个发挥哲学思想的实验，亦证明在量的方面，单独情境不如团体情境，在质的方面，则团体情境不如单独情境。②

有些胆小的或"羞见人的"儿童，一到了团体的情境中便会发生手足无措的局促状态，这种受不起刺激的人会多受社会的抑制，而少受社会的助长。极端的例子是患口吃者，见了生客或见了人多，更说不出

---

① Katz, D. & Schank, R. L., Social Psychology, 1938, P. 293.
② Katz & Schank, P. 296. ——编者注：原文如此。疑为：Katz, D. & Schank, R. L., Social Psychology, 1938, P. 296.

话来。特剌佛斯①试验十个口吃者自由联想的能力，他也用单独情境和团体情境，作为比较。结果，十个口吃者之中，有八个在单独情境中得到更好的成绩。

以上几种关于社会助长与社会抑制的实验，使我们得到几个结论：（一）就一般而论，共同学习确比单独学习来得好；（二）深刻的创作思想需要静穆的情境；（三）外倾者（Extrovert）易得社会的助长，内倾者（Introvert）易受社会的抑制；（四）过度的刺激反易发生社会的抑制；（五）胆小的和羞见人的正因缺乏社会的接触，更应极力设法多参加团体活动，来克服自卑的情绪。

四、总述

我们已讨论了与动机相关的，能增高学习效率的三种诱因，即：理智的诱因，情绪的诱因和社会的诱因。社会的诱因包括竞争和合作以及社会的助长。有赏罚的竞争，情境较为复杂，因为其中包含社会的诱因和情绪的诱因。只以名誉为重的竞争才是社会的诱因。奖赏以物质的酬报为代表，弊在学习者有误视代表物为所代表者的危险。由物质的奖赏进而为社会的嘉许是人类行为的一大进步。为要养成社会化的习惯，我们当使儿童欣赏社会的嘉许。

竞争又分个人的与团体的两种。个人的竞争以个人的成败为成败，问题比较切身，所以效力也比较明显。团体的竞争重在团体内的合作，个人以团体的荣辱为荣辱，而无直接的责任，因此诱因的强度不及个人的竞争。各种实验都证明在学习上竞争的势力比合作的势力更大。好在学习本是个人的行为，所以教师不妨利用这种诱因。但是我们不当以个

---

① Travis, L. E., The influence of the group upon the stutterers speed in free association. J. Abn. & Soc. Psychol., 1928, 23：45-51.

人和他人竞争为满足，我们还可从这一阶段进入更高的阶段，那便是使学生，尤其是大学生，与自己竞争，与理想的人物竞争。例如以今日的成绩来比过去的成绩，以未来的成绩来打破今日的记录，这是最高级的竞争法。

"社会的助长"可称为轻微的竞争。就大体而论，我们有了友伴在一起做着同样的或类似的事，不知不觉便增加了工作的速度。两个人在一起，虽然各看各的书，虽然各自默默无声，但这种情境使各人有一种心理的交通，这种刺激也能增加工作的效率。可是有一种人喜欢孤独生活，在团体情境中反受了"社会抑制"的影响。这或许因他早期的环境和经验使他如此。提倡社会化的教育家，应及早设法改进这种孤独的态度。我们如能多多注意社会的诱因，则两个和尚不至扛水吃，三个和尚更不至没水吃了。所以竞争、合作和社会助长，不但是学习的方法，也是受民主教育的学生应有的态度。

填鸭教育与放任主义

——兴趣与努力

  以养鸭为生的人常把食料硬叫鸭子吞下去，因为吃得多便长得快。在出卖鸭子的前夜更把食料尽量地塞入鸭子的胃中，因为这样可以增加鸭子的重量，这叫作"填鸭"。教师和父母不管儿童的兴趣如何，却尽量地把自己认为有价值的知识灌输给儿童，至于儿童能否把这种教材"消化"，则不过问，这种教育可称为"填鸭教育"。反之，有些走入另一极端的教育家，事事以儿童的兴趣为中心，自己却在教学上没有地位，儿童喜欢玩便任他玩，儿童不喜欢读某种功课，便把某种功课取消，这种教育可称为"放任主义的教育"。中国的传统教育和欧美的形式训练可为前者的代表，最近以前的美国极左的"进步教育"（Progressive education）可为后者的代表。这两种教育我们都不需要。可是要在这两种极端之间得到一个适当的地位却是极难解决的问题。填鸭教育是强迫儿童努力，放任主义是一味地任从儿童的兴趣，所以这也是兴趣与努力问题。

一、兴趣在教育上的重要

在一九一三年杜威早已提出，说有许多教育家反对兴趣作为选择教材的前提，以为教材当先选定，以后在教授这些教材时，教员才设法使之有兴趣即可。杜威以为这种学说是反民主的。[1] 后来哈尔菲士[2]说："教育必须由个人的兴趣出发，教育历程应是如此，是毫无理由可以反对的。教育应以兴趣为中心。"此后更有许多教育家都以为只有学生本人对于所学习的科目发生兴趣时，才能得到满足的进步。我们现在且不论学生应否只学习所喜欢的科目，因为有许多重要的事物，在初学的时候不一定会发生兴趣，不过兴趣是趋向学习的内驱力（drive），这是无可异议的。

二、阅读的兴趣与努力

既以兴趣为中心，那末照理我们在选择读物时，应以儿童的兴趣为有用的向导了。柏兹南和来曼[3]研究中小学生阅读兴趣之后，断言说：（一）给小学生阅读什么，他们便读什么；（二）对于他们所知道的人类经验的记录，更感到有兴趣；（三）他们喜欢有行动的带戏剧性的材料；（四）中学生不论在何年龄最喜欢看小说。丹拉普[4]调查学生对于各种科目的反应，断定说，普通有兴趣的科目及文学显然占了优势，其他科目，如地理，卫生，历史，算术及文法，其兴趣依次递减。给尔贝

---

[1] Dewey, John, Interest and Effort in Education, 1913, p. 23.

[2] Kilpatrick, W. H. (Editor), The Educational Frontier, 1933, p. 185.

[3] Betzner, Jean & Lyman, R. L., The Development of Reading Interests and Tastes. National Society for the Study of Education Yearbook, XXXVI, Part I, 1937: 185-206.

[4] Dunlap, Jack W., Relationships Between Constancy of Expressed Preferences and Certain Other Factors. J. Educ. Psychol., 1936; 521-526.

立支和退尔哈末①发了许多问卷（questionnaires）给各阶级的人民，请他们回答他们看报时最喜欢看的是什么内容。他们由五百十五份的答案中发现了下列几个要点：（一）不分男女，不分年龄，或阶段，读者均以普通新闻为最有兴趣；（二）男子对于运动游戏及经济新闻比女子较有兴趣，对于妇女栏及音乐栏兴趣较少；（三）成人男子对于经济新闻比其他读者更为注意；（四）各组均以为无甚兴趣的是妇女栏，艺术栏，及音乐栏；（五）大家都不喜欢看的有下列数种，其兴趣依次递增：建筑，园艺，财政，艺术，农业，动物，黄色新闻，医药，传记，及社会学。

拉撒②调查了纽约城中十三个公立学校，包括四千三百个学生。她要知道学生们家中有几家订了杂志，所看的是何种杂志。调查之下，知道百分之七十二家中有杂志。杂志中最多订的及最少订的，次序如下：（一）普通故事；（二）家庭杂志；（三）大众杂志；（四）侦探及神秘杂志；（五）科学及算学杂志，（六）电影及戏剧杂志；（七）文艺杂志；（八）儿童杂志。

华泊尔士③调查一般成人自由阅读的书籍，指出其性质相当的低劣。他的调查很明白地显示，人们喜欢看浪漫故事以及五分一本或一角一本的侦探杂志。出租的小说几乎全是一些下等的描写两性生活的小说。

合以上五种调查的结果，我们很明显地可以看出，若以一般读者，

---

① Gerberich, J. R. & Thalheimer, Reader Interests in Various Typers of Newspaper Content. J. Appl. Psychol., 1936, 20: 471-480.

② Lazar, May, The Reading Interests, Activities and Opportunities of Bright, Average, and Dull Pupils. Unpublished doctor's thesis, Columbia Univ., 1936. See National Society for thd Study of Education Yearbook XXXVI, Part I, 1937, pp. 193.

③ Waples, Douglas, Community Studies in Reading, I. Reading in the Lower East Side, Library Quarterly, 1933, 3: 1-20.

男女老少都在内，所表示的兴趣作为供给读物的表轨，则第一等的读物当是小说，戏剧，侦探小说，及性史了。历史，地理，卫生，社会学等可以不必出版。至于艺术及音乐在现代的文化中更没有地位了。

柏兹南和来曼说得不错："照我们的调查看来，儿童和少年所表示的阅读兴趣是未成熟的，未发展的。一方面我们当然主张以儿童的发展为基础，不应由教员刻板地规定程序，以形式训练为目标；然而一方面我们也不应忽略事实的需要。负指导儿童阅读的人也应鼓励他们阅读一些所谓'应当用耐心去读的书'。未成熟的爱恶当向着发展的过程中逐渐改进。凡儿童所喜爱的自可作为有用的指引，但不应奉为天经地义老是只照他们所喜爱的继续下去。"

其实，不但儿童如此，即成人何独不然。我们看了上述的研究，便可知道，不管成人年纪多大就大体而论，他们的爱恶也是未成熟的，未发展到高等程度的。杜威所说的"反民主学说"有时也未可厚非，因为凡是有兴趣的不一定便是合乎需要的。未成熟的读者当初所不喜爱的，有时正是他所需要的；他们以为有兴趣的，有时却是低级趣味甚至是反社会的趣味。

三、职业兴趣与努力

其次，我们要研究职业兴趣。学习者选定了他将来的职业后，对于所学习的科目是否更有兴趣，更有进步？这个问题，我们且看了各种调查之后，再来回答。

克洛福德[1]在他的《学习的动机》里说，"有了一定的职业目的，则学生在功课上多有上进的倾向。"开福微[2]研究初中学生，看他们决定了将来的终身事业，对于功课的成绩有无影响。他根据学生的心理能

---

[1] Crawford, A. B., Incentives to Study, Yale Univ. Press, 1929.
[2] Kefauver, G. N., School Review, 1926, 34: 426-430.

力（mental ability），选出一批学生，再照已确实决定将来的职业的和未决定的分为两组来对比。他却查不出这两组学生的平均分数有何显著的差别，也查不出这两组学生的心理测验与分数有何相互的关系。这一个调查显然驳覆了"有了一定的职业目的，则学生在功课上多有进步的倾向"那个臆说。

威廉逊[1]在明尼苏达大学也举行了类似的调查，他的结果也和开福微相同。他的研究比开氏更精细。他把一九三五年秋季进入大学一年级的八百六十名学生登记下来。这八百六十名一年级生有入理科的，有入文学科的，有入文科的。登记时各人记下有否选定职业，并注明其确度（degree of certainty）。再根据在中学时心理测验的分数和功课的成绩另选数组学生作为控制。这样来实验职业决定与学业的关系及其影响。实验的结果是这样的：平均而论，确实决定了职业的男生，其学业成绩并无比未决定职业的男生来得更好；而女生呢，平均而论，确实决定了职业的，其分数反比未决定职业的女生为低。这样说来，决定了将来的职业并未增加学习的兴趣，学业也未见得更有进步。女生反有因此得到坏影响的倾向。我们再来看一看另外一个研究。

丹拉普[2]研究"偏爱"（preferences）是否可视为特殊科目的成绩之表示。他查出学生对于某科有兴趣，则与某种的成功是有积极关系的，且算出其相互关系数为0.50。他甚至肯定说，假使个人对于某科的兴趣是常定的，则其"兴趣测验"的分数可以预测其将来对于该科的成功。

这样看来，克洛福德和丹拉普所发现的，与开福微和威廉逊所发现

---

[1] Williamson, E. G., Scholastic Motivation and the Choice of a Vocation, Sch. and Soc., 1937, 46: 353-357.

[2] Dunlap. Jack W., Preferences as Indicators of Special Acadmic Achievement. J. Educ. Psychol., 1935, 26: 411-415.

的似乎是矛盾的。但是这个似乎矛盾，可以下列的因素解释之：（一）个人的兴趣有"永久的"与"暂时的"分别，也有"内在的"与"外在的"分别；（二）所研究的张本，尤其那些掺入个人意见的，不一定是可靠的；（三）学生选择职业，并非真的每次以自己对于该职业的兴趣和能力为根据，却常着眼于幻想，幻想某职业或可使他将来有名望，将来可多赚些钱。

甚至儿童们所发表的职业兴趣，不但不可靠，且也有非社会所期望的。例如美国的儿童差不多都是电影迷，女小孩希望将来做明星，男小孩希望做拿着手枪牧牛的侠客。步耳革①研究波尔达城初中二和初中三的男学生，统计他们爱做什么，将来愿做什么事情，竟有好多学生对于理发很感兴趣，将来希望做理发师。理发自然也是正当职业，将来想做理发师，也未可厚非。可是一个孩子尚未见过世面，根本谈不到他的人生观，倘若职业指导者便以为既然这个小孩的兴趣是理发，便在理发方面去教育他，这岂是民主教育的真意呢？专讲兴趣的教育家，有的的确想以儿童的兴趣为根据，早些给以职业训练，这不是把兴趣教育变做奴化教育了么？我们的法律既规定十六岁以下的女子即使与人和奸，亦作强奸论；则十六岁以下的儿童即使自愿选择某种职业，若教育者便因此注定了他的命运，似乎也应作为强奸论。

四、兴趣的常定性与变动性

学生自己所认出来的兴趣，是否可靠？个人的兴趣是常定的还是有变动的？大约到了什么年龄的学生，其兴趣比较常定？若是兴趣有变动，则这变动的因素又是什么？这些问题我们又须先下一番研究功夫，再来回答。

---

① Burger, G. H., The Relation of Interests to Certain Personality Traits' in Eighth and Nineth Grade Boys. Unpublished master's thesis, Univ. of Colorado, 1937.

窝尔忒兹和攸立克①大量地测验大学生的主要兴趣，他用的是"明尼苏达兴趣测验表"。计算答案之后，他下结论说，大学生的"相对兴趣"是很常定的，研究了大一学生的兴趣，可以预测他以后三四年在大学里相对兴趣的范围。

齐尔兹②要找出儿童的三种兴趣是否常定。这三种兴趣是"劳力职业""劳心职业"和"社会职业"（manual mental, and social occupations）。他用"图画测验"来测验新金山十二个小学校中二百五十六个学生。学生的年龄自十岁六个月至十二岁六个月。测验之后，过了十二个月的时期，再予以同样的测验。这样可以看出儿童过一年，对于三种职业的兴趣有否变动。这第二次的再试显出儿童所发表的兴趣过了一年是相对常定的。

丹拉普也举行了一个类似的测验。他用"丹拉普学科偏爱测验表"给一百四十六个初中一年生去填。过了十个月再以同样的测验复试一遍。从两次全部的测验中可以看出，学生对于学科兴趣的变更，自16%至72%，中数为54.6%。全部中又看出学科兴趣的常定性与学生的成绩和智力有积极的关系，尤其与成绩的关系。这或许为了某科的成绩既好，便不想再去变动了。

菲次巴特里克③研究学生对于科学兴趣的常定性，他找出不论男女学生过了三个月便有变动，各年级的常定性或变动性几乎是相等的，而且稀奇得很，毕业生比五年级生更不确定。

---

① Walters, Annette & Eurich, Alvin C., A Quantitative Study of the Major Interests of College Students. J. Educ. Psychol., 1936, 27: 561-571.

② Giles, G, R., A New Interest Test. J. Appl. Psychol, 1936, 27: 527-536.

③ Fitzpatrick, F. L., Pupil Testimony Concerning Their Science Interests. Teachers College Record, 1937, 38: 381-388.

雷①也发现儿童的喜欢与不喜欢，在某一时期，比另一时期改变得更大。例如学生中对于教师表示有兴趣，将来也想做教员者，其兴趣的常定性在十一岁时为43%，在十二岁为96%，在十三岁为71%，在十四岁为75%。雷于是警告负责指导职业的人说，儿童在十二岁以前所发表的偏爱是不足为准的。

布鲁克斯②研究学生对于现代社会问题的兴趣。他的测验表上列着二十五个项目，每一项目分为四个兴趣等次，即：对于这项目所列的问题为"无兴趣""稍有兴趣""有兴趣""极有兴趣"，叫一百五十个阿拉巴玛大学二年级女生去填等次。这些所问的社会问题是在一九三五年至一九三六年的一年给该级学生的必修科。一面在教授该科，一面给予三次兴趣测验，一在学年的开始，一在学年的中间，一在学年的末期。在第一次的测验中，即学生对于该项问题尚未研究的时期，她们对于各问题的兴趣，第一是婚姻及家庭问题，第二是健康及犯罪问题，其次是职业，娱乐，宗教，科学，人种，社会服务，国际关系，政府，社会安全，及劳工问题。她们所不大喜欢讨论的是比较带专门性质的经济，政治，法律问题等。这里可以看出在她们未修该科以前，她们只关心那些切身问题，其他与她们似乎无甚关系的问题，则未感到任何兴趣。但到了学年的中间，尤其到了修完了该科的学年末了，她们从前所定的兴趣等次，很显著地改变了。

本来认为毫无兴趣而列为末等的问题，到了这时竟大大地升了等次。那便是说，当初以为是次要的无关个人的问题，一经研究，便觉得有意义有兴趣了。从这六个关于兴趣的常定性的研究综合起来，我们便

---

① Lahy, B., Etude Expèrimentale surla Variabilitè des Gouts des Enfants. Psychol. Abstracts, 1937, 11: 4848.

② Brooks, Lee M., Student Interest in Contemporary. Social Forces, 1937, 15: 355-358.

知道兴趣有常定的，也有变动的。其原因至少有二。第一，因当初所发表的兴趣，其正确性各有不同（the variation of degrees of certainty of the expressed interests）；第二，因知识增加，环境变迁，个人的态度也改变了。哈特曼①肯定说："个人的眼界逐渐扩大，兴趣因此改变，这不但是不能免，而且是应当如此的。若是一个四岁的孩子喜爱玩'玩具火车'，便叫他将来去干运输事业，这不是糟糕了么？"他又说："有些肤浅的兴趣，一时上升，一时下降，本来变动极大的。女孩子喜爱将来做电影明星的，在八岁一时期占20%，到了十七岁一时期减成3%了。男孩子想做带手枪牧牛的侠客的，在八岁一个时期占38%，到了十六岁一个时期降为零度了。智力增加及趋向'实事求是'，是使兴趣改变的大原因。"

兴趣改变得太快，即所谓心思太活，原来不大适宜的，因为我们并不赞同"马浪荡"派的态度。然而一面却正因兴趣有变动性，教育才有意义，因为这样，教育才可培养并发展高尚的正当的兴趣。

我们已知道：（一）兴趣是趋向学习的内驱力，所以教育应以兴趣为中心，同时，兴趣与努力有密切的关系，所以我们不应以儿童的兴趣为借口，误入放任主义的歧途。（二）即以阅读兴趣而论，教育家和出版界应设法提高读者的水准。根据各种调查，儿童的阅读兴趣是未成熟的，即成人的兴趣，就大体而论，也未发展到高等程度的。未成熟的读者当初所不喜爱的，有时正是他所需要的；而其所喜爱的，有时却是低级趣味。（三）我们也指出关于职业兴趣的几种臆说。根据多种的统计，我们知道儿童即使有了一定的职业趋向，在功课上并没有促其更有进步的明证，而且他们所发表的职业兴趣，不但不可靠，有时且非社会所期望的；所以教育者和家长若以儿童早期的职业兴趣为准则，因而注

---

① Hartmann, G. W., Interests, Attitudes and Ideals, in "Educational Psychology" edited by C, E. Skinner, 1936：P. 100.

定了他的命运，几乎可说是强奸儿童的职业兴趣。（四）兴趣的常定性是相对的。个人的态度常因知识的增高，环境的变迁而改变。而且正因兴趣有变动性，教育才有意义。

关于兴趣问题除上述四项外，我们还要研究：（五）兴趣与注意；（六）兴趣的差别；（七）职业兴趣与职业。

五、兴趣与注意

兴趣与注意久已成为争论的问题，有人以为我们对于某一事件当先有相当程度的注意作为基础，而后才可对该事件发生兴趣。也有人以为我们对于某一事件当先有相当程度的兴趣作为基础，而后才可对该事件多加注意。平心而论，这两种说法都对的。因为我们对于某一问题有兴趣，所以便加注意；同样，我们愈注意某一问题便愈有兴趣，哈特曼[①]说得最公允，他说，若是先有注意，则守旧的形式训练说应当抬头，因为你若不先与某物发生接触，兴趣怎能发展；反之，若以兴趣为内驱力，而藉注意以求发表，则我们应以学习者的兴趣为中心。从哲学上说来，兴趣说比注意说似更近理，可是并没有充分的实验根据。照实验者看来，这个问题正如蛋生鸡，鸡生蛋一样，谁也不能断定其先后。其实兴趣可说是对于某一事物有特殊注意的情绪，所以二者不能分割。因此人生问题（Life problem）和兴趣可说是同一的事物，不过程度不同而已。你喜欢某一问题，该问题便是你的兴趣，在你是问题，在他人却是兴趣，同样，在你是兴趣，在他人却是问题。其区别并不在兴趣和问题的本身，而在个人的态度。例如"钓鱼"一事，在儿童或业余者是一种兴趣；而在以捕鱼为生的人，不论天晴天雨，不论天冷天热，必须去干，在这种情形之下，钓鱼便是人生问题了。同样，其他人生的活动，

[①] Hartmann, G. W., Interests, Attitudes, and Ideals, in "Educational Psychology" edited by C, E. Skinner, 1936: P. 93-94.

如读书交友，谈恋爱，赚钱等等，都是人生问题，也都是兴趣。不过何以某甲把这些当作问题，某乙把这些当作兴趣，则完全视个人的态度而定。

昔蒙①是近来研究这一问题最精细的人。他先把人生的活动归纳为十五大类，然后叫各种不同的人去填写，以研究兴趣和问题的等次，作为指导的根据。兹将十五大类的人生活动列述如下：

（一）健康：包括饮食，运动，体态，睡眠，休息，空气，温度，阳光，衣着，沐浴，身体特殊部分的注意，清洁，疾病的预防，排泄，麻醉品。

（二）性的顺应：包括恋爱，抚爱，求爱，婚姻。

（三）安全：包括意外和伤害的避免。

（四）金钱：包括收入，支出和储蓄等。

（五）心理卫生：包括恐惧，忧虑，抑制，强迫，卑劣感，幻想等。

（六）求学习惯：包括学习的技巧，工作的方法，问题的解决法。

（七）娱乐：包括游戏和运动，阅读，艺术和手艺，交际和社会活动，嗜好的副业。

（八）个人的和道德的品质：包括使人成功的品质，良好公民的品质。

（九）家庭关系：包括一家人和谐的生活。

（十）礼貌：包括礼仪。

（十一）个人的吸引性：包括面貌，喉音，衣穿。

（十二）日常有秩序的生活：包括一日二十四小时的计划。

（十三）公民的兴趣，态度和责任。

---

① Symonds, P. M., (A) Changes in problems and interests with increasing age. Psychol, Bull., 1936, 33: 789.

（十四）处世之道：包括对人的应付。

（十五）人生哲学：包括个人的价值，雄心，理想，宗教。

昔蒙把这一张表交给许许多多人，先照个人问题，后照他的兴趣，依重要性定其等次。根据这种大规模的调查，他找出了：在少年人（Young adolescents）中，最主要的问题是：金钱，健康，个人的吸引性。最不重要的是：性的顺应，日常有秩序的生活，公民的兴趣和责任。兴趣最高的是：娱乐，健康，个人的吸引性。兴趣最低的是：日常有秩序的生活，公民的兴趣和责任，性的顺应。

在青年人（older adolescents）中最严重的问题是金钱。最有兴趣的是性的顺应，个人哲学，个人品质，和心理卫生。中学生及大学生对于公民兴趣，公民态度和公民责任既不感到兴趣，又不把这些当作问题。这一项被他们几乎列在末等。

在成年人中，最最严重的问题是金钱，其次是人生哲学，其次是心理卫生。最有兴趣的是人生哲学，其次是心理卫生，其次是个人品质，其次是公民责任。这青年人列在末后的公民责任一项，却被成年人升为第四项了。

从这个研究中我们可以看出：就大体而论，人民的兴趣只在金钱，个人的吸引性，娱乐等，而对于公民的责任，日常有秩序的生活，以及人生的意义却不感到兴趣。换言之，人民以经济问题和个人成功为重，而以社会福利公民责任为轻。昔蒙的研究如此，其结论和解说自然各人有各人的说法。但这种研究的结果却给予我们一个严重的问题：我们可否不管青年人所发表的兴趣是什么，即照其兴趣予以指导呢？还是须鼓励他们培养于社会国家有利的兴趣？这是提倡民主教育和主张以兴趣为中心的教育者不得不注意的大问题。

六、兴趣的差别

各人有各人的兴趣，农村儿童的兴趣与城市儿童不同，中国儿童的兴趣与外国儿童不同，男孩的兴趣与女孩又不同。这是什么缘故呢？为了个人生性的不同呢？还是为了各人环境的不同呢？若因各人的生性不同，则"江山易改，本性难移"，教育是无能为力的了。若因各人的环境不同，则教育者尚可从环境和教育着手，来培养国家民族所需要的兴趣，以替代自私自利以及低级的劣等兴趣。

我们都知道儿童喜欢收藏各种小物件，如石子，纽扣，碎玻璃，画片，钉子，电车票，碎瓷片，以及其他在成人看来毫无价值的东西。从他们所收藏的东西中，也可研究他们兴趣的差别，而且也可断定这差别是遗传的还是环境的。威提和雷曼①研究城市儿童与乡村儿童对于收藏小物件的兴趣，收藏的小物件竟至一百九十种之多，从这些小物件中可以看出儿童兴趣的差别。他们的结论是：（一）乡村儿童比城市儿童更多收藏的兴趣；（二）乡村儿童多收藏自然物；（三）有些东西，城市男孩比城市女孩收藏得更多，这可以证明男女的差别么？可是同样的东西，乡村女孩却比城市男孩收藏得更多；（四）同样，有些东西，城市女孩比城市男孩收藏得更多，这可证明男孩不喜欢这种东西么？可是同样的东西，乡村男孩却比城市女孩更喜欢。可见城市儿童和乡村儿童的兴趣确然不同，但这不是因男女的差别或天赋癖性的差别，乃是因环境的不同所致。

杜罗斯脱②也有类似的研究，他调查了一千五百个城市儿童收藏小物件的兴趣，其结论亦与威提的相仿。他说男孩和女孩所收藏的东西，相同的多，不同的少；即有不同，并不是因男女的差别，却是因环境的不同。习惯和风俗决定了儿童兴趣的方向。

---

① Witty, Paul A. & Lehman, Harvey C., The Collecting interests of town children and country children. J. Educ. Psychol., 1933, 24: 170-184.

② Durost. W. N., Children's Collecting activity related to social factors. Columbia Univ Contrib, to Educ., No. 535, T. C. Columbia Univ., 1932.

昔蒙①在他的《住在城市的和住在乡村的少年关于问题和兴趣的比较》一文中，断定说：（一）城市学生以健康为问题，而对于金钱和日常有秩序的生活却不以为意；（二）住在纽约城的学生以娱乐为问题，而不以公民事务为问题，住在小地方的学生则并不如此；（三）城市学生比农村学生更有兴趣于性的问题，雄心，理想，个人的吸引性和怎样应付人。这又可证明兴趣的差别与环境的势力有直接的关系。男女青年因年龄增加对于问题和兴趣亦有改变。昔蒙②在另一篇文中说：仔细一研究，性的差别是与男女品性的传统观念相符合的。男子更有兴趣于体格的健康，安全，金钱，以及个人成功的欲望。女子则较为被动，喜爱个人的吸引性。这些兴趣的差别，都是男性社会的风俗所造成的。

城市与乡村儿童，以及男孩与女孩，男子与女子，对于兴趣的差别，乃直接受环境和风俗的影响，而非先天的个性所致，已如上述。现在再来研究兴趣的差别与人种有无相关。若是白种人与黄种人兴趣不同，是否因种族的关系，还是因地理和文化的关系。

普勒绥③研究一千八百三十九个印第安儿童和一千九百五十九个白人儿童，来比较两个种族的态度，兴趣，和非智力的特性之差别。其结论如下：

（一）印第安人的"情绪年龄"比他们的"实足年龄"落后得很大。

（二）低年级的印第安人的成绩比白人更成熟，高年级的印第安人却不及白人来得成熟。

---

① Comparison of the problems and interests of young adolescents living in city and courtry. J. Educ. Soc, 1936, 10: 231-236.

② Changes in sex differences in problems and interests of adolescents with increasing age, J. Genet., 1937, 50: 83-89.

③ Pressey, S, L. & Pressey, LC., A comparative study of the emotional attitude and interests of Indian and white children. J. Appl. Psychol, 1933, 17: 227-233.

（三）印第安人的环境使儿童惧怕火，水灾，监狱，谋害，争斗，抢劫等；同等年龄的白人则顾虑面貌，礼貌，道德，金钱，衣着，谋生的地位，家庭等等。

（四）白人儿童越增长越顾虑到金钱；年轻的印第安儿童稍稍顾虑到金钱，但一到青年期则对于金钱全不在心。

这样，我们可以看出印第安儿童与白人儿童的兴趣和态度的差别，并不是为了种族的差别而是为了两个文化的不同。低年级的印第安儿童的成绩，比白人儿童更好，这并不是说印第安人比白人更聪明。或许为了白人儿童活动的机会较多，所以并不专心致志于功课上。同样高年级的印第安儿童的成绩，不如白人，并非为了红种人年龄越大越退步。乃因机会不均等所致。所以以兴趣的差别来判定种族的优劣，是帝国主义侵略弱小民族的恶意，在实验上是毫无根据的。

环境和文化对于兴趣差别的关系，从下面一个研究上更可证实。阿那斯退细和福力[1]分析各国儿童的自由画，这里也可看出各国儿童不同的兴趣。在一九三四年，纽约城洛克斐勒大厦开了一个国际儿童自由画展览会。阿、福二氏，照题材、颜色和技巧来分析六百零二张图画，代表四十一个国家。各国的地理，气候和地点大不相同，从这些图画上都可看得出来。不但农村，职业，人民的活动，动物，以及附带的背境各有不同，而且色调的强弱，技巧的派别，亦有明显的差别。画中关于娱乐的活动更可看出各国文化和风俗的区别，例如：印第安人的赛跑，巴西人的狂欢宴和足球赛，保加利亚的牲畜棚，中国戏台上的戏子，芬兰人的滑冰，日本人的拔河，西班牙的斗牛，油果斯拉夫人的农宴等等。自由画没有指定的题材，完全是随儿童的兴趣，自由发表的，其实，所谓"自由"，已完全受了环境的限制。中国儿童决不会自由地去画一张

---

[1] Anasitasi, Anne & Foley, Jr. John P., An analysis of spontaneous drawings by children in different culture. J. Appl. Psychol., 1936, 20: 689-726.

西班牙式的斗牛画，因为我们根本没有这种怕人的玩意儿。同样，芬兰儿童的兴趣是在滑冰，却不在游泳。因此我们可以断定说，兴趣不是天生的，乃是环境所培养出来的。兴趣的差别是家庭，社会，风俗，习惯，以及文化的反映。

这样说来，若是儿童偶然喜欢做个牧童，厨司，理发师，或其他工作人员，而不注意到他的兴趣是否稳定，他的环境是否健全，即贸然予以职业指导，这哪里可算是以兴趣为中心的民主教育呢？这只可算是以兴趣为借口的奴化教育而已。

七、职业兴趣与职业

职业兴趣与职业，照理是有密切的关系的，可是在事实上，这两件事，难得连在一起。这里我们至少可以提起三个问题：（一）未成熟的职业兴趣；（二）有职业而无兴趣；（三）有兴趣而无职业。

即在最民主化的国家，学校与社会之间仍隔着一条鸿沟。有些教育家把学校社会化，可是尽其量，学校只是一个虚构的社会而已。在普通学校里的学生很难决定将来的职业。这种困难的存在，至少有三个原因：第一，一个人的兴趣是多方面的，有时对于甲职业的兴趣和对于乙职业的兴趣，其强度几难分辨。第二，学生未有广大的职业眼界，未和实际的职业生活发生接触之前，他所发表的兴趣是不免肤浅的。未成熟的职业选择，正如青年人只凭一时的冲动所选择的配偶。浪漫时期一过，便来了一个不幸的结婚生活，最后，假如可能的话，还难免彼此离异。第三，青年人不免过分地估量自己的能力。我们常见有人不仔细分析自己的能力和资格，只凭着个人的虚荣心和致富的欲望，来决定将来的职业，为了上述的三种原因，个人的职业兴趣不应决定得太早，或太匆促。

教育家并不是空想家，他须脚踏实地，就事论事。在目前的经济组织之下，职业找人易，人找职业难。大学农科或生物科毕业的却在银行里或铁道部里办事。真正银行科或运输科毕业的却在学校里教书，而师范科毕业应当教书的却又赋闲在家。可见有许多人不能照其职业兴趣寻找职业。即在素以职业教育著名的美国，情形也与此相仿。大学毕业生供职于汽油站或食物店的，工程师在乡村小学教书的，亦屡见不鲜。照理论，个人须依其职业兴趣而找职业，事实呢？找职业是解决生活，并不照你的兴趣。若不是专为解决生活，谁愿去做清道夫，谁愿去推粪车，莫说去做刽子手和娼妓了。

斯特龙[①]在他的《职业兴趣测验的预测价值》中说，"职业测验能完全符合最后的职业选择的，其错误正和现在找生活的制度的错误一样，因为经济情形不允许你有完全的选择自由。"他还根据研究，举出一个例子：有一个大学毕业生很坚决地要做著作家，却在做"跑街"。他的实际职业和他的兴趣完全不符，但有什么办法呢？第一要紧的不是职业兴趣，而是吃饭问题。"大学毕业生比绝大多数的人民更有选择事业的机会"尚且如此，一般的人更不必说了。

然而有职业而无兴趣的，比有兴趣而无职业的，已侥幸得多了。不但成千成万的工人没有职业，即有专业训练的人才也不得不终年闲居呢！经济机构的矛盾和无政府状态未调整以前，真正的职业兴趣是谈不到的。全国的经济没有计划，正确的职业指导是无法实行的。充其量，指导少数人抢饭碗的方法而已。但"抢饭碗"岂是职业教育的真义呢？

八、总述

从上面各项的研究中，我们可以综合几个原则，作为结论。

（一）兴趣与努力不应分割。

[①] Strong. JrE. K., Prediction value of the vocational interest test. J. Educ. Psychol, 1935, 26: 331-349.

（二）兴趣不是天生的特质，而是环境的产物。因此，教育者当利用环境（教育亦是环境之一）来培养，发展，并指导学生，使低级的或肤浅的兴趣凭努力而提高而为社会国家所需要的兴趣。

（三）儿童，甚至青年人在未见世面，未认清自己的能力和资格以前，所发表的职业兴趣，是不很靠得住的。因此，对于职业的决定能延迟即当延迟。

（四）教育指导比职业指导更为重要，在中等学校里尤应如此。

（五）单单研究人民喜欢什么，不能作为教育的标准，最要紧的不在投人所好，而在努力改善环境以发展人民健全的兴趣。

（六）个人所发表的兴趣，不能完全照票面兑现。个人的兴趣须与他的能力和社会的需要配合起来。

（七）假如要使职业兴趣与最后的职业生活有适当的联系，则现在的经济制度似有调整的必要。

铁桩磨绣针

——学习的技术

儿时尝听人讲述一个神仙故事，说有一位老婆婆拿着一条粗大的铁桩在磨石上不息地磨着，另有一个修道未成而想还俗的人见了，问她在干什么，她说要把铁桩磨成一枚绣花针。那位凡人又问她，这怎么办得到呢？于是这位老婆婆点化他说："只要功夫深，铁桩磨绣针。"大概我缺乏修道的根性，所以听了这个故事，不但未受感动，而且还怪这位老婆婆太笨了。假如她真的要磨一枚针，她不能去寻一枚钉子来磨么？万一除铁桩外，别无铁的东西可以磨针，那末，她总当设法先把铁桩敲断或敲碎，然后在碎片中找一块来磨，不是可以省了许多工夫么？只知下死工夫而不去研究省工夫的方法，这种人或许可以成仙，却决不能使文化进步。只知死读书而不知研究的技术（Techniques of study）的学生，自然是勤奋的好学生，可是事倍功半的用功，未免太冤枉了。

据一般的调查，若不经教师的指导，几乎极大多数的学生都没有学习的技术，读书的唯一方法便是读而又读。威尔逊①预备了许多关于学习法的问题，来测验八百三十七个初中一和高中三的学生，要查出学生之中有多少人懂得学习的技术。初中的第一年与高中的末一年相差多少。结果，正确答案的中数，在初中一是 11.8，高中三是 13.8。于是他便断定说，学生们对于学习技术的进步是极微的。我们虽无统计，但从自己教读的经验上也可感觉到，在小学里读书和在初中里读书，甚至在高中或大学里，功课是不同了，读书的方法还是差不多。懒惰的学生且不说，勤奋的学生所用的方法不外乎"铁杵磨绣针"。

我们研究学习的技术时，切不可误会，以为学习不必下深工夫。针还得要磨，不过磨针的准备和方法是可以改良的。学习的方法常随所学习的材料而不同，所以我们先得说明我们所学习的是什么，然后再研究方法。

一、学习的种类

就大概而论，学习可分四种：（一）技巧的获得；（二）知识的获得；（三）材料的领悟；（四）问题的解决。第一类，技巧的获得，以纯熟为贵，以学到"得手应心"为目标。这一类的学习包括一切"知动的活动"（Sensorimotor activity），就是知觉与肌肉的动作并用的学习，例如画图，写字，唱歌，奏乐，打字，体操，以及运动与游戏。第二类，知识的获得，以记忆为贵，以学到能够复述为目标。这一类的学习包括一切需要多次练习和强记的材料，例如识字，默字，英文的拼法，算术的演作，公式，规则，人名，地名，年月，以及其他非强记不可的一切"阴风昧生"。第三类，材料的领悟，以理解为贵，以学到能够"类化"和应用为目标。这一类的学习不需要逐字逐句的复述，而须懂

---

① Wilson, C. B., Pupils' knowledge of study techniques, Educ, 1932, 52: 362.

得大意和前后的关系，并须能将所学习的材料，用自己的语言和思想发表出来。既能理解便能联想到其他和所学得的有关系的事物，所谓"举一反三"便是这一类的学习。第四类，问题的解决，以思考为贵，以学到能够明白因果关系，追溯事物发展的程序，并能利用过去的经验和知识，来研究目前的问题以构造新的原则或发展新的知识为目标。第一类的学习多着重"如何"，第二类多着重"什么"，第三类多着重"什么和如何"，而第四类则除"什么""如何"以外，更注重"为何"。

第一类的学习只要知觉和肌肉的动作有密切的联系，便可解决一大部分的困难。第二类的学习必须着重强记。第三类和第四类的学习却着重理解。为缩小研究的范围起见，我们这里专讨论强记的学习法和理解的学习法。但无论哪一种学习须先有学习的准备。

二、学习的准备

学习的准备是学习的先决条件，包括环境的准备和心理的准备两方面。合述如下：

（一）学习的场所。在此国难时期，地洞里也在上课，自然谈不到学习的场所。不过以常态的时期而论，学习须有适宜的地方。路上，车上，嘈杂的客堂里，难免使学习者的注意力分散。左邻唱京戏，右舍打雀牌，前楼夫妻吵闹，楼下小孩相打，在这种场所，除非你有"入定"的功夫，决不能不分心的。所以第一，须有一间幽静的书室。第二，须把这幽静的书室布置得清洁整齐，壁上能挂上几张悦目的图画，桌上能放着一些花草，更佳。第三，书桌须保持整洁。应用的文具以及参考书，摘记簿等须有一定的地方，用后仍须放归原处。这些似乎是小节，却会影响到学习的兴趣和效率。你且想想正要记录一段心得的字句，墨水干了，墨水瓶又找不到。改用铅笔吧，笔头早已断了。要想削铅笔，卷笔刀和小刀都不知放在什么地方。等你东找西寻，弄了半天，读书的兴趣早已过去了。所以书室须整洁幽静，文具书籍须有一定的地方，这是学习上环境的准备。

（二）注意力的集中。即使环境优良，而心理上没有准备，也会使你得不到最高的学习效率。在未开始学习某种功课时，须先把其他足使你分心的事情和顾虑尽量除去。假如你一面在读书，一面想去看电影，或者正在做算术的时候，又想读历史，这种心猿意马的学习，不但使你易于疲劳，而且学习的效率也决不会高。所以在开始工作时须有像上前线一样的决心，只有上前不能退避。三心两意地学习两小时，不如专心致志地学习一小时。当然也有人不喜欢太寂寞，他们喜欢稍微有些声音，或开着轻微的无线电音乐，反能增加效率，这也是事实。但我们不要误会，这是社会的助长作用（见第99页），而不是注意力的涣散。

（三）工作的分配。其他条件相等，有规律的工作比杂乱无章的工作更省时间和精力。工作有规律，可以利用许多本来或许会耗费的时间。每日有一定的时间，做一定的工作，是最好的学习习惯。至少可以省去每次要做什么的计划时间，和免去彷徨不决的情态。所以学生自己须有一张每日的生活表，从起床到临睡的一切活动，例如自修某种功课，杂事，以及休息，运动，游戏等都给以规定的时间，正如每月的预算表一样。预算或有出入，但大体上总不致相差太远。在计划生活表或作业表时，不可太苛刻。办不到的事情不必订上去，但一经订定，须有遵守的决心。不能遵守的规律比没有规律更坏。与其破坏规律，丧了决心，不如根据事实重新改订。

一日之间精神有好坏，工作之中分量有轻重。以最好的精力做最轻易的工作，便是浪费精力。以最坏的精力做最艰难的工作，便是浪费时间。在分配工作时须注意到这一点。例如抄写、温习旧课、阅读小说，以及其他只需要时间而不必多用脑筋的工作，可放在紧张的工作之后。那时身心已将疲劳，改换一种轻易的工作，如抄写，阅读小说等几乎和休息相仿，有时还可藉之恢复精神。同样的工作，时间不宜太长。因为单调的学习，容易分散注意力。这不但会减低效率，而且也影响记忆的保持。各种实验已证明：须费二三小时方能读熟的一篇文章，不如分为二三天，每天读一小时。若必须在一天内读，则不妨分做二三次，每次一小时。继续不息地学习同样的功课，难以得到最好的效果。

上述三条包括环境的准备、心理的准备和时间的准备。环境、心理和时间都有了准备，才可开始有效率的学习。学习的技术可分为四种：（一）一般的学习技术；（二）强记的学习技术；（三）理解的学习技术；（四）思想的学习技术。分述如下。

三、一般的学习技术

一般的学习技术，可应用于一切的学习，如技巧的获得，知识的获得，材料的领悟和问题的解决。这一类的技术至少包括下列四项：

（一）学习的动机。一个主人的工作有时比他的奴隶更辛苦，可见主人和奴隶的工作，有时不在工作的轻重，而在工作者的态度。主人是自动的自愿的工作者，奴隶是被动的受逼迫的工作者。学习者自己若无兴趣，若不努力，只因受了教师或家长的督责，非勉强工作不可，他的效率决无可观，因为他是一个奴隶学习者，至多是一个中庸的学习者。自主的学习者须有学习的内驱力。内驱力不是外来的压力，而是内心的冲动。内心有了学习的冲动，才会发愤忘食，乐而不倦。所谓内驱力便是学习的动机。学习的动机基于两个连环式的因素：即兴趣与努力。你对于所学习的材料有相当的兴趣，才肯格外努力，同样，你的努力也能增加你的兴趣。兴趣生努力，努力生兴趣，正如蛋生鸡，鸡生蛋一样。[1] 不过我们须得分辨低级兴趣与高级兴趣的差别。低级兴趣犹如糖

---

[1] Hartman, G. W., Interests, Attitudes and Ideals. Educational Psychology, Edited by C E. Skinner, Prentice, Inc. 1936, P. 93-94.

味，谁都知道是甜的。高级兴趣，犹如橄榄味，涩中带甘，后味无穷。你不可怕涩，无穷的后味正在涩中呀。我们为要培养高级兴趣，有时不得不牺牲低级兴趣。有了兴趣才肯努力的人是幼稚的学习者，肯努力而觉更有兴趣的人才是成熟的学习者。所以即使功课比较艰难，你若存心要学，则这艰难的威势已给你打倒了。

（二）复习。俗语说"小洞不补，大洞吃苦"，这话也可应用到学习上。补一小洞不费什么工夫，破洞一大补起来便费手脚。已读熟的一课书，重新看一遍，所费的时间极小，一经遗忘重新学习，便大费工夫。例如演讲的摘记，常是不成句的要点，有时笔画潦草，日子一多，自己也会看不清楚。如能次日复看一遍，则全篇的演讲仍能复现一次。预备平日的功课也是如此。在预备新功课之前，如能把上一课再看一遍，不但能得到更深刻的印象，且能引起你学习新功课的动机。哈斯班[①]甚至说："我敢预测：你如能费十五分钟工夫，把一日之中在教室中所摘的笔记复阅，再费十五分钟工夫，把上一天的功课补习，则你的分数必能升高一等。这额外所费的时间和精力与所得的酬报相比，真是微乎其微。大多数的学习只以做了便完，哪里知道再加一些额外的努力会使你得到非常的效果。"

（三）学习的速度。我们素来以为"欲速则不达""其进锐者其退速"这两句话也可应用到学习上。其实又是学习上的迷信。难道学习得慢反能记忆得多，学习得快反保持得少么？根据各种关于学习和记忆的实验，我们不得不相信：学习愈速保持（记忆）愈好，学习愈慢，保持愈坏。别的我们不敢说，若只以学习而论，我们反可以说，"欲速则达""其进慢者其退速"。理由很简单，一个人能学习得快，其主要的原因不外乎两个，即：天资聪明与注意力集中。神经系统灵活的人既

---

① Husband, R. W., Applied Psychology, Harper & Bros. Pub., 1934, P. 637.

能比迟钝的人学习得快，则其保持的能量自然亦较强些。注意力集中因而学习得快。则其保持的能量自然亦较注意力涣散的人来得大。不过我们不要误会。增加速度并不是牺牲材料的了解程度。我们是说，对于材料的了解程度相等的两个人。则学习愈速，保持愈好，学习愈慢，保持愈坏。我们知道有些学生实因注意力涣散，或不肯努力上进，却自己安慰自己，以为学习虽然迟缓，而保持的效力或许可以补偿这迟缓的损失。哪知这种似是而非的借口，会使学习的精神有腐化的危险。可见"其进锐者其退速"的迷信，会使学生不自觉地发生"怠工"的可能。因此我们在学习时应当尽量加增速度，因为加增速度不但使你学习得快，而且能保持得多，保持得久长。

（四）倒摄抑制的防止。"倒摄抑制"（Retroactive inhibition）的发现是学习上的贡献。"倒摄抑制"是指第二种学习干涉第一种学习之倾向。广言之，凡类似的经验使你遗忘前次的经验之倾向，都叫"倒摄抑制"。例如你刚刚记住孔子生于公元前五五一年，接着叫你记释迦生于公元前五五七年，或苏格拉底生于公元前四六九年，这三个相似的年代不但容易混乱，且有使你遗忘孔子生年的可能。又如学习读别字或写误字，大都是为了另有一个已知的汉字与此字颇有类似之处，因此发生错误，待你把此字改正，却反把前一字忘了。所以在同一时间学习两种类似的功课，如法文和西班牙文，代数和三角，或白话和文言，是不经济的。与其同时养成两种类似的习惯，难免互相干涉，不如先养成一种，然后再养成一种。最明显的例子是高中学生所写的不文不白的文字。因为白话未通便学文言，不但文言学不好，且使本来尚通的白话反变成半文半白，或不文不白了。

鲁滨孙[①]的实验可以证明"倒摄抑制"的势力。他把"被试"分

---

① Robinson, E. S., The similarity factor in retroaction, Amer. J. Psychol., 1927, 39：297-312.

为三组：第一组学习某种材料，我们不妨名之为"甲一"，接着再学习类似的材料"甲二"，然后再测验"甲一"。第二组学习"甲一"，接着再学习不同的材料"乙"，然后再测验"甲一"。第三组学习"甲一"，接着再学习更不相同的材料"丙"，然后再测验"甲一"。这三组对于学习"甲一"的成绩如下：

组别	原先的学习	居间的学习	测验	保持的分数
第一组	甲一	甲二	甲一	15.4
第二组	甲一	乙	甲一	21.9
第三组	甲一	丙	甲一	23.8

从鲁滨孙以及其他的实验中，我们得到了一条"类似律"（Law of similarity），即：一种已学习的材料与继续学习的材料，其性质愈类似，则"倒摄抑制"的数量愈大，亦即材料保持的数量愈少。

所以为要防止"倒摄抑制"，类似的功课不可放在一起，如学了小字接着便抄笔记，读了国文，接着便看文艺小说，做了代数接着便记化学公式，读了历史接着便读地理等等。最好在学习类似的材料之间，隔着一些绝不相同的材料。

以上已说明不论哪一种学习，我们须先有学习的动机，须时时复习，须增加学习的速度，并须防止"倒摄抑制"。现在我们再来具体地讨论强记的学习技术。

四、强记的学习技术

照一般的观察，伶俐的学生喜爱理解的学习，而厌恶强记的学习，迟钝的学生对于理解的反应较缓，所以反不以强记为苦。可是不管你喜爱不喜爱，那需要强记的材料你也不得不学习，强记的材料包括"什么"，理解的材料包括"为什么"。不过"为什么"是根据"什么"来的。因此即在喜爱理解的学习者亦不得不研究强记的学习技术。其最主要的有下列四种，即：（一）联想法；（二）回忆法；（三）材料分配法；（四）过度学习法。

（一）联想法。学习中最难记的是数字，人名，地名，以及其他本身并无意义，因此不能理解的材料。例如哥伦布发现新大陆是在哪一年，富士山的最高峰是几呎，历史上的五代叫什么名字，西藏的省会叫作什么，波士顿在美国哪一州等等。我们已知道无意义的材料不易学习，学习以后又难保持，因此，最好把这些无意义的材料，随各人的幻想，勉强造出一个意义来，这勉强造出来的意义有时难免歪曲得可笑，但这些并不紧要，只求其有助于联想便是了。例如哥伦布发现新大陆是在一四九二年，这四个数字确实不易记忆，我们不妨用谐音"以试球耳"来代替。富士山的最高峰是一二三六五呎，我们不妨联想"十二个月有三百六十五天"，则"一二，三六五"呎便容易记了。① 五代是梁、唐、晋、汉、周，这五个朝代不但难记，而且其次序也容易颠倒，我们也不妨用谐音来代替，如"良糖浸好酒""两趟经海久"或"梁荡劲汉救"等。西藏的省会是拉萨，这"拉萨"两字在吴语近乎"垃圾"，"垃圾"就不难记，或把"拉萨"二字引申，变成"癫痫菩萨"，波士顿是在马萨诸塞，"马萨诸塞"是无意义的音缀，自然难记，因此有人把"马萨诸塞"再转成"马嘶秋寨"，有了意义，便容易记了。总之无意义的材料，若经各人的"杜造"，予以一些意义，便比纯粹的强记，容易得多。

（二）回忆法。我们已说过，学习须是自动的或自主的。测验或考试，或平日的复述课文是被动的回忆。被动的回忆不如自动的回忆。所谓自动的回忆，是指不待他人询问而自己正在学习时，屡屡回忆所学习的材料。例如一批生字，或一课书，须诵读二十遍方能读熟，则与其一

---

① Op. cit., Husband. P. 630. ——编者注：原文如此。疑为：Husband, R. W., Applied Psychology, Harper & Bros. Pub, 1934, P. 630.

口气诵读二十遍,不如读了三五遍,先自试背,背不出的地方再看书本。这样一面背,一面读,能帮助你的注意力,能强迫你的记忆。试背以后再诵读,诵读以后再试背,这种"时时回忆"(Frequent recall)不但能增高学习的效率,且能使你发现难点之所在,以便多加注意。盖次①很详细地研究"复述课文"(Recitation)对于记忆的影响,他查出:百分之八十复述与百分之二十学习,联合起来,能产生最高的效率。他所说的学习,是指学龄儿童学习传记的材料和无意义的材料,若在成人,或儿童学习他种材料,则或许尚有出入。回忆法自然也可应用于理解的学习,但对于强记的学习更有帮助。

(三)材料分配法。我们已在上面提到"工作的分配",那是专指学习的时间,例如需要三小时学习的材料,与其继续不息地一次学习三小时,不如分为三天,每天一小时,这种分配,不但可使学习容易,且能保持久长些。这里所说的"材料分配"是指同一的时间内所用的两种学习法,哪一种更有效率。所谓两种学习法即"分段学习"(Part learning)与"全部学习"(Whole learning)。例如五十个英文生字或一篇除法口诀,若把生字分成五组,每组十个(或分成十组每组五个),或把除法口诀分成三段(一归至三归,四归至六归,七归至九归),而后逐段记忆,这叫作"分段学习"。若五十个生字或全篇口诀,从头至尾一遍一遍地读去,直至全篇都能复述,这叫作"全部学习"。这两种学习法各有利弊,大概须用强记的材料以"分段学习"为优。②"分段学习"能增加速度,能防止注意力的分散,能节省时间,并能减低材料的难度。

---

① Gates, A. I., Recitation as a factor in memorizing. Arch. Psychol., 1917, 6, no. 40: 104 ff.

② Reed, H. B., Part and whole methods of learning. J. Educ. Psychol., 1924, 15: 107–115.

来温①亦谓"分段学习"宜于机械的记忆，而不宜于逻辑的材料。他说："学习无义缀音和数字，分段学习法始终节省时间；学习大量的单元，分段尤为经济。而学习逻辑的材料，如散文或诗歌，则分段记忆，未必能多省时间。在某范围内，机械的学习以分段为经济，逻辑的学习则未必如此。"

又有许多人②根据实验的结果，"主张分段兼全部法"，这与纯粹分段法或纯粹全部法不同。例如五十个英文生字分为五组，读熟了第一组再读第二组，读熟了第二组再读第三组，这是纯粹的分段法。"分段兼全部法"是：读熟了第一组，再合读第一组及第二组；读熟了第一第二两组，再合读第一第二第三组，最后便是全部学习。强记的学习以"分段兼全部法"为最佳。

（四）过度学习法。我们都知道刚刚学会了一出戏，不能上台去表演，刚刚学会了钢琴，还不能公开演奏。预备功课也是如此，勉勉强强能够拼出一批英文字，或背出一课书，是不够的。半生半熟的学习等于不熟，纯熟才是全熟。"过犹不及"的一句俗语，在学习上不能适用。"过度的学习"（overlearning）是指学习一种功课，例如背诵一篇文章，非学至过度即等于"不及"。不论什么材料，学习到能够一字不误复述出来，即算为"适足"，以数字代之为一百分，此后再继续学习便是"过度的学习"。这里所说的"不及""适足"和"过度"，在实验上是

---

① Lyon, D. C., The relation of length of material to time taken for learning and the optimum distribution of time, J, Educ. Psychol., 1914, 5: 1-9, 155-163, Also see Ruch, T. C., Factors influence the relative economy of massed and distributed practice in learning. Psychol. Rev., 1928, 35: 19-45.

② Pechstein, L. A., Whole versus part methods in motor learning: A comparative study. Psychol. monog, 1917, 23: no. 99.

Gopolaswomi, M., Economy in learning. Brit. J. Psychol, 1924-25, 15: 226-236.

Grafts, L. & Kohler, H. M., Whole and part methods in puzzle solution. Amer, J. Psychol., 1937, 49: 597-610.

怎样计算出来的呢？"适足"和"过度"对于以后的影响又用何法查出来的呢？我们若不知道这些程序，则以后看了"二十分的过学"，"五十分的过学"，或"一百分的过学"这些名词，便无意义。

假如学习的材料为一批必须强记的无义缀音，在学习时记下学习的次数和时间，到了能够一字不误复述出来，便是一百分。再照此比例，去计算那多读的几遍或多学的几分钟，便可知道"过学"的数字。比"适足"更多一半的学习为一百五十分，更多一倍为二百分，更多四分之一为一百二十五分。过了若干时日，则以前所学习的一部分或大部分或全部遗忘了。那时把原有的材料"重学"（Relearn），"重学"至能够一字不误复述出来为止。"重学"所费的次数和时间自然比原学（Original learning）来得少。这"原学"与"重学"的差数便是"省学"（saving）。"原学"犹如"资本"，"重学"犹如"交易"，"省学"犹如"利润"。资本不足，利润减少，这便是不经济，在可能的范围内理应增加资本。若是资本过多，所得的利润却不能照比例增加，亦是不经济。这个理由是极简明的。学习也是如此，"适足"是否等于"不足"？"过学"能否得到"省学"的结果？到了什么程度是不经济的"过学"？这些问题须有实验的答复。

克鲁革[①]实验记忆无义缀音和名词，来决定"过学"对于保持的影响。他查出五十分的"过学"（即一百五十分的学习）是最值得的；学习从一百五十分增至二百分，则已到了"酬报渐减"的程度。后来他又做了一个实验[②]，这次是用手指划写迷津（Finger maze）。结果与前次的实验相同，即一百分至一百五十分的学习是最经济的，一百五十分

[①] Krueges, W. C. F., The effect of overlearning on retention. J. Exper. Psychol., 1929, 12: 71-78.

[②] Krueges, W. C. F. Further studies in overlearning. J. Exper. Psychol., 1930, 13: 152-153.

至二百分的学习是不值得的。

这样，我们可以说，强记的学习和知动的学习，须有五十分的"过学"。这五十分的"过学"对于长时间的保持更为需要。学生们若已有了一百分的学习而不再加一些"过学"，则不到一个学期，有时难免前功尽弃，岂不可惜！所以在学习强记的材料时，为节省以后的时间和精力起见，须自己勉励："适足"等于"不足"，纯熟才是合度的学习。

需要强记的材料，必须"过学"，已如上述，便是理解的材料，亦需要相当的"过学"。你若要完全明白理解的材料，能把所学习的"消化"，并应用，"适可而止"的学习是不够的。

这样我们知道有意义的材料比无意义的材料容易记忆，且能保持得久长些，因此要学习强记的材料，第一，不妨把该项材料予以一些意义，如利用谐音、比拟、推想等，这叫作"联想法"。第二，学习强记的材料须集中注意力；"时时回忆"或"试背"便是使注意力集中的一法。第三，艰难的材料一时难以学习全部，所以须用"分段学习法"。"分段学习"可减少疲劳，可得到局部的成功的满意。但为防止"散漫"起见，最好采用"分段兼全部法"。第四，为节省"重学"的时间和精神起见，学习强记的材料，至少须有二十分至五十分的"过学"。当然，学习还须自下功夫，不过我们如能利用上述的四种方法，比之但下"铁桩磨绣针"的死工夫，必能经济得多。

五、理解的学习技术

学习理解的材料不需要逐字逐句的复述，而须领悟大意，了解前后的线索，明白因果的关系，并须能利用过去的经验和知识来发挥自己的意见，以求问题的解决。这一类的学习技术至少有下列五项：（一）贯通全部；（二）认清观点；（三）摘录要点；（四）查究术语；（五）随时应用。

（一）贯通全部。理解的材料，不是有情节便是有理论，其本身是一贯性的。我们不能把这种材料分割学习。即使要详细研究，亦须先迅速地阅读一遍，得到一个鸟瞰。这时一切碎琐的，次要的地方，不妨忽略过去。即使其中有几个生字亦不必仔细查阅。最要紧的是懂得全篇的大意。学习强记的材料，用的是分段法，学习理解的材料则须用"全部法"。"格式塔的学习理论"（A Gestalt theory of learning）最为适用[1]，局部的完成只能在整体的完成之中，注重单独部分而忽视全部，是畸形的学习；"咬文嚼字""断章取义"的弊病，就在乎此。所以我们先得学习全部，懂了大意及其要点之后，方可分段学习，这叫作"全部兼分段法"。理解的材料若不过长，当用"全部法"，若分量过重而须"过学"，则"全部兼分段法"较为经济。

（二）认清观点。无论哪一种逻辑的或理解的材料，著作者必有其自己的观点。理论的材料尤其如此。在学习比较高深的思想时，学习者更当具有公允的态度。要知道有许多材料从未有过彻底的解决。真理不是绝对的，所以同一问题并非只有一个答案，甲以为是，乙以为非，而这是是非非，各有各的理论。学习者不应专凭意气，藐视或批驳与自己的意见不同的理论。批评且放在后，第一步须先把作者的观点认清，再把他的主张保留起来，作为参考。待你研究了同一问题的各方面，自己认为已有相当的心得，然后才可根据各方面的理论，权其轻重，暂时下个判断。我说"暂时"，因为学习者不应贸然即下最后的判断。

许多问题，至少有两个派别。不论我们自己的立场如何，不论作者的主张与我们相合或相左，我们须尊重别人的意见。这并不是说，我们须牺牲自己的意见，乃是说，若不如此，我们的成见会遮蔽作者真正的观点。若不能认清作者的观点，则理解的学习，难免不被我们曲解；同

---

[1] Ogden, R. M., The Gestalt theory of learning Sch. & Soc., 1935, 41: 527-533.

样若认清了作者的观点，而自己毫无主张，一味盲从，则理解的学习便变成强记的学习了。

（三）摘录要点。自己已有课本，无须摘录，至多把课文内的要点用铅笔（最好用红色铅笔）划出来便可以了。中学生和大学生却须时时摘录课本以外的材料。最主要的是教员的演讲和课外的参考书。演讲的记录须要提纲挈领，有头有绪。字句不必太详细，详细了，反来不及抓住重要的意思；内容不可太简单，简单了，以后看起来，自己也会看不懂，或觉得无甚意义。所以记录演讲文字不必成句，内容须有条理。摘录参考书时，不可随看随记，须先把全篇看完，然后专事摘录，以免前后重复，或先重后轻，或纲目杂乱之弊。没有受过摘记训练的人，往往只把重要的原文抄录下来，却不记其出处。因此，以后即使要引用这些材料，也变成抄袭了。所以在摘录参考书时必须注明下列各项：（1）著作人的姓名；（2）书名；（3）出版者的姓名或商号；（4）出版年月；（5）页码。前四项在开始时即当记录，末一项原书的页码，可注在每段摘记后面。我们常见有些著作者引用他人的材料，而在附注中只有一个人名和书名，读者看了仍是莫名其妙。他所参考的一本书是哪年出版的？所引的一段文字是在原书第几页？著者不说明，读者无从查阅。所以我们在摘录参考书时若能养成这种学者所必须有的习惯，则将来自己著作时便不致再犯前人的弊病了。

（四）查究术语。孔子虽说过"名不正则言不顺"一句话，可是历来中国的学者却缺乏科学的精神。最主要的弊病是没有"定义"的概念。即使有，也不过是文艺的而非科学的定义，如"光阴者百代之过客"等等。到了今日，自然科学重定义不必说了，即普通的社会科学亦各有各的术语。例如本书中所常用的词儿，如"行为""运动""迷津""被试"，等等，都有特殊的意义，初学的人若照字面阅读过去，决不能得到正确的理解。阅读其他科目的书籍也是如此。若不明了术语，难以得到正确的观念，有时竟会使你发生错误的观念。

（五）随时应用。我们在"一通百通"中指出过分着重学习的"迁移"（Transference）是有弊病的，却并不否认"迁移"的重要，尤其是意义的迁移。例如你固然可以严格地督促作文课的学生，小字写得整洁，但你不能保证他的算术抄本或自己的身体也能保持同样的整洁。然而他若明了整洁的意义，养成整洁的习惯，则不但小字会写得整洁，即算术抄本或自己的身体也能保持整洁。此无他，前者是"举一反一"的学习，所以不能迁移，后者是"举一反三"的学习所以能够迁移。学习而能应用，便是最高级的迁移。

学习理解的材料并不是单单学习该项材料的本身，同时必须学习该项材料所含的意义和原则。学者从所学习的意义中求出一个原则来，便是"类化"（Generalization）；把原则引申开去，便是"应用"（Application）。学习理解的材料不但须能"类化"和"应用"，其实，不能类化，不能应用，简直算不得是理解的学习。过去的或外国的事情若不能类化，若不能应用到目前的我国的实际情形，便无价值，而且也引不起兴趣。无价值无兴趣的材料，难以学习，亦难保持。所以在学习理解的材料时，须找出其中的原则来，并须根据自己过去的经验和知识，时时参考，对比，尽量应用。这样的学习才有意义，才能保持得久。

六、总述

学习者须有"铁桩磨绣针"的坚忍，却不应一味下死工夫而不研究学习的技术。未开始学习前须先有环境的准备，心理的准备，和时间的准备。有了学习的准备，然后照学习的性质，利用各种学习法，以节省时间和精神。就一般而论，学习须有动机，动机是基于兴趣和努力的。复习功课或摘记，所费的时间并不多，而所得的效果是极大的。只要不牺牲了解的程度，学习愈速愈佳，"其进锐者其退速"是怠工者的藉口，在心理实验上并无根据。性质类似的材料不可同时学习，以免"倒摄抑制"的影响。

　　学习强记的材料须能逐字复述，所以需要反复练习。"联想""时时回忆""分段学习"和"过度学习"是学习强记材料最主要的四种方法。学习理解的材料无须逐字复述，而须能领悟大意。学习这一类的材料必须"贯通全部""认清观点""摘录要点""查究术语"并须设法把所学习的"时时类化和应用"。总之，学习的技术不外乎养成良好的学习习惯。良好的学习习惯可以减轻学习的负担，免除精力和时间的无谓损失。

依样画葫芦

——思想的解放

中国开化很早,这是过去的光荣。却正因这过去的光荣,现在的中国反遭了瘟。这话怎讲呢?因为我们的祖先画了一只极好的"文化葫芦",以后的子子孙孙以为只须依样画画便够了。"先王之道斯为美"。于是我们的思想便受了束缚。哪里知道"依样画葫芦"难免不"走样",何况现在已不用葫芦,而在用热水瓶了。所说的"葫芦"是什么呢?多得很,例如,风俗,信仰,思想,文字,教育,艺术,以及生产的方式,生活的范型等。为什么只管依样画下去呢?因为过去的葫芦不但画得很不错,而且有过光荣的历史。但到了今日还当依样画下去么?这个……恐怕不大适宜。的确,我们的社会组织比从前更复杂了,我们的生活方式也和从前的不同了。在从前,农夫的儿子是小农夫,木匠的儿子是小木匠,不论"于父之道",不论"萧规曹随"都无问题。到了现在,农夫或木匠的儿子也得考虑自己的职业和前途,不能以父亲为模范,"依样画葫芦"了。可见我们的社会已改变了,物质的生活也改变了。然而我们的信仰呢?思想呢?解决问题的态度呢?治学的方法呢?

传授知识的技术呢？当然也有些改变，可是总跟不上物质的进步。即以我们的思想而论，依样画葫芦的多，创造的少。这是什么缘故呢？因为我们的敌人阻碍我们思想的解放。

一、思想的敌人

在前一讲中我们已讨论了强记的学习法和理解的学习法，同时也提起解决问题的学习法。这"难题试解"（Problem solving）的学习，以思考为贵，以学到能够明白因果关系，追溯事物发展的程序，并能利用过去的经验和知识，来研究目前的问题以构造新的原则或发展新的知识为目标，已如上述（见"铁桩磨绣针"）。不过要训练这种"难题试解"的技术须先排除阻碍思考的势力，即所谓思想的敌人。

（一）胡思乱想。木匠在作工的时候，小孩子跟着他玩。木匠在做什么呢？或做凳子，台子，或修理窗门，地板。小孩在做什么呢？他一时拿着刀斩木头，一时拿着锤敲地板。木匠和小孩都使用工具，都费力气。一个在作工，一个却只在玩玩。木匠的活动有一定的目标，他的工作有一定的步骤和方向，而小孩只是胡乱地使用刀和锤，既无目标又无程序，当然无成绩可言。思考亦如此，应有一个目标或方向，不然，忽而想到这件，忽而想到那件，这只可算是胡思乱想。惯于胡思乱想的人，不能有健全的思考。

（二）依赖他人。胡思乱想可说是"妄想"，依赖他人等于"不想"或"懒想"。自己没有观察的能力，没有单独思想的勇气，更没有是非的观念，一味依赖别人，人云亦云，这些人只好称为"应声虫"，尽其量，一个顺服的奴隶而已。可是一般的父母和教员却最喜欢儿童变为"应声虫"，因为儿童若不用思想便不会反问，更不会反抗。教育是帮助儿童发展人格的企图，哪里可以拿它去抹煞儿童的人格，束缚他们的思想呢？若是儿童不能自己思考，但知依赖他人，以他人的是非为是非，这正是教育的失败。

（三）祖先崇拜。为便利共同生活起见，人类自然难免有种种的禁忌和规律，作为行为的准则。但是谁有权力来裁制众人的行为呢？谁能批准规律呢？在部落时代，民主思想尚未发达，当然由酋长或王来裁制，但是他们又得了谁的批准呢？于是聪明的领袖异想天开，把"神""灵"和已死的祖先捧了出来作为"理外的批准"（Ultra-rational sanction）①。中国的思想虽不是宗教的，却只在祖先崇拜的圈子里翻花样。跳出这个圈子便是离经叛道。所以任你筋斗翻得多么好看，仍在"死人"的掌握之中。胡适之提倡白话文，不能不说具有革新的精神，却煞费苦心来引证唐朝已有白话诗，作为白话文的护符。创制注音符号的学者自然都有远大的目光，却不敢采用世界通行的现成的 b，p，m，f，而在古籍里硬找出ㄅㄆㄇㄈ来。因此，有人称着讥刺的口吻说，"若有人能证明'汉字拉丁化''古已有之'，恐怕没有人会反对新文字了。"改革家尚且如此，其他守旧的人更不必说了。所以要解放思想，须先打破祖先崇拜的迷信。"任凭死人埋葬他们的死人。"

（四）轻易相信。不求合乎逻辑，不重实验，不收集证据，不怀疑权威，这种轻易相信的心理，是原始人民的特性，却是思想的魔障。"夫者天也，天可违乎？"这是我们的逻辑。"五音占风而定吉凶"，这是我们的实验。判断真伪，辨别是非，解决问题，须有充足的证据作为审查的基础，才是道理；而我们却只凭一两句话便会下断语。某人吃素，念佛，这次果然在炮火之中逃了出来，未受损伤；某人又勤又俭，这次果然发了财。这种以一二件事实即作为报应的证据，居然也有人会相信。教堂里，课室里，家庭里在在都有说这种话的人，也在在都有相信这种证据的学生。甚至"有诗为证"也可通用。然而科学的权威，

---

① Carver, T. N., Sociology and Social Progress, 1905 Ginn Co., ch. 18.

我们并不反对，因为有许多学者已费了莫大的精力，凭多次的实验和充足的证据，得到了一个原则，我们为节省精力和时间起见，自可不必把每个原则亲自再演一套"试误"的手续。不过在信仰权威时，我们须注意三点：第一，要谨防假权威；第二，不可盲从他们的推论；第三，权威也有时间性，因为天下没有永久不变的真理。

（五）只重"阴风昧生"。婴孩不能思想，因为他还没有观念可作思想的基础。所以最初的学习，必须是"观念的积聚"（Accumulation of ideas）。把过去的文化，成人的知识，灌输给儿童，自然是教育上不可省却的程序。但是我们若以灌输"阴风昧生"为教育的全部工作，势必以学生知道"什么"为满足，而忽视"为什么"的学习。只知"什么"而不知"为什么"，即"饱学之士"亦不过"两足书橱"而已。可是我们的教育却偏重"阴风昧生"，因此，过去的学者大多是无思想的"饱学之士"。"咬文嚼字""引经据典"，是他们的拿手好戏；可是要他们根据实际生活解决目前的切身问题，便会窘得手足无措。

以上五种习惯可说是束缚思想的五条绳索，我们如果要发展推理和"难题试解"的技术，消极的，须斩除这五条绳索，积极的，还须注意思考的训练方法。

二、思考训练法

从前有许多人以为思考是天生的，所以教育只须灌输知识，却不能增进"难题试解"的能力。近来有多种实验都证明这种臆说是错误的。辛普孙[①]做了几次实验，来测验五、六年级的学生对于思考技术的训练有无效力。他先训练这些小学生用定义来解释简易的单字，后来又予以特殊的练习，来学习合乎逻辑的定义（specific practice in logical definition）。

---

① Simpson, B. R., Training in the technique of thinking as a means of clearer thinking. Sch. & Soc., 1923, 18: 358-360.

这样，便可看出从前的训练有无进步，逻辑的定义学习能否迁移到解释其他类似的单字。结果，他找出五、六年级的小学生确能改进"逻辑的定义"之技术，且能应用这种技术来解释其他的单字。纽卡谟①试验七、八年级的学生，来研究特殊的训练能否增高解决算题的能力。他把"被试"分为两组，即实验组与控制组。控制组照平常的方法练习算题，而实验组却教以"难题试解"的方法，例如：（一）明白难题中每一单字，（二）完全明白难题的意义，（三）迅速地正确地演作，（四）指出已知数和未知数，（五）选择程序，（六）敏捷地有系统地计划答案，随即复核。这样训练六个星期以后，纽卡谟查出实验组比控制组为优，增加速度 13.9%，确度 3.3%，速度和确度共增 15.3%。可见，有许多难题学生不能解决，是为了不得其法，若能加以训练和指导，则"难题试解"的技术亦可增加。

  思考的技术既可训练，我们便须讨论训练的方法。特殊的训练法，如"难题试解"的步骤，下文自有交代。一般的训练法最主要的有下列七项：

  （一）引起好奇心。儿童每喜欢追问"为什么？"你回答了一个"为什么"，他却要追究下去，再来几个"为什么"，有时简直使父母窘得难以回答。于是便认儿童所问的是无意义的，不去回答他们。甚或摧残他们的好奇心，以为儿童是没有思想的。从前的心理学家也把儿童的好奇心，如拆开玩具要看一个究竟的倾向，误认为"破坏的本能"。因此，儿童的学习只限于零星的知识或不相连续的"阴风昧生"，却不注重理解的学习。哪里知道三四岁的儿童也有"难题试解"的能力。② 他

---

  ① Newcomb, R, S., Teaching pupils how to solve problems in arithmetic, Elem. Sch. J., 1922, 23: 183–189.

  ② Heidbreder, E. F. Problem-solving in children and adults, Ped. Sem., 1928, 35: 522–545.

们不是很喜欢猜谜语么？谜语也是一种"难题试解"的练习。和谜语相似的练习，还有试解"迷具"（puzzles）。林德力①的实验证明那些对于"迷具"有特殊兴趣的儿童，创作能力也来得高，所以为增进"难题试解"的技术，儿童从小即应有满足其好奇心的机会，谜语和"迷具"的试解也是引起好奇心的练习。

（二）给予适宜的暗示。父母和教员对于"难题试解"的态度便是使儿童模仿的暗示。武断的父母即暗示儿童去养成武断的习惯。思想自由的教员也会使学生的思想自由。父母和教员的行为在在足以影响儿童的态度。所以杜威②以为训练学生的思想，教员当注意自己的习惯：不可专凭自己的意见判断他人；不可将个人的势力过分夸大；并不可勉强得到一个答案。轻易批评，难免武断。太自信，便不肯虚心容忍别人的意见。教员不是全能全知的，所以即使有时不能立即回答问题，切不可自作聪明，硬要回答出来。父母和教员的思想习惯，既有这样大的暗示势力，我们便当处处小心使儿童能得到健全的暗示。此外，还须指导儿童勿轻易接受暗示，当使他们常有怀疑的态度。近来报纸和杂志上的广告，都有暗示的力量，我们若能帮助儿童不受广告的欺骗，也是指导他们养成批评的态度和"难题试解"的技术。例如广告上登着一种新出的牙膏，上面画着一位牙齿很白的老年人，还有一句标语，说"年纪虽老，牙齿却好"。这不是暗示凡用这种新出的牙膏的人，到了老年牙齿仍能保持完整么？你若不信，有图中老人为证。我们不妨即以这种广告的暗示来训练儿童的思想。第一，图中老人并非实有其人，所以不足为凭；第二，即使实有其人，他也不过初次试用那种牙膏，因为广告上明明说是新出品；第三，即使这位老人真的"牙齿却好"，那也不是那种

---

① Liadley E. H., A study of puzzles with special reference to the psychology of mental asaptations, Amer. J. Psychol., 1887, 8: 431-493.

② Dewey, J., How We Think, Heath & Co., 1910, ch. IV.

牙膏的功效，因为他并非从小便用那种牙膏。我们若能鼓励儿童如此推论，则他们便不致轻易受人的暗示。不轻易受暗示，也是解放思想的一法。所以一面我们要给予适宜的暗示，一面还要指导儿童不轻易接受不合逻辑的断语。

（三）贯通经验。经验有直接的和间接的两种，直接的经验是个人亲自所历过的，间接的经验是由他人传给他的。听演讲，看电影，阅读书报，以及在校内学习各种学科，都为要得到他人的经验。直接的经验比之间接的经验，真是微乎其微。所以我们须以他人的经验来充实自己的经验。但为了我们有两种不同的经验便发生了一个大问题：那便是如何使这两种经验联络起来组成一个整个的经验。经验分割，思想受了束缚；经验合一，思想得以解放。因为经验一分割，则间接的经验仍属他人；经验能合一，则他人的经验也变成自己的了。所以一切的"阴风昧生"若不与目前的问题有关系，若与"难题试解"毫无联络，那只是过去的，死的知识罢了。若能与直接的经验相配合，间接的经验才有意义。他人的经验若妨碍了自己的观察，便难免以他人的思想为满足。自己不去观察，不去发现，又不把他人的思想仔细研究，便有盲从间接经验的危险。盲从他人的经验便是抹煞自己的思想，也便是阻碍"难题试解"能力的发展。把他人的经验作为思考的材料，再和直接的经验配合起来，可取则取，愿舍则舍，这才是联络两种经验的步骤，也便是"难题试解"应有的态度。

（四）慎用逻辑。照理论说来，逻辑分为归纳法和演绎法两种。由特殊的事物引至普通的原则为归纳法，由普通的原则推至特殊的事物为演绎法。例如"金、银、铜、铁、锡、以及其他金属都能传电，所以金属能传电"，这是归纳法。"金属能传电，铁丝是金属，所以铁丝能传电"，这是演绎法。我们解决问题时所常犯的弊病，是在：归纳法不够归纳，演绎法不够演绎，只举了几个例子便下断语，便是不够归纳。例如：某某名人书法很好，某某名人书法也很好，所以名人都能写得一手好字。又如某某善人得了善报，某某恶人得了恶报，所以善有善报恶有恶报。若有人再举出几个不能写字的名人，或举出几个遭了横死的善人，和飞黄腾达的恶人，那末，前次所下的绪论不是推翻了么？所以归纳法须收集极多的例子，而且没有例外的事实可以反驳，才能成立。同样，演绎法的大前提若无实验作为基础，便是不够演绎。例如："贼养儿子掘壁洞，所以贼性是天生的""六十岁学吹鼓手，今生不成，所以成人不必学习""女子无才便是德，所以女子不必受教育"，等等，像这一类似乎是真理的武断语，真是不胜枚举，而且在我们的思想上还占着相当的势力。为要训练思想，我们须使学生能辨别真正的逻辑和似是而非的逻辑。

照实际说来，归纳和演绎是同时互用的。因为一有问题便有假设（演绎），一有假设，便须实验或观察这假设是否成立（归纳）。假设非最后的断语，而是观察和实验的出发点，证实了的或否定了的假设才是断语。若以出发点为终点，则不是猜度便是武断。若以未证实的断语即认为成立的原则，这便是盲从。不论是猜度，是武断，或是盲从，都有碍于思想的发展。

（五）发展语言经验。言语不但是"思考的工具"（杜威语），思想是有意义的言语（武德卫史语）。我们在思考一个难题时，常在内心自言自语。独自思考时，甚至会自言自语地发出声音来，还会做着手势。所以武德卫史说："思想等于有意义的言语"（Thought = meaningful speech）。[①] 不论言语是思考的工具，或有意义的言语等于思想，我们至少可以说，若是一个人说话没有头绪，他的思想哪里会有条理呢？所以要训练思想，先得学习说话。虽然常态的成人都能说话，但是说话能够

---

① Woodworth, R. S., Psychology, 1936, P. 478.

有条有理，则非练习不可。

言语以外，文字也是思考的工具。文字通顺与思想的发展大有关系。所以文字教育亦不应忽视。可是文字若脱离了所代表的实物，便变成了死的符号。死的符号反会妨碍思想的发展。从前小学生朗读《百家姓》，只认得赵、钱、孙、李等单字，而不知单字所代表的是什么，这种不讲意义的文字教育，可说已过去了，至少已不风行了。现在的学生，学习文字不但必须知道文字所代表的事物，且须知道文字所代表的事物的意义。例如单知道"椅"字代表椅子的实物是不够的，还须知道椅子的意义。小狗小猫也知道这种实物，但它们不明白这种实物的意义。例如椅的性质、构造、功用等。只知文字和文字所代表的实物，而不知实物的意义，便是积聚不相连续的"阴风昧生"，而不是发展思想。所以文字教育无论如何完美，若与思考脱离关系，即等于印刷精美的假钞票，一张也不能兑现，只供玩弄而已。

训练思考的技术，须有通顺的语言经验，学习文字乃学习事实的意义，已如上述。其次我们须学习字汇和术语；因为字汇不足，观念无从组织，术语不明了，思想也不能正确。所谓"名不正则言不顺"。我们还可加一句说，"言不顺，则思想含混"。这里所说的"顺"，并不是指"行文流利"或"读得上口"，乃是指句子的结构合乎逻辑，表现力求精密。我们过去偏重文章的神韵，字句务求其简，表现务求其雅，因而我们的文字反不足以表达深高的理论。格龙南[①]以为不但文言，便是白话"若仍用汉字写，还是死的语言"（"Tant qu'il s'écrira en caractères, le chinois restera une langue morte"）。这话自然说得太过分些，但我们都感觉到以中文译外国书每有不能把原意表达出来的困难。所以我们一面要训练思考的技术，一面还须随时改进中文，输入新的表现法。鲁迅的

[①] Granet, M. Mardel., La Peusée chinoise, 1934, Quted from Purcell, Victor, Problems of Chinese Education, 1936, P. 110.

一段话可作为改进中文以发展思想的一种方法。他说：

"<u>中国的文或话，法子实在太不精密了，作文的秘诀是在避去熟字，删掉虚字，就是好文章；讲话的时候也时时要辞不达意，这就是话不够用。</u>……<u>这语法的不精密，就在证明思路的不精密</u>，换句话说就是脑筋有些糊涂。倘若永远用着糊涂话，即使读的时候，滔滔而下，但归根结蒂，所得的还是一个糊涂的影子。要医这病，我以为只好陆续吃一点苦，装进异样的句法去，古的，外省外府的，外国的，后来便可以据为己有。这并不是空想的事情。远的例子，如日本他们的文章里，欧化的语法是极平常的了；……近的例子……一九二五年曾给群众造出过'罢工'这一个字眼，这字眼虽然未曾有过，然而大众已都知道了。"①（圈点是我加的）。

（六）慢下断语。证据不足，或关于某一问题的种种参考材料尚未收集，而即判断是非曲直，便是武断。武断是束缚思想的。在"难题试解"的程序上，"慢下断语"，并不是消极的犹豫态度，而是积极地进行调查和观察。每一问题不是一定有一答案。似是而非或半是半非的答案比没有答案更坏。不能回答的问题更当保留断语。所谓"知之为知之，不知为不知，是知也"。柴武②的测验中，有一项可作为例子："在下面的答案中，请你指出比较正确的一条来：美国在公元三千年时人口约有多少？（一）约一万万五千万；（二）约三万万；（三）约五万万；（四）五万万以上；（五）若不能回答，在这里加一√号。"柴武的测验是用以测验科学的态度。上述的问题是谁也不能回答的。谁能预测一千多年以后的人口呢？没有思想的学生大都在四个答案之中瞎猜，有思

---

① 鲁迅：《关于翻译的通信（并 J·K 来信）》，《二心集》，上海：合众书店 1932 年版。

② Zyve, D. L., A test of scientific aptitudes, J. Educ. Psychol., 1927, 18: 523-546.

想的学生才会承认不能回答。所以在试解难题时先要看看已知的材料（如算术中的已知数）是否足以作为推论的根据，若还不足，可否再去收集。收集了还是不够怎么办呢？最妥当的办法是把这问题保留起来，却不应妄下断语。有思想的人不轻易批评人，也是这个道理。听了一面之词便发怒，或看了一本某某主义 ABC 便自命为某某主义的信徒，都犯了"依样画葫芦"的弊病，即使要画，也当多收集几只葫芦作为比较和参考。只见了一只，还是不画为妙。

（七）需要相当的阻力。若没有问题，则即使要思考，也无从思考起。所以杜威以为思考需要一些阻力。① 阻力太大，徒然引起失败的烦恼，固然不足为训。有了相当的阻力才能激起兴趣和努力。因为学习者遇到阻力，便会发生一种动机，想设法胜过困难以得到成功的愉快。所以儿童在思考时有了一些困难，若教员立刻予以帮助，代为解决，反足以摧残创造的欲望和思考的能力。一般儿童，尤其是好胜的儿童，不愿意接受并不十分需要的帮助。我们常见儿童们猜谜语，出谜题的儿童急于要把谜底说出来，而猜谜的却极力说，"你不要说出来，让我再猜猜看。"所以问题太容易不足以训练思考；教员包办儿童的思想，不足以言指导。

三、难题试解的步骤

据杜威的研究，难题试解有五个步骤：（一）感觉疑难；（二）发见疑难之所在并明定其界说；（三）拟定可能的解决法；（四）推论拟答的是否可靠；（五）作进一步的观察和实验以定拟答的取舍；即结论的正确或不正确。

有些学者以为难题试解不必有五个步骤，有的却以为还须多加几个

---

① Dewey, op. cit. ——编者注：原文如此。疑为：Dewey. J., How We Think, Heath & Co, 1910, ch. IV.

步骤，有的以为步骤的多少须视问题的性质而定。但是就一般问题而论，杜威的"五步法"是可以应用的。

（一）感觉疑难。感觉疑难是思考的第一步，也可说是最难的一步。因为大多数的人只知"依样画葫芦"，所以不会发现疑难。在清朝做大官的人，如曾国藩、李鸿章等还不能发现中国的民族问题，他们并不怀疑清廷是不是我们的政府。只有革命的先知先觉才感觉疑难。不知有多多少少人见过苹果落地，也不知有多多少少人见过蒸汽把壶盖喷去。但是见了苹果落地而感觉疑难的只有牛顿一人，见了壶盖喷去而感觉怀疑的只有瓦特一人。这些固然是极端的例子，但即以日常生活而论，无思想的人是不会感觉疑难的。似乎世界上一切的事情早已安排了的，即使发生了一些偶然事件，如灾祸，死亡，或使人觉到不安定的情境，也可诿诸"命也运也"或"古已有之"，或"船到桥门自会直"，因而又可泰然处之，不感觉到有什么特殊的疑难。学生看书或听教员的演讲，也常犯这种弊病。他们以为书是印成的，哪里会错呢？教员是师长，他所说的自然句句都是金科玉律。哪知"尽信书不如无书"才是读书的正当态度。迷信不如不信，才能产生健全的信仰。所以要训练思考的技术，第一步须能对于问题感觉疑难。

（二）发见疑难之所在并明定其界说。"感觉疑难"只是笼统地觉得有一个问题，而这一个问题或许包括许多其他问题，以及种种直接的或间接的分子，所以第二步，须把这一个笼统地问题之中找出一个中心点来。换言之，我们须确定问题的范围和界说。我们常见几个人互相辩驳或争论，甲用了乙的理由，乙用了甲的理由，甚至丙用了甲乙的理由来辩护，闹得旁听的人不知道谁站在谁的一边，争论的结果或许这几个人的立场完全相同。既然立场相同，重要的理由也相同，为什么要争论呢？因为各人对于问题的界说和范围尚未认识清楚，所以"打了半天才知道都是自家人"，这叫作胡闹。例如拉丁化运动者主张废除汉字，实行方言拼音；而推行民众教育的当局却主张统一国语，禁止拉丁化。一个说拉丁化可以扫除文盲，一个说拉丁化是宣传邪道的工具。这种争论永远得不到什么结果，因为双方都未认清"文字简化与民众教育"问题的界说和范围，如果双方都能确定问题的中心点，那末，"打了半天才知道都是自家人"。所谓"发见疑难之所在并明定其界说"便是在疑难中找出一个头绪来，不然，枝枝节节越弄越多，越弄越糊涂，反而把问题的本身疏忽了。

（三）拟定可能的解决法。既已发见了问题之所在并确定其界说和范围，以后便须推想种种可能的假设，以求问题的解决。所谓可能的假设，是根据过去的经验和目前关于该问题的知识而推论出来的。这种推论自然是主观的。有了主观的假设，才可着手客观的实验和观察。若解决问题的步骤，即至此为止，则所拟定可能的解决法，不论是对的或不对的，都只可算是武断。过去幻想派的哲学家和懒惰的理论家所犯的弊病便在做到了这一步为满足。爱迪生自己说，他为了要发明电灯曾经拟定三千多种可能的解决法。每一种似乎都很合理，然而实验下来，在三千多种假设中只有两个是对的。[①] 可见假设未经证实，只是假设而已，若贸然即视为断论，难免有错误。反之，若不先有假设，则客观的实验和观察也无从着手。

（四）推论拟答的是否可靠。只拟定假设而不推论，那便只好算是"瞎猜"。例如我写了一封信给一个朋友，请他立即答覆，等了两个星期还未见回信。我便拟了几个假设，如：莫不是他和我绝了交？莫不是他病了？莫不是他搬了家？莫不是那信被邮局遗失了？莫不是他的回信还在路上？这些都是假设。现在我再把这些假设一一推论起来，以选择哪一个假设比较可靠，哪一个完全是瞎猜。我便推论：他是我的好朋

---

① Lathrop, G. P., Talks with Edison, Harper's Magazine, 1922, 80: 425.

友,决不会忽然绝交,于是便断定这第一个假设完全错了。他或许病了,对呀,他或许病了。又不对,他素来身子很强健的。对的,他或许病了,天有不测风云,难道健康的人能保险不生病么?那又不对,即使他病了,他的妻子可以代笔的,我从前也收到过她代写的信,而且我这封信很紧要,须立等回音。所以没有回信绝不是为了他有病。那末,他或许搬了家。那又不对,第一,他是不喜欢搬家的,第二,若要搬家,他在前信中早可告诉我了。所以这搬家的假设也靠不住。难道我的去信被邮局遗失了?邮件遗失也是常有的事。我再想一想,又不对,我记得那封信是寄双挂号的。邮局的收条还在这里呢。那末,他的回信一定还在路上。但是我已等了两个星期呢,平常不是一个星期已够了么?不过……这条路线是经过战区的,在战争的时候,交通极其困难,即在同一省份里也有信在路上拦了一个月的,何况我的朋友是在内地。我这样把五个假设推论以后,便断定前四个是不对的,末后一个比较可靠。

(五)作进一步的观察和实验以定拟答的取舍。这最后一个步骤比上面四个更须注意。第一,有许多问题根本不能采用这一个步骤。柏尔特①举个例子说,有一个人须在半小时内到达一个约会的场所。他有三个可能的方法,或乘公共汽车,或乘电车,或乘地道火车。可是这时他若拟定了一种车子,同时便不能再去试乘其他的两种车子了。第二,有许多问题,作进一步的观察则可,却不能去实验。例如上面所说的"那封回信或许还在路上"的假设,是无法可以去实验的。第三,我们知道真理是相对的而非绝对的,今日的真理到了明日,或许过了时。因此我们可以说,凡不能实验而可以观察的假设,须作进一步的观察。例如我可以去问问其他的朋友,他们寄往内地的一封信,来回需要多少日子。若是他们新近收到了信,确实知道需要一个月,那末我可断定那最后的

---

① Burtt, E. A., Principles and Problem of Right Thinking, New York, Harper. 1928.

假设是对的。凡可以实验的假设便须实验。可是我们应当明白这由实验而得的结果仍不过是相对的真理，或说是近乎真理的事实，却不能把它看作天经地义以阻碍以后的进步。

我们再举一个例来具体地说明上述的五个步骤。第一，我们感觉到中国的文盲实在太多了，要建设一个伟大的民主国非立即扫除文盲不可。第二，我们发现了有形无音，笔画又多，词儿不能连书的汉字，实在太难学习，似乎不能作为扫除文盲的工具。第三，于是拟定了可能的解决法，如千字课，简体字，注音符号，罗马字，拉丁化等。第四，推论下来，似乎千字课，注音符号，拉丁化都可试用。第五，我们还需要相当时期的实地观察和实验，才可相对地断定哪一种办法可取，哪一种办法应当舍弃。若是不经过实验或不予以实验的机会，只凭主观断定某种应当强制执行，某种应当立刻废止，那便是武断。

四、总述

思考的形式不同，有反省，有推论，有想象，有难题试解等。不过思考的人不论用哪一种形式，却不可有"依样画葫芦"的态度。思考须有目标，须出于自动，须含有创造性，须以实验，逻辑和充足的证据作为取舍的基础，并须注重类化和应用。消极地说，一不可胡思乱想，二不可专赖他人，三不可迷于古说，四不可轻易盲从，五不可单重"阴风昧生"。

我们相信，且已有实验证明，思考是可以训练的。但这里所说的训练却和"形式训练说"或"官能心理学"所主张的不同。我们不相信思考是独立的本体，所以更不主张改进思考的本体。所谓改进或训练乃是指思考的技术。为要训练儿童思考的技术，我们至少须注意七件事情，即：引起好奇心；给予适宜的暗示；贯通直接的和间接的经验；指导逻辑的应用；发展语言经验；保留断语，再作进一步的观察；末了，为要引起疑难的感觉还须有相当的阻力。最后我们根据杜威的"五步法"具体说明难题试解的步骤，即：感觉疑难；发现疑难之所在并明定其界说和范围；拟定可能的解决法；推论所拟的假设是否可靠；作进一步的观察和实验，以决定所得的结论是否正确。

合前讲中所讨论的一般的学习技术，强记的学习技术，理解的学习技术，和这里所说的思考的学习技术，我们对于"学习的技术"问题，至少已有了初步的了解。

龙生龙凤生凤　贼养儿子掘壁洞

——遗传与环境

假如禽兽中确实有龙凤，我们当然可以相信龙所生的是龙，凤所生的是凤，因为我们虽没有见过龙凤，却都看见过母狗生小狗，母鸡孵小鸡。所以龙生龙凤生凤的话大概是对的。若是"龙生龙，凤生凤"接着再加一句"人生人"或"臭虫生臭虫"，这便符合物种繁殖的道理。可是我们的俗语却是"贼养儿子掘壁洞"，这似乎使我们相信"贼"是一种与"人"不同的动物，倘使"扒手"所生的婴孩当具有三双手，果然有十五个手指，那末，这句俗语确是真理了。否则"贼养儿子掘壁洞"不但太武断，且太使穷人失望了。

反过来说，贼的儿子因家境和家教的关系，也许挖壁洞的试探和机会比普通的儿童多些。所以父亲做贼，儿子也做贼的，自然也有。不过父亲做贼，儿子做巡捕，或父亲从未偷过东西，而儿子却掘壁洞的，也不能说没有。既如此，则不如说贼"教"儿子掘壁洞。因为贼"教"儿子掘壁洞尚可说是因环境的驱迫；贼"养"儿子掘壁洞，却全因遗传的关系，可是谁也不能证实这种遗传。

相信皇帝是"龙"是"天子"的中国,有这一句似是而非的俗语本不足为奇,最稀奇而又最不幸的是那些自称为用科学的方法来研究心理学的"专家",如哥尔登,伊斯特勃鲁克,桑戴克之流,也会相信富贵子弟生而有优秀的才能,贫贱子弟生而有卑劣的遗传性。这些被统治阶级及资本家所豢养的"学者"巴不得设法来证明"龙生龙,凤生凤,贼养儿子掘壁洞"是真理,因为这样一来,可使无知无识的文盲,甘心做文盲,可使贫穷的大众,自叹智力低劣,不必去反抗那些生而智力优秀的有钱有势的"骄子"。如果上流社会的子弟,生而有优秀的遗传性,生而具有优秀的智力,那末,只有他们配受高等教育。如果一般贫苦的大众,生而有卑劣的遗传性,生而智力不及有钱的人,则义务教育,成人教育,扫除文盲运动等,都是多余的。这种学说到底是真是假我们也不敢武断,且待研究了智力问题之后再说。

一、什么是智力

通常所谓"上智""下愚"不过是笼统的说法,心理学者要正确地知道智慧的程度,且要用数字来指示出上智是几分,下愚是几分,于是便发明了智力测验(Intelligence test)。"智力测验"测验什么呢?自然是测验智力的。不过我们又要问个明白,智力是什么呢?有的说,"智力是学习的能力,是利用经验的能力"。[1] 有的说,"智力是反应复杂情境的能力"。[2] 有的说,"智力是个人顺应新问题和生活状况的能力"。[3] 我们不必多抄定义,即以上述三个定义而论,不但各有不同的地方,且其所包含的意义极其广泛。如说"智力是学习的能力",请问所学习的

---

[1] 雷斯德著,钟鲁斋、张俊玕译:《现代心理学与教育》,上海:商务印书馆1937年版,第164页。

[2] Davis, R, A. Psychology of Learning, 1935, P. 46.

[3] Katz, D. & Schanck, R. L., Social Psychology, 1938, P. 418.

是什么呢？学习做算术与学习耕种不同，学习抽象的符号与学习修理汽车又不同，何况又有人主张智力是智力，学习的能力又是学习的能力，各不相同。"智力是反应复杂情境的能力，学习的能力是集中注意于特殊情境的能量"。① 如说"智力是个人顺应新问题和生活状况的能力"，我们又不知道所谓"顺应"是理智的顺应呢，还是情绪的顺应呢？所谓"新问题"和"生活状况"当然是指社会的环境。那末，智力是顺应社会环境的能力了。可是我们都知道个人能顺应社会的环境决不单靠天赋的能力，而须有教育和经验。这样说来，智力到底是什么，还是个未解决的问题。而且测验智力的"智力测验"都是已有了经验和教育的人所制造出来的，则其所测验的智力自然难免不舍有习得的能力，所以与其说智力是"什么""什么能力"，不如说，智力是智力测验所测得的分数。

智力测验所测得的分数，又因儿童的年龄而不同，于是皮奈（Binet）用智力年龄的概念来求出几岁的儿童平均应有几分智力。如五岁的儿童有平均六岁儿童应有的分数，则他的实足年龄（简称"实龄" Chronological age）虽只五岁，而他的心理年龄（简称"心龄" Mental age）却是六岁，意即他已有六岁的智力。后来推孟（Terman）又发明了智力商数（简称"智商" Intelligence quotient）的概念。用实龄除心龄乘一百即得智商。如十岁的儿童适有十岁的心龄，则其智商为一百分，即表示他是个普通的儿童。如他有十二岁的心龄，则其智商为一百二十分，即表示他是个优秀的儿童。如他只有八岁的心龄，则其智商为八十分，即表示他是个愚笨的孩子。这样，不但"上智""下愚"有了等级，且有一定的分数。推孟以智商的多少把儿童分为九等，如下：②

---

① Davis, R. A., Psychology of Learning, 1935, P. 46.
② Katz, D. & Schanck, R. L., Social Psychology, 1938, P. 420.

智商	解说
140 以上	近乎天才或天才（"Near" genius or genius）
120—140	极优秀的智力（Very superior intelligence）
110—120	优秀的智力（Superior intelligence）
90—110	常态的或平均的智力（Normal or average intelligence）
80—90	愚钝（Dullness）
70—80	边缘缺点（Borderline deficiency）
50—70	上愚（Moron）
20—50	中愚（Imbecile）
0—20	下愚（Idiot）

上面所说的智商分数，自然是确实可靠的；天才，中庸，下愚的解说也是不错的。不过我们还想追究为什么人有不同的智商呢？遗传派的心理学家便会肯定地说，"智商是天赋的，你还追究什么？""天才，中庸，下愚是遗传的，你还不明白么？"这问题恐怕没有这样简单吧。智商是遗传的，难道是百分之百的遗传么？难道没有一点环境的因素掺杂其间么？难道"龙生龙，凤生凤，贼养儿子掘壁洞"一句话，真的有科学的根据么？这些疑问又引起遗传和环境的问题来了。

二、遗传和环境

"遗传"是指祖先的特性之复现和连续。遗传学家以为祖先的特性是代代相续的。所谓特性又包括生理的和心理的两方面。不过心理学家所研究的只以心理特性为限。"环境"包括一切影响个人发展的外来的因素和状况。一个人虽可利用环境来发展自己，却须先具有可以发展的能力。种种机会，方法，以及教育，只能在个人本来已有的可能性上做生长发展的功夫，却不能无中生有，使无可发展的"真空"也发展起来。所以教育家也并不抹煞遗传。可是可能性或可以发展的能力，若竟不得发展的机会,则可能性亦只是可能性而已。假如遗传是一粒种子,则环境便是泥土,雨露,阳光,肥料,以及使种子生长的种种工作。一粒最优秀的种子若不播种,则只是一粒种子。若落在石头上,则不久便会死去,若落在荆棘之中,或瘠土之中,则其收获必无可观。可见即有优秀的遗传而无良好的环境,则其生长和发展,自然大受限制。反之,即使有极肥沃的泥土,而所种的却是极恶劣的种子,则其收获亦可想而知。

　　这个极浅近的比喻,可使我们知道遗传和环境相对的重要了。可是竟有许多遗传学家以为个人的成功或失败,与环境无甚关系。例如高尔登在《遗传的天才》一书中断定说:"我深信一人没有很高的天才,断不会成就很高的名誉";"天才高超的人,降而至于此处所谓第五等人,还能超脱一切社会阶级的阻碍,不感什么困难"。又说"除非人有高超的天才,单靠社会的特权不能成为才人"①。高尔登本人是十九世纪的一个英国贵族,说出这样贵族气的话,尚可原谅,而二十世纪的科学家桑戴克竟也一搭一挡地敲了一下"煞台锣",说:"他又从其他方面研究个人所以得到才智的原因,使凡注重训练机会而藐视血统者再无从置喙。高尔登本是世人所奉为目光正大的科学家,而其意见又根据于这许多个人的传记,我们对于他的信仰自无须过虑。"②

　　遗传论者所研究的居然要"使凡注重训练机会而藐视血统者再无从置喙",我们自然要看一看他们所研究的是什么,是否使我们再无从置喙。

---

　　① 桑戴克著,陆志韦译:《教育心理学概论》,上海:商务印书馆1932年版,第427—428页。
　　② 桑戴克著,陆志韦译:《教育心理学概论》,上海:商务印书馆1932年版,第428页。

三、遗传论者对于智力的研究

高尔登为要找出名人的才能是由环境造成的，还是由遗传而得的，便着手统计地位显赫的名人的人数，和他们亲族之中地位同样显赫的名人的人数。"时在一千八百六十多年，其报告见于所著《遗传的天才》一书。他选择了九七七位有才智的人，论其地位，四千人之中只有一个；然后查考各人的亲戚的事业。计其亲族中同他们占同等的地位者凡父八九人，兄弟一一四人，子一二九人，三项共三三二人；祖父外祖父五二人，孙、外孙三七八人，伯、叔、舅五三人，侄、甥六一人，四项共二〇三人。九七七个寻常的人要有这种地位的亲戚，恐怕父子兄弟共只一人；祖、外祖、孙、外孙、伯、叔、舅、侄、甥，共只三人。高尔登以为有天才的文学家和美术家有了这种地位的亲戚，绝不是因为他们有优秀的训练机会。"①

高尔登根据统计，以为九百七十七个寻常的人，只有四个亲戚是有天才的；而九百七十七个天才，却有五百三十五个亲戚是有天才的，可见天才自有天才的血统，绝不是靠着优秀的训练机会。其实，即使不用统计，我们也可想象得到。例如苏老泉的文章很好，因此苏轼、苏辙、苏小妹、苏小坡等的文章也都不错。高尔登便会说苏家的文章好，并不是因为他们有优秀的训练机会，而是因为苏家的血统内有"锦绣文章"的胚种。

此外又有一个研究，是统计爱德华兹（Jonathan Edwards）望族中的人，结果也是一样，即："望族中多闻人"。

桑戴克又引武咨博士（Dr. F. A. Woods）的研究来证明遗传比环境更为重要。在一九〇二年与一九〇三年，武咨登载《皇族中智慧与道德

---

① 桑戴克著，陆志韦译：《教育心理学概论》，上海：商务印书馆1932年版，第426–427页。

的遗传》一篇大文章，报告其调查欧洲皇族的结果。他从欧洲皇室中选择了六百七十一人，照智慧和道德的程度，把他们分为十等。而考查其智慧和道德的相似之处。武咨的结论是："总而言之，论到理智的生活，环境是全不适当的解释。即使环境解释了在某种事实上的某种特点，而尚有更多的特点便不能解释了。反之，遗传不但能解释一切（至少百分之九十）理智方面的事实，而且愈不讲环境，愈能解释圆满。所以，我们不得不断定说，凡可以用十等阶级来测量的理智活动的分别，是因原始的胚种的不同而早已预先注定了的。"① 其意以为天子与庶人的理智生活之所以不同，不能用环境来解释，最圆满的解释是因天子有天子的胚种，庶人有庶人的胚种，其间的分别是早已命运注定的。

桑戴克又说："高尔登又证明历来教皇的蛭子其才能不能与天才的亲生子相比。"② 可见照遗传论者，如高尔登、武咨、桑戴克等的意思，教皇应是世袭的，民主国的总统不是世袭的，所以不及欧洲的皇族来得聪明。"龙生龙凤生凤"洵不诬也。

至于"贼养儿子掘壁洞"，亦有专家的统计。达格对尔③和伊斯特勃鲁克④研究朱克一家堕落的历史，可作研究望族或皇家的对比。达格对尔从各种市民的、社会的，以及罪犯的档案中得到许多材料，再加亲自会见朱家的人，来研究朱克一家从一八七五年至一八七七年的历史。伊斯特勃鲁克继续达格对尔的工作，来研究朱家从一九一二至一九一五年的状况。二人的研究由伊斯特勃鲁克综述如下⑤。

达格对尔研究七百零九人，其中五百四十人是朱克血统，一百六十九人是与朱家结婚的其他血统。据他的推算，从最初的六姊妹到现在，

---

① Thorndike, E. L, Educational Psychology, Briefer Course, 1925, P. 364.
② Thorndike, E. L, Educational Psychology, Briefer Course, 1925, P. 361.
③ Dugdale, R. L., The Jukes, New York, Putnam, 1877
④ Estabrook, A. H., The Jukes in 1915 Washington, Carnegie Institute, 1916.
⑤ Davis, R A., Psychology of Learning, 1935, P. 17.

如能个个查得出，应有一千二百个后裔。即以其所研究的七百零九人而论，其中一百八十人是靠救济而生活的……一百四十人是犯罪的，六十人是习惯的窃贼，七人因谋命而舍命，五十个妇女是普通娼妓，五十个患花柳病的妇女使四百四十个人也受传染，三十人是私生的。——从一八〇〇年以来七十年中纽约州因这一家心理的和社会的堕落者共费去一百三十万八千元美金。

这次所研究的包括二千八百二十人，达格对尔所研究的人也在内。其中二千零九十四人为朱克血统，七百二十六人为与朱家结婚的其他血统，在这二千零九十四人之中，三百六十六人是赤贫的，一百七十一人是犯罪的，十个人因谋命而舍命。在学校时六十二人功课颇好，二百八十八人功课尚可，四百五十八人功课比常人落后两三年。一百六十六人从未进过学校，此外在学校的档案中找不到其余一家人的记录。此外，尚有二百八十二人是醉酒的，二百七十七人是做娼妓的。——纽约州为他们所费去的钱，总数约计二百零九万三千六百八十五元美金。

这两个关于堕落家庭的遗传研究，对于资本主义的社会人士是极动听的。如果国家能禁止这种堕落的人再传后裔，则国家便可省却不少的金钱。遗传论者如有独裁的权力，则这种"赤贫的""靠救济而生活的""做娼妓的""患花柳病的""做窃贼的""功课比常人落后两三年的"不但不应受教育，简直须立刻枪毙，免得他们的"胚种"传到后代，来花费国家的金钱。

四、遗传学说对于教育的应用

一个人的出息和没出息，既在父母交媾时已注定了，则那些具有出息的胚种的优秀者便当给以高等的教育，那些由没出息的胚种而长成的人，根本用不着读书，更用不着成人教育。所以当今教育心理学第一个红人桑戴克在最近出版的《成人的兴趣》中说："凡年龄已达到二十一岁而在过去又已经受过很多教育的人，我们应该继续给他们受教，凡年龄在二十一岁以上而受过很少的教育，那末，这些很少的教育，即是他们所需要的教育。就好的方面言之，成人教育平衡的实施，完全是一种不合理不公平极残忍的办法。就坏的方面言之，用教育来补足先天能力的缺憾与过去的不努力，真是一件最可笑的顽固事情。在能力较强与愿意用功的人，没有得着成人教育的机会之前，就是连很微小的成人教育，也不应给予那些不配受或不会善用的人享受。"①。

若是中国教育部根据桑氏的学说办学，则在大学教育尚未办完美之前，小学教育，民众教育等都是不应该办的。因为只有像"举人""翰林""状元"等的才人，才可继续受教，那些"田舍郎"和无知工人是"连很微小的成人教育"也不配享受的。

遗传论者既认定皇家有皇家的胚种，窃贼有窃贼的血统，自然主张社会是有阶级的；"民可使由之，不可使知之"是极合科学的真理，所以桑氏又说："全时制教育，以父母的经济地位为转移，确有许多该批评之处，但亦有它的优点。富有的家庭的子女，同时也有势力，设其他条件相同，他比较普通的人，更能充分利用他所受的教育。在理想的环境之下，不拘种族、家庭、友朋、众望、财产、爱好势力及其他无关重要的事情，势力与能力及专心是相联的。在这种种理想的情形之下，教育就可以单独按照能力与专心而分配。但财产既可以产生普通势力，设其他条件相等，一个家道富有的儿童，就是教育的较好接受者。设成人教育，对于选择学生，能以此为依据，不偏不倚，则对于社会的利益较大，因为受教育的，都是社会有力份子而不是社会的弱者。同样的，设一个社会，有统治阶级，那末，我们就这个阶级中选择一千个人，使他们对于科学与应用艺术，有相当的训练，其对于社会的贡献，比较让

---

① 桑戴克著，陈礼江、喻任声译：《成人的兴趣》，上海：商务印书馆1940年版，第166页。

被治阶级中一千个人受同样的教育要大得多。设我们知道何人将来必能成为实业家，劳工领袖，戏剧家，美国国会参议员，以及其他政府或社会的重要份子，那就应该充分地供给他们科学上及其应用知识的训练，虽远超过二十一岁，亦在所不惜。"①

由此可知，若我们认定学习的能力是遗传的，那末便不得不承认"家道富有的儿童"或说"富有的家庭的子女"应多受教育；而家道贫穷的人是"社会的弱者"，亦即是"被治阶级"，他们是"不配受教育的"。话虽如此，"社会的弱者"和"被治阶级"不应灰心，因为学习的能力或智力是否完全属于遗传的尚成问题。我们且再来看一看环境论者的研究，作为比较。

五、环境论者对于智力的研究

环境论者却以为严格地说来，除身体的构造以外，心理的遗传是没有的事，所谓"白痴""下愚"大多是由于生后遭遇疾病或其他的不测事故而变成的。路透②批评爱德华兹望族的研究和朱克一家的研究说，"出名的亲戚没有像约拿丹爱德华兹的亲戚那样多的人，而才能比爱德华兹更高的人，要挑几千个也办得到。倘使（爱德华兹）一族的家谱能够收集完全的话，则其中要找出几百个下愚者，犯罪者，赤贫者，以及一无用处者，亦属可能；而且也可用研究朱克一家的同样方法，可有同样的确度，来证明爱德华兹一家和朱克一家是不分上下的。"声名显赫的亲戚之中有天才，说是因血统的关系，则其中也有中庸的低劣的亲戚，难道便不是因血统的关系了么？"鲧生禹"可证明天才不一定是天才所生；"诸葛不生诸葛子"，可证明天才的儿子也不一定是天才。这

---

① 桑戴克著，陈礼江、喻任声译：《成人的兴趣》，上海：商务印书馆1940年版，第166-167页。

② Reuter, Edward B., Population Problems, Lippincott Co., 1937, ch. 15.

便是路透所说,"这是很明显的,天才是普通人类中产生出来的,他们也会生出平庸的后裔。"路透在论"社会的遗传和先天的能力"一章中说,"所谓贵族的特性是虚构的故事,用以教训剥削者和被剥削者的,他们却都高高兴兴地信以为真。每一国家中的贵族阶级都以为他们是另有渊源的,都以为他们的血统是比平民的血统优秀得多。这种信仰都是出于意气和传说,并不是基于事实,是不能证明的。我们只要看一看贵族阶级的成就,更可证明贵族特性的遗传是不能说服人的。贵族阶级的机会多么好,却在他们之中从未有过惊人的文化发明。"①

环境的重要又可从孪生儿和螟蛉子的种种研究上看出来。研究孪生儿的都承认孪生儿的年龄越小,他们越相似,年龄越大,越不相同。可见孪生儿身体的相像是遗传的,后来因年龄增加,心理上的区别,却是因环境的关系。华德生（今译为华生——编者注）②是注重环境的,关于孪生儿的研究,他说:"做父母不能对待两个孩子完全相同；他们待遇第二个孩子不能和待遇第一个孩子一样。同卵孪生儿（Identical twins）的面貌和声音几乎是分不出的,他们的环境又是最相似的。除非其中一个另遭事故,他们的行为亦最类似。但是假使他们在早期便被拆散,使他们在极不相同的家庭中长大起来,则他们的组织亦大不相同。不同的特性即使同在一个环境之中,怎么仍会不同的呢?这是因为天下没有同一的环境这样的一回事。"

福礼门③研究蛉子的智商,以为做父母的有了孩子,却无力养育他们,不得不送给别人做蛉子,则其经济状况,社会效率,以及理智状况必比常人为低。这些儿童在未被人领去之前,因环境不良受了种种限

---

① Reuter, Edward B., Population Problems, Lippincott Co., 1937, ch. 16.
② Watson, J. B., The Behaviorist Looks at instincts, Haprers' Magazine, July, 1927.
③ Freeman, F. N., The effect of environment on intelligence, School and Society, 1930, 31: 623-632.

制，其智力自受影响，其智商必比通常的儿童为低。直至领去以后，那收养他们的人家在经济的和社会的效率上，总比较好些，如环境可以增进智力，则他们的智力必有变改。福礼门在四百零一个蛉子之中，居然找出他们平均的智商为97.5，等于一般儿童的平均智商。

他又研究蛉子被良好的人家所收养和被比较贫穷的人家所收养，在智力上有无差别。蛉子之中他又分为平常的孩子和私生子两种。统计的结果是这样的：平常的蛉子养在良好的家庭中的，其平均智商为101，养在贫苦人家的其平均智商为89。私生子而为蛉子，养在良好家庭中和贫苦人家的其智商的差别尤大。再者，若环境可以增进智力，则蛉子被收养的迟早，于其智商亦必有关系。于是福礼门又把蛉子之中分为五岁以前收养的和五岁以后收养的两组。他计算出五岁以前所收养的蛉子，其平均智商为96，五岁以后所收养的蛉子其平均智商为88。

雷斯德①转引福礼门（钟译作胡里门）的研究说，"……胡里门研究从小就分离教养的三对同卵孪生儿，结果有二对的智力商数确极相似，然其他一对则极不相同。这一对的不同的发现，实可打倒所谓遗传对于智力发展有绝对重要性的信念。"

除上述的孪生儿和蛉子的研究，证明环境可以增进素来认为恒定的先天的智力以外，又有一个"船户儿童智商的研究"更足以推翻高尔登、桑戴克等的遗传学说和天赋智力的臆说。运河中的船户，有些像中国的"堕民"，他们终年生活在船中，自成一个阶级，与外界人士，社会文化等的接触机会极少，所以就社会地位，经济状况，教育程度数端而论，他们是遗传论者所斥谓"卑劣者""弱者""不配受教育者"。若

---

① 雷斯德著，钟鲁斋、张俊玕译：《现代心理学与教育》，上海：商务印书馆1937年版，第122页。

用智力测验来测量他们的学习能力，则他们不是下愚者便是中愚者。戈登①要找出他们之所以如此低劣，究竟是为了遗传的关系呢还是为了环境的关系。他果然找出船户儿童的智商远不如平常的儿童。可是在测验上，他发现了这些儿童智商的低劣是因环境所造成而非命中注定的。测验的结果是十一岁零十一个月的船户儿童，其平均智商为六十，这是上愚者的分数；可是五岁零十个月的儿童，其平均智商为九十，这是常态的智力。可见船户所生的孩子，其智力本是常态的，直到后来因环境恶劣，常态的能力无从发展，于是便不幸而被目为上愚者。

以上三种的研究——孪生儿，蛉子，船户儿童——可以使我们相信雷斯德的话，他说，"个人整个智力的发展，大约百分之四十四为环境因素所左右。无论整个智力的发展，是有百分之二十或百分之四十四受环境所左右，其数量总可使我们重视周围势力的重要，而且使我们知道研究心理特征的遗传，应该用各种不同的方法，不能只用遗传学家所研究的特征遗传为根据。"②

整个智力的发展既有百分之四十四为环境因素所左右，则教育便有极大的意义，教师便有极大的责任，改良环境便比淘汰"赤贫者""社会的弱者"或"不配受教育者"更为重要。这个学说再推演开去，则人人应有受教育的机会，即使早年失学的也应给以补习的机会。如果机会均等，教育民主化，则无阶级的社会亦有降临之一日。可见遗传论即是命运注定论，是统治阶级压迫劳苦大众的工具，环境论即是"人定胜天"论，是解放大众的福音。

---

① Gordon, Hugh, Mental and scholastic tests among retarded children, Board of Education, London, Educational Pamphlet, No. 44, 1923.

② 雷斯德著，钟鲁斋、张俊玕译：《现代心理学与教育》，上海：商务印书馆1937年版，第121页。

六、总述

　　见了一种现象即推论他种性质相同的现象，有时是可能的。若因一种现象而即推论其他性质不同的一切现象，这是很危险的。遗传论者见了黑奴所生的子女，成色总是黑的，嘴唇总是厚的，这不是遗传的铁证么？因此便推论黑奴所生的自然也是奴隶，皮色以及身体的构造既是遗传的，所以"奴性"大概也可遗传的。这未免推论得太放肆了。近代的心理学家自然也承认有遗传，不过那只是生理的遗传，至于心理特点的遗传，例如智力学习的能力，和道德、人格等则不承认是生来便注定了的，而是因各种环境的因素所造成的。

　　遗传论者统计优秀的家庭和堕落的家庭的子孙，视其在社会上的成功和失败来断定其血统的优劣。其所研究的自然极其可靠，而其解释和推论则因主观的地位关系，非常牵强。他们种种的统计和研究，不但毫无价值，而且根本是多余的，因为这些统计，等于统计富裕人家和贫苦人家的经济状况，其结果早可预料，即：富裕的人家是有钱的，贫苦的人家是没有钱的。例如在武咨所研究的皇家的统计中，没有做娼妓的女子，也没有做小偷的男子。"掘壁洞的"不是欧洲的皇族中人，而是纽约州朱克家中的赤贫者。所以遗传论者所研究的反足以证明环境的重要。

　　智力恒定论者相信智力是先天的，无可更改的。他们用智力测验来求出各人的智商，把人类分为从天才至下愚者种种等级，这种办法环境论者也认为无可非议，但有不同的见解，即一个人的智商是他在受测验时的智力程度，并不是先天所注定的能力，这程度是可以提高的。孪生儿，螟蛉子，以及船户的几种研究已证明改良环境可以增进智力。

　　反民主主义的"教育家"以似是而非的实验为借口，只鼓励家庭富裕的子女多受教育，因为他们生来便是优秀者有势力者。贫苦的人，在他们看来是社会的弱者，生来便是劣败者，所以不配享受教育。若国家一视同仁也给他们受良好的教育，这"真是一件最可笑的顽固事情"。

环境论者已证明智力是可以增进的，"贵族的遗传特性是虚构的故事"，所以改良环境，普及教育，是民主国应当尽力办理的事工。儿童的造就或没出息不能诿诸父母的胚种，应由指导者和教育者负其全责。若国家上了轨道，使人民在教育上经济上有均等的机会，则不但"龙生龙，凤生凤"，即贼生儿子也可成龙凤。

悬梁刺股

——疲劳的研究

据说楚国有个极用功的大学生，名叫孙敬，专用功于"写经"。写经写得要打瞌睡，未免太不争气，于是用一条绳子"悬头于梁"。那末他的头一垂下去，便被绳子拉住，不得不醒来再写经。孙敬的办法还是和善的，苏秦的办法更凶了。他在读书时也和孙敬一样，常要打瞌睡，于是一手按书，一手拿着一枚锥子，每将瞌睡时，便"引锥自刺其股，血流至踝"。刺得血要流到脚踝，头自然痛得不能睡了。中国历来做父母的或做师长的常引这悬梁刺股的故事，来勉励子弟们努力读书。不过我们从未见过儿童模仿着孙敬或苏秦来悬梁，来刺股，至少报上没有登过这种新闻。可见现在的学生没有像这两位先贤一样的用功抄书或读书。

"悬梁""刺股"的故事，一见《楚国先贤传》，一见《国策》。我们也不去管它是否可靠。只可惜这两处都未记载他们悬过梁，刺过股的那一夜，抄书或读书的成绩如何，第二天的健康如何；也未说明他们只寻寻开心玩过一次的悬梁或刺股呢，还是天天如此，时时如此的。无论如何，照现在科学的研究说来，他们这种办法，不但有害于身体，而且

·169·

其成绩也决不会好的。这两位先贤若非本来是爱睡的，便是疲劳得非睡不可，以致设法使自己欲睡而不得。我们要用功读书，而且要用功得有良好的成绩，须防止疲劳，而悬梁刺股却只增加疲劳。

这两位用功朋友确实疲劳极了，可是他们还想继续努力，这叫作"心有余而力不足"。但现在的学生呢，有许多一拿起书本，便觉得疲劳了，他们颇懂得卫生，以为既已疲劳，便须休息，于是懒洋洋地吟着"春天不是读书天，夏日炎炎正好眠，待得秋来冬又到，收拾书包过新年"。这叫作"力有余而心不足"。"心有余而力不足"是生理的疲劳甚于心理的疲劳，"力有余而心不足"是心理的疲劳甚于生理的疲劳。而为疲劳则一。因为我们如认生理与心理有相互的联系，则所谓生理的和心理的疲劳，不过是疲劳的两方面并不是两种不同的、各自独立的疲劳。

一、什么是疲劳

疲劳是由于继续不息的心理活动或生理活动而产生的一种状态。心理学家常以工作效率的减低来测量疲劳的程度。所以迈尔士[①]解释："疲劳为有机体因继续工作而减低效率的状态，这种状态可藉休息胜过之。"这不过说明一个人因疲劳而减低了工作的效率，却没有解释疲劳是什么。原来历来研究疲劳问题的专家，各有各的理论，到底哪个理论是对的，谁也不敢武断。例如毒素论者说，有机体继续活动便会产生有机毒素，身体上的细胞因此瓦解了。同时，有机体藉着新陈代谢作用，把化学的毒素除去，补充新细胞。若是除去毒素的工作还赶不上产生毒素的工作，或新细胞的产生还来不及补充旧细胞的瓦解，其结果便是疲劳。在十九世纪末叶，克洛芮克（Kronecker）[②]用电流的刺激来研究青

[①] Myers, Industrial Psychology, Ch. on Fatigue.

[②] Yoakum, C. S., An Experimental Study of Fatigue, Psychol. Rev, Monog, 1910, 7. No.46.

蛙的腿部运动。电流刺激继续不断，直到青蛙的腿疲劳得不能再有反应。那时若用盐水洗其腿部，或用按摩，或增强电流的刺激，则青蛙的腿便能恢复其一部分反应的能力。这个实验使人相信疲劳的毒素说，其意以为肌肉的活动产生乳酸，碳酸钾，磷酸，和碳二氧，这些化学素进入血管，因此减低工作的效率。若把这些化学物的任何一种注射到肌肉内，便会发生疲劳状态。反之，若增加血液循环的速度，增加氧气，加速新陈代谢作用，那末毒素便可除去，疲劳亦无多大坏的影响。

毒素论一出来，便产生了抗毒素论。有人在疲劳时一遇到意外的事情，便会忽然发生奇异的能力来。我们都知一个素来柔弱的女子，遇到家中失火，搬运东西的力气突然增加，而且当时也不感觉到疲劳。照抗毒素的说法，人在某种情境中，肾上腺（Adrenal Glands）会分泌出抗毒素来。这种理论经过了多次的实验都是成立的。例如把儿童分成两组，在两个课室内做艰难的算题，一个房间里含有抗毒素，另一个是普通的房间。结果，那些吸入抗毒素的儿童，其疲劳程度大为减少。因此有人以为有兴趣的工作，或有酬报的工作可以胜过疲劳，也是为了兴趣和酬报的刺激产生了抗毒素。

综上所述，我们可以说：疲劳是为了活动过度而产生了化学的废物。缪孝（Muscio）[①] 的两种说法可以代表关于疲劳的理论。（一）疲劳可说是有机能力的一部分已化为热或工作的状态。（二）疲劳可说是有机体因活动而产生了化学的毒素的状态。

二、生理疲劳和心理疲劳

以上大略说明疲劳的一般的性质，至于生理疲劳和心理疲劳既然同是疲劳，又发生于同一的人，我们怎能分辨得出呢？大卫斯[②]以为疲劳

[①] Muscio B., Is a Fatigue Test Possible? Brit. J. Psychol. 1921, 12: 31-46.
[②] Davis, R. A. Psychology of Learning, 1935, 274, 5.

是生理的也是心理的。例如我们平常说"倦于工作"或"为工作所倦"（Tired of work, tired by work）这两句话可代表疲劳的两方面。"为工作所倦"是指生理的状态，"倦于工作"是指心理的状态。可见心理疲劳一大部分是主观的，包括怠倦，心理惰性，厌烦，无聊，烦躁。心理疲劳显而易见的现象是注意力减少，思想难以集中和反应迟缓。在情绪方面便会发生躁动、忧虑和厌烦。心理疲劳自然也会减低工作效率，但不一定便指示工作能力的减低。若是效率减低而能力并不减低，这便是"非不能也，是不为也"。心理的疲劳是常可克服的，有时只要改变态度或引起动机，如增加兴趣或酬报，便可减少疲劳的程度。

至于生理的疲劳，其最显而易见的现象是肌肉失调，姿态拙劣，肌肉扭曲，痉挛，麻木，等等。到了这时，常有要伸一伸懒腰的需要。生理疲劳是比较客观的，所以可以用客观方法来测量。生理疲劳最好的补救，便是松弛、休息，或睡眠。这样说来，生理疲劳和心理疲劳似乎各不相同。其实不然，它们之间有机能上的关系。轻微的生理疲劳，只要环境良好，可以刺激心理活动；而极度的疲劳可影响全身的组织失去能力。据说在前线继续血战数昼夜的兵士，在调回来时，因极度的疲劳，一面在行列中走着，一面却已睡着了。那时在走的并不是能思想的个人，而是一架自动机罢了。极度的生理疲劳使心理活动也失了能力。所以悬梁写经决写不好，刺股读书决读不好。否则，他们的生理疲劳尚未到了极度。同样，心理疲劳也会减少生理活动的能力。例如忧虑和厌烦不但有害于身体，且使工作的效率减低。

三、疲劳与工作效率

一个人已经疲劳了，还能工作么？这要看疲劳的程度和工作的性质而定。若是用脑的艰难工作，例如做心算，四位数互乘四位数，是很费脑筋的。到了极度疲劳便不能再继续了。盆忒①实验素来会做心算的人，继续用四位数乘四位数，直到疲劳得不能再继续下去，于是改乘三位数。照理，用心算乘三位数，比乘四位数容易得多，"被试"若疲劳得不能乘四位数，则改乘三位数总可以的。盆忒自己是"主试"也是"被试"，试验的结果使他断定说，人到了极度疲劳时，任何继续的活动是不可能的。

一种工作继续不息，其效率会否减少？减少多少？这里所谓效率，是包括工作的量和质，例如做心算，则须看作每问算术所费的时间和答案的正确。如时间延长了，答案中有错误，或时间并不增加而错误多了，这便是效率的减低。桑戴克②选述荒井女士（Arai）的试验，来研究心理疲劳。她继续不息做四日心算，都是用四位数乘四位数。我们只看她每做一组四问心算的乘法所需的时间，便可知道她的疲劳状态。第一组平均需时 20 分钟，第十七组平均需时 47.1 分。平均算来，开始八问共需时 43.9 分，最后八问共需时 93.8 分（见陆译第三百四十二页）。桑氏以为"无论用何种方法计算，长时不休息的工作总是使时间超出二倍以上"。一天之中开始工作与最后工作竟使时间超出二倍以上，其间身体上当然也有疲劳，而继续不息做同样的工作，在心理上难免不发生厌烦和无聊，因此心理疲劳更使效率减低。如能改换工作，另造兴趣，心理疲劳便可克服一大部分，工作效率决不致减低一半。

若是长时不息的工作使时间超出三倍以上，即效率减少三分之二以上，那末，我们在未做任何工作以前精神焕发的时候，所学习的，比之已做了一日的工作，再开始学习，其成绩，应超过晚期的工作二三倍

---

① Painter, W. S., Efficiency In Mental Multiplicaion With Extreme Fatigue. J. Educ. Psychol, 1915, 6: 25-30.

② 桑戴克著，陆志韦译：《教育心理学概论》，上海：商务印书馆 1932 年版，第 337-343 页。

了。换言之，做了一日的工作，再上夜课，成绩决不会好的了。许多人也以为早晨学习一小时可抵过晚上二三小时。其实这种假设是没有根据的，只要不是继续不息地做单调的同样的工作，则晚期的学习比早期的学习，其成绩的差别决不会像一般人所意想的那样大。摩尔根①研究两组学习者的记忆，甲组在他们未疲劳时便开始学习，乙组在长时的工作之后才开始学习。两组学生各学习四小时的德文单字。过了两天给以同样的测验以作比较。测验的结果，甲组的成绩比乙组只超过百分之十八，而不是百分之一百以上。因为乙组的学习者既已做了长时的工作，身体自然比尚未作工的甲组较为疲劳，可是在心理学习上，其相差的程度也不过百分之十八罢了。

四、工作的曲线

工作的曲线是指工作的效率在不同的时间上有不同的升降。有人以为开始时，工作的效率较高，这是因为"开工促进"（Initial spurt），这个假设是毫无根据的。即照平常的观察而论，在工作开始时，还须耗废一部分的时间和精神，作为心理上的预备。俗语所谓"要定一定神"，以后才可集中注意力。开始工作以后，进步较速，即所谓"事情办得渐渐得手"（Warming-up）。"渐渐得手"时期以后，效率渐渐减低，那时即使只有五分钟或十分钟的休息，还可再来一个"渐渐得手"时期，以后效率递减，直到完工之前又增高效率，这叫作"完工促进"（End spurt）。因为工作者自知工作即将完毕，以后便可休息便可自由了。心理上顿觉舒适，于是工作上现出促进的状态。

盖次②测验的结果，以为早晨最后一时期和下午中间一时期为全日

---

① Morgan, John P. B, Effect of Fatigue on Retention, J. Exper. Psychol. 1920, 3: 319–333.

② Gates, A. I., Psychology For Students of Education. Macmillan, 1931.

中最使学习者有进步的时间；早晨和下午的初期为最坏的时期；心理机能在早晨初期以后逐渐进步，直到将近中午；下午第一时效率减低，以后渐渐得手，到三点钟以后递减。斯退涅①研究学校上课时以哪一时期效率最高。他的结论是：早晨上课后，工作的曲线逐渐上升，继续三小时，到了极点；中午以后至下午第一课以前，其间的休息，使精神恢复不少，所以下午上课尚能维持中午时的效率，以后递减；直到将近四点时，以后的下降更为明显。

我们已知继续不断地工作，会使人疲劳，休息可以恢复精神，可是一个人能继续工作几小时才需要休息？休息应需多少时间呢？这两个问题却因各人的个性不同，不能一概而论。"例如一人有一千问加法要做，可快快地，继续不息地把一切做好，然后休息；或用普通速度，宁可不休息；或先前做得很快，渐渐减慢；或中间间以一千回休息，每回二秒钟；或间以十回八回休息，每回三四分钟；或用其他种种变化无穷的方法；总之以产生心理成绩为是。……某甲性不喜躁急，宁可一点一滴地休息，某乙别有所图，苦无暇时不能从心所欲，宁可完工之后然后休息"②。所以我们只要与运动睡眠及其他的卫生条件不抵触，则工作与休息尽可随自然，能工作时尽可工作，不见效率的减少，无休息的必要。孔夫子的"发愤忘食"就是这个道理。

五、疲劳的预防

所谓疲劳的预防，不外乎尽量设法除去使人疲劳的原因，这是包括生理的和心理的两方面。略举六条如下：

（一）须有适宜的运动。继续不息的活动，固然使人疲劳，而继续

---

① Stainer, W. J., Rate of Work In Schools, Brit. J. Psychol. 1929. 19：439-451.
② 桑戴克著，陆志韦译：《教育心理学概论》，上海：商务印书馆1932年版，第358-359页。

不息的不活动，更会使人疲劳。儿童有剩余的能力，若不能设法使之发泄，这是使他疲劳的最大原因之一。即如疲劳后的休息而论，也并非单指坐下来或躺下来"静止的休息"，这种静止的休息只于肌肉的疲劳是适宜的。至于心理工作的疲劳，有时须用"动的休息"来补偿，所以每日适宜的运动，便是防止疲劳之一法。

（二）须有充足的睡眠。儿童和成人都应有适宜的睡眠时间。睡眠不但可以补偿一日的疲劳，也可预备次日工作的精神。若是晚上已觉极端疲劳，还要勉强工作，不但工作的效率大为减低，即第二天的效率也受影响。"悬梁""刺股"不但增加当日的疲劳，而且连以后几天的精神也被剥削了去，所以可说是极笨的学习法。

（三）须有适宜的工作环境。即以学生读书而论，课室光线的强弱，光线射来的方向；座位，桌子的高低大小；室内室外的声音；室内的温度，空气的流动等等，都须顾到。学校内或家庭中自修的环境恶劣，均使学习者易觉疲劳。

（四）须有更好的生理卫生。儿童吃食太多，或饮食无定时；衣服穿得太多，或太紧，都是使儿童易感疲劳的原因。有些家长巴不得子女吃得多，甚至无限制地与以闲食，以为吃得多可以长得快，而不知过食反使他消化不良，因此易于疲劳，学业退步。衣服不在华丽，须以适身为是。儿童长大得很快，所以小学生之中衣服穿得太小太紧太短的，几乎触目皆是，而不知衣服太紧有碍血脉的流通，因此易使儿童疲劳，做家长的不可不注意这一点。

（五）须有适宜的工作。学校的行政人员及家长须顾到儿童的学习能力。工作太艰难，则即使儿童努力上进，勉强去跟随同年级的学生，而效率反因疲劳而减低。反之，太容易的工作，使学习者失去努力的兴趣，因此容易发生心理的疲劳。不但儿童在学校内当有适宜的工作，即成人或自修者亦须选择适合其能力和程度的工作。工作太容易或太艰难都可使人易感疲劳。

（六）须有最好的心理卫生。烦闷，无聊，以及忧虑，都是心理疲劳的重要原因。所以在学习者方面应时时抱着乐观的态度；在施教者方面应引起学习者的兴趣。例如使学生知道自己的进步，使他常有工作完成的满意和愉快，时时鼓励他，以除去学习者心理的疲劳。责骂和刑罚只能增加儿童的疲劳，称赞和鼓励可以引起学习的动机。儿童对于所学习的事物，只要有兴趣，他们真的会"乐而忘倦"的。

六、总述

综上所述，可知悬梁刺股是不合现代的学习心理，因为他们已到了疲劳的极度。反之，能力过剩而无法利用，亦会使人感到不舒服，厌烦和无聊。前者是因继续不息的活动而产生疲劳，后者是因不活动，不努力而产生疲劳。因继续活动而得的疲劳，须以"静止的休息"来补偿；因静止而得的疲劳，须以"动的休息"来补偿。所谓"动的休息"即指非单调的活动。乃是有兴趣的努力。努力过度的疲劳，大都是生理的；不努力的疲劳，大都是心理的。二者的补救法不外乎生理卫生和心理卫生。真实的疲劳使工作的效率减低，与其继续干着效率低劣的工作，不如及时休息以恢复精神，使工作上再来一个"渐渐得手"时期。至于工作的曲线和休息的时间，则全看工作的性质和个性的差别而定。就大体而言，我们只要与生理卫生和心理卫生不相抵触，则能工作时尽可继续工作。如工作的效率并未过于减低而即怕有疲劳，因此勉强停止工作，这是无谓的休息，这种人亦可说是神经过敏。末了所举的六条预防疲劳的方法，亦即使我们注意疲劳的原因而已。

水来土掩

——心理卫生

"水来土掩"是鲧的治水方法。结果，土掩不住水，洪水还是泛滥。这是中国历史上第一个大教训，到了现在已有四千多年，照理我们应当知道大禹的"导水入海"的方法是比"水来土掩"来得高明。可是我们教育儿童所用的是什么方法呢？不是"任其泛滥"，便是"水来土掩"，能采用"导水入海"方法的，恐怕不多。放纵儿童任其妄作妄为，根本无教育可言，这是谁都知道的。但是"水来土掩"的方法，却还有许多教育家认为是值得维持的。主张严格训练的教师和家长只知用"禁条"来管束儿童，把儿童的活力抑制下去。儿童的变态心理大半是这种教育所造成的。精神分析学派的教育家认为抑制情绪有碍人格的发展，固然不必说了，即客观派的心理学家也以为抑制儿童的行为，反使他养成不良的习惯。这里所说的变态心理，并不是指厉害的神经病，如疯狂痴癫之类，乃是指畸形的人格或不良的习惯。用通俗的话语说来，便是"性情古怪""行为恶劣"。无论在家庭中或学校中都有这种儿童。我们为要教导他们，不得不懂得一些心理卫生的意义。

一、心理卫生的意义

精神分析学派和客观派的心理学家都研究心理卫生，而且都着重环境的改造，不过对于变态心理的解释，各有各的说法。精神分析派学者解释行为的变态，是为了本能的欲望，或称"私我"（Id），受了环境的抑制，或"自我"（Ego）与"超我"（Superego）的压迫，不能发泄，因此暂时逃入下意识去，却并不消失其驱动力，而且愈受抑制愈有力量；这样下去，那些避入下意识的受抑制的欲望，逐渐变成了一种下意识的人格，与意识的人格对抗起来，便产生了二重人格的冲突。第一种人格叫他做这样，第二种人格却叫他做那样，一个叫他诚实，一个叫他说谎；一个叫他服从，一个叫他叛变。因此每每引起心理的烦恼，和精神的错乱。

客观派的心理学者却否认本能的欲望，而以习惯的冲突来代替二重人格的解说。一个人有了矛盾的习惯，也会引起心理的烦恼和精神的错乱。例如一个娇生惯养的儿童，事事以自我为中心，这种个人习惯与社会习俗发生了冲突时，若勉强屈服，不免发生心理的烦恼；若不肯屈服，又不免发生倔强的行为。不论是烦恼或是倔强，都不为社会所嘉许，心理的困难便因此而生。所以，精神分析学者以调和本能的欲望与社会的标准为心理卫生，客观派的心理学者以养成各种相符的习惯为心理卫生，说法虽各不同，而目标则一。我们不想在这里详述心理卫生的派别，只以实用为主，来讨论儿童的不良习惯。

二、儿童的不良习惯

变态与常态，初无严格的界限，同一的行为有时认为是变态，有时却认为是常态。例如学龄儿童喜爱吃零食，喜爱玩耍，喜爱母亲，自然都是常态。但是他若专吃零食不肯吃饭，专爱玩耍不肯读书，专爱母亲不愿和他人做朋友，这便是变态的行为了。你喜欢唱歌，谁也不能说你是变态。若你在半夜里也唱起歌来，不顾到别人的睡眠，那你便是变态了。所以变态心理或变态行为，可说人人都有一些，不过分量不同罢了，只要你的变态程度不妨碍他人，不与社会习俗发生冲突，变态亦作常态观。儿童的变态心理也是如此。儿童变态心理的具体化便是儿童的不良习惯。

布拉兹和波特[1]把儿童在课室中的不良习惯分类如下：

儿童的不良习惯分类表

（一）不服从

a. 轻微的——应答迟慢，态度不高兴，课室内犯小规。

b. 重大的——故意违抗命令，拒绝体罚。

c. 写小字条。

d. 不做指定的工作，而做其他的工作，看小说，在课内做课外工作。

e. 不可靠——一般的不顺从的态度。

f. 忘带笔记簿和书籍。

g. 吃闲食，糖，水果，或橡皮糖。

（二）无秩序

a. 排队不守秩序。

b. 拽足而行。

（三）不诚实

a. 偷窃。

b. 舞弊。

c. 说谎。

---

[1] Blatz, W. E. & Bott, E. A., Studies in mental hygiene of children. Ped. Sem., 1927, 34: 553–582.

d. 抄袭。

（四）不适应

a. 骚动——讲话，坐立不安，屡次无故告假离开课室。

b. 不注意。

c. 疏忽——疏忽功课和课外作业。

d. 懒惰——忽略课外作业。

e. 梦想。

f. 不良的体态——瘫坐。

（五）个人的不整洁

a. 手，面，衣，鞋污秽，生虱。

b. 书籍，练习簿，及其他所有物污秽。

（六）淫秽

a. 秽亵。

b. 淫秽的言语，诗歌，图画。

c. 与异性亲狎。

d. 性的不良行为。

（七）情绪的

a. 向同学夸耀。

b. 恫吓，捉弄。

c. 傲慢。

d. 愠怒。

e. 发脾气。

f. 自鸣得意——嬉笑，窃笑，唤啸。

g. 怯弱——易哭，极其羞怯，容易局促不安。

h. 打架。

（八）不守时

a. 迟缓——包括排队迟到。

b. 逃学——因父母不认真。

e. 逃学——父母不知道。

（九）毁坏

a. 学校财产。

b. 个人所有物或穿他人的衣服。

c. 伤害他人。

（十）收放皮带（恐指不时紧束裤带——译者）

（十一）其他

以上所举的不良习惯，轻则有碍于儿童人格的发展，重则侵犯他人的权利，于是教员和学校当局看过犯的轻重，而有记小过，记大过，开除等等的处罚。这种办法是否妥当，是另一问题，不在本文范围之内，不过做教员的以及做父母的对于儿童各种变态行为相对的严重性，应有一个正确的认识，以免以轻为重，以重为轻的错误处置。

三、不良习惯相对的严重性

威克曼[①]请五百十一个教员照自己的意见来评定儿童不良习惯严重性的等次，又请三十个心理卫生学者照他们的意见来评定等次，作为比较。他查出这两种人所评定的第次恰恰相反。因为教员所重视的是儿童的秩序和学业，却忽视他们人格的发展。换言之，即不以心理卫生为重。而心理卫生学者所重视的却是儿童的人格的发展。例如教员所最不喜欢的是儿童的反抗行为，扰乱秩序，不诚实等。总之，凡不利于教员的行为都认为严重的，例如向教员责问或反抗。只要不妨碍教员的工作，则都不以为意，甚至暗示其他学生应当如此，例如羞怯和恐惧的心理。教员看了胆怯的，退缩的，怕难为情的，不敢与教员为难的学生，

---

① Wickman E. K., Children's Behavior and Teachers' Attitudes, New York, The Commonwealth Fund Division of Publication, 1928.

还不把他们当作好学生么？然而心理卫生学者却认羞怯为极严重的病态心理，因为这种心理不适于社会的情境，有抑制的势力，使儿童的人格不能有健全的发展。说谎，梦想，悲哀，隐痛，烦闷，恐惧，歇司得里亚，以及卑劣情绪，都因此而生，至少因此而增加其强度。为了这个缘故，心理卫生学者把教员们认为无关紧要的"羞怯"，列为严重的不良习惯；而把教员们认为极其严重的"不服从"，列为不十分重要的问题。教员和家长若以儿童本人的发展为重，应采纳心理卫生学者的意见。

四、心理冲突的出路

尖锐的心理冲突之"无出路的出路"是精神病。除此极端的情形外，尚有两种：一是消极的顺应，一是积极的顺应。消极的顺应是设法逃避烦闷，积极的顺应是设法胜过烦闷。例如一个学生，英文程度远不如人，而且患了口吃，所以读音更不如人，于是这英文低劣的感觉引起了他的心理烦恼。他的消极出路是藐视英文科，不说英文教员不好，便说这种预备做亡国奴的洋话根本没有学习的价值。这样一来，他的烦闷便解除了一大半，甚至完全解除了。他或者向积极方面走去，加倍地学习英文，若因口吃读音不好，便努力于阅读的能力或写作的能力。万一英文课使他绝望，他便格外努力于国文，以补偿英文的缺憾，这样，他亦足以自慰了。儿童如此，成人亦如此，例如一个人听见朋友批评他的衣着太不讲究，他会觉得不快乐，于是做了几套新衣服，理了发，甚至用起雪花膏来，打扮得比常人更漂亮一些。或者他会采取相反的态度，当面便批评朋友，说，人们不常注重衣衫，讲究衣着的人是"衣架"，于是他更不注意他的衣着，越发摆出艺术家或隐士派的"落拓相"来。这种解决心理冲突的"顺应机构"（Mechanisms of adjustment）主要的有下列数项：

（一）合理化作用（Rationalization）。"合理化"和强辩相似，即勉强想出一个理由作为掩护，但是和强辩有些不同。强辩是有意的，自觉的，例如我说你错，你却列举许多理由作为辩护。"合理化"是无意的，或说是下意识的，例如一个儿童读了半课书，不愿再读，便和小妹妹玩耍，说是妹妹要玩耍。这时做父母的，虽明知他自己要玩，却不应说破他，因为你若这样做，或责罚他，他会觉得受了冤枉。这时他若是一个"外倾者"（Extrovert）便会立即抗辩；若是一个"内倾者"（Introvert）便会把这冤枉存在心里。这冤枉从何说起呢？因为他已把"自己要玩"这件事合理化为"小妹妹要他玩"，因此在他的意识中，他的玩耍是理直气壮的，理直气壮的行动而被责骂不是冤枉么？

"合理化"的又一例子是"酸葡萄"作用。例如一个学生功课不好，分数低劣，他却说"我不是分数主义者，谁高兴去计较分数"。正如狐狸得不到葡萄，却说"这种酸葡萄谁要吃呢？"

（二）投射作用（Projection）。"投射"是把行为的责任放在他人身上，或诿诸其他的事物。"合理化"犹如"强辩"，"投射"犹如"借口"。例如自己跌了一跤却说是地下太滑，自己犯了罪却说是受了魔鬼的引诱。营业失败，或考试落第，说是为了"时运不济"，或"流年不利"。功课不及格理应自己负责，他却批评教科书编得不好，教员糊涂，别的同学向教员"拍马"等。甚至自己不用功，或注意力不集中，他不在这些地方努力或改进，却将这"没出息"的原因归诸先天不足或后天失调等等。把一切失败的责任投射到别人身上，就可减少心理的烦闷，这也是心理冲突的一种变态出路。

"投射"并不是一定是坏的，将自己的过失推诿给别人或其他的事物是卑劣的"投射"，若能用同样的心理，改换一个方向，将自己的功劳加给别人或其他的事物，便是高尚的"投射"了。例如耶稣说"我对你们所说的话，不是凭着自己说的，乃是住在我里面的父作他自己的事",他自己似乎算不得什么,他不过是上帝的仆人。又如打了败仗,大家争前恐后地逃入城中,那最后进城的一个人总算是最勇敢的了,他却不以为有功,反说"非敢后也,马不前也"。这也是"投射作用"。

(三)退转作用(Regression)。"退转作用"和"投射作用"相似。"退转"是把"现在的我"投射而为"婴孩时期的我"。妇女最易犯这种毛病。当然,男子亦常如此。例如她患病在医院里,平时倒还安静,一见丈夫来了,反哭了起来,甚至撒娇撒痴和小孩一模一样。因为那时在她的心理上她不再是一个成年的妇女,却"退转"而为小孩,既然是小孩,则一切成人不应有的哭泣、骚动、顽皮、倔强等等行为都合理化了。一个年龄较大的儿童不能尽责去做他应当做的事,或做了在他的年龄不应做,而在年龄较少的儿童则尚可原谅或甚至值得称赞的事,他也许会不知不觉"退转"而为小孩,装出一副"痴头痴脑"的神气,或故意发了脾气,啼啼哭哭。因为这样一来,他的"罪"似乎减轻了许多,甚至可以全免。这种"退转作用"妨碍人格的发展。有时父母也明知如此,便骂了一声"越大越不像样"。独养子,儿女中最小的一个,以及被溺爱的儿童,比其他的儿童更易发生"退转作用"。所以要使儿童有健全的人格,不应使他们太依赖父母和其他的人,须尽可能地培养他们独立的精神。

(四)卑劣情结(Inferiority complex)。体格,智力,心理能力,家庭的社会地位,经济状况,以及自己的作为,事事都不如人,或有一项大不如人,都使儿童感觉到自己是个弱者,这种情绪叫作"卑劣情结"。一个人有了这种情结,自然不会快乐,他总得设法来解除心理烦恼。解决这种烦恼的出路最主要的有下列二种,一个是补偿作用;一个是梦想作用。

(1)"补偿作用"(Compensation)。是用以弥补缺憾的方法,有积极的和消极的两种。积极的是发愤努力以改进缺憾,例如身材矮小的人说话格外响亮，多注重运动等等，使人家不敢藐视他，面貌不大漂亮的女子格外努力于学问；或自觉能力不如人，却比别人更为用功等等。消极的"补偿"是设法掩蔽其弱点，而并不加以改进。例如说谎的人开口便说"信不信由你，我所讲的都是实话"；蓄妾养婢的淫棍却大谈其旧道德，使人相信他是个道学先生；英文程度较低的学生却在案上放着几本高深的原版西书；国学没有根柢的教员偏要大谈古文古诗。这些还不过是消极的掩护法，为害尚浅。最坏的是向消极方面积极起来，所谓"不能流芳百世，亦当遗臭万年"。功课低劣的学生得不到教员的称赞，于是在教室中故意为难，扰乱秩序以引起人家的注意，在学校中能博得一个"坏蛋"的名誉，亦足以自豪了。这两种不同的补偿方式，积极的和消极的，对于心理的健康大有影响，家长和师长应极力指导儿童采取健全的补偿方式。

（2）梦想（Daydream）。"卑劣情结"的又一出路为"梦想"。自己既觉得没有能力应付现实，便设法逃避现实界而沉醉于幻想界。"梦想"也可分为三种：①得胜的英雄（Conquering hero）；②失败的英雄（Suffering hero）；③心理神经病（Psychoneurosis）。梦想"得胜的英雄"是愉快的，虽然在现实界他是穷苦人，他心中自有他的"空中楼阁"，若是人家看他不起，他不妨骂他们"燕雀岂知鸿鹄志"。"失败的英雄"是过于灰心的梦想，他觉得自己是个英雄，可是英雄到了末路，只能悲叹"天丧予！"自己梦想是个"失败的英雄"，有时会产生"逼害情结"（Persecution complex）。患这种情绪的人似乎觉得处处有危险埋伏着，人人都在逼害他。走路怕跌，吃饭怕噎。你善意地向他一笑，他却觉得是在讥笑，教员称赞他，他以为是在说反话。这"逼害情结"大多因受了一次或几次严厉的责骂或恫吓而来的，所谓"三年前被蛇咬，如今梦见绳子也怕"这句话，在精神分析学上是可以承认的。不过他若知道"见了绳子也会怕"的原因，还不致会有变态的心理，若是被蛇咬的事早已忘了，而自己又说不出所以怕绳子的理由，那真会有患精神病的可能。所以我们不愿恫吓儿童，若是发觉儿童有"逼害情结"便常在儿童过去的经验中找出所以发生这种情绪的原因来。

（3）心理神经病。"卑劣情结"的第三种出路是"心理神经病"，即并非真正为了神经系有病，却因心理上以为有病，以为非有病不可，于是真的"视而不见，听而不问，食而不知其味"了。除了感觉失常外，身体上也会觉得有病。例如早晨懒起床，却说有些头痛，当初或许是借口，哪知睡了一息真的头痛了。这种明明没有病，却说有病的心理，是和"投射作用"相似的。因为这样一来，他可把"万事不如人"的"卑劣情绪"归罪于疾病，于是他自己反可不负责任了。

五、心理卫生的方法

儿童的不良习惯，如不服从，说谎，易怒，怕羞等，和心理冲突变态的出路，如合理化，投射，退转，补偿，梦想等，已如上述，现在我们要研究如何防止和改正不良的习惯，以免儿童采用不健全的"顺应机构"。我们在这里只举出"问题儿童"（Problem children）所常犯的六种弊病，和解决这些问题的心理卫生的方法。我说"六种"，自然是武断的，因为问题决不如此简单，但是为了限制讨论的范围，便假定下列的六种为最严重的问题：（一）羞怯；（二）卑劣；（三）恐惧；（四）忿怒；（五）说谎；（六）不服从。

（一）羞怯。"羞怯"在教员看来是不大严重，而在精神分析家看来是极其严重的病态心理。养成羞怯的两个主要因素，为：不健全的社会嘉许和情绪的抑制。社会尤其是中国社会，不但不以羞怯为不良的心理，甚至嘉许羞怯的儿童，因为今日的羞怯儿童大半即是将来的"良民"，哪一个社会不喜欢"良民"呢？我们更有一种错误的观念，以为"羞怯"的反面是"无耻"或"胆大妄为"，因此我们喜欢女子"红潮晕颊""脸儿羞答答",即对于男孩亦要他们"忸怩可爱""柔若处子"。父母亲友都喜欢这种儿童,至少不讨厌他们,教员更喜欢这种安分守己的学生。因此本来并不羞怯的儿童为要得到社会的嘉许起见,居然也会羞怯起来。第二个原因是:受了父母或师长的抑制,不能自由发泄他们的情绪。久而久之,养成了羞怯的习惯。我们为要防止和改正这种不健全的心理状态,第一,在家中或校中须嘉许奉公守法的儿童,斥责弱者的态度。第二,须鼓励儿童自由发表意见,更应重视有正义感的儿童。此外,我们应使儿童从小就不绝对依赖父母,以养成自助的习惯;须使他多和其他的儿童玩耍,以免养成孤独的或怕见人的习惯。可见父母谈话时禁止儿童插嘴,或有客人来便把儿童挥去,是不十分妥善的。在可能范围内不妨让他加入谈话,或叫他去接待客人。

(二)卑劣。这"卑劣"二字并不是"卑鄙恶劣"的意思,乃是自觉不如人的感情(Feeling of inferiority)。这自觉不如人的感情或出于事实,例如自己有缺憾,或出于想象,例如所望太奢。无论如何,我们当使有"卑劣情绪"的儿童接近现实,以免发生消极的"补偿"和"梦想"等不健全的顾虑。防止或改正这种情结,主要的有下列三种,而且这三种是有连贯性的,即希望不要太奢;夸大他的长处;给以成功的途径。

父母或师长所望于他的,若超过他的能力,则儿童遇着挫折,每易感觉到自己是个弱者。若已有了"卑劣情绪"的儿童,更应把目标降低,使有得以实现的可能。

无论哪一种儿童,甚至低能者,多少总有一些长处。为鼓励他的兴趣和增进他的自信力和自尊心起见,做父母的和做师长的不妨暂时略其所短而取其所长。例如对于一切的功课都失望的儿童,图画却画得不错,字也写得相当的好,我们便可抓住这一技之长作为出发点。图画教员称赞他的图画成绩,他便会感到成功的满意,甚至和该教员发生好感，因此也喜欢该教员所教的别的学科。英文教员称赞他的英文书法，他又感到写英文字的愉快和成功，成功的满意更促进他的努力和兴趣，因而对于学习英文也会发生乐观的态度。

有了"卑劣情结"的儿童不应强做过于艰难的工作，因为工作愈艰难，成功的希望愈少，沮丧的刺激愈多，愈会使他自暴自弃。所以应当指导他给以一些成功的途径。这样，他便不致逃避现实，而自觉不如人的感情亦可逐渐减除。其功课跟不上他人，以"失败的英雄"自居，不如退下一级，或改换一个学校，使他有重新奋勉的机会。

（三）恐惧。"恐惧"和"羞怯"相似，都没有得到人们正确的认识。父母和师长不但不设法解除儿童的恐惧，反而用种种反教育的方法来养成儿童恐惧的心理。华德生说，"恐惧的习惯养成以后，会终身存在，常常变更我们的人格。"所以儿童从小就不应害怕不必害怕的东西。我们须知道恐惧亦有常态的和变态的分别。常态的恐惧是客观的，例如怕毒蛇，怕猛兽，怕患疾病，怕社会的谴责，怕犯规，怕将来的失败等等。变态的恐惧是主观的，例如怕鬼，怕天塌下来，怕入地狱，怕父母，怕师长，怕并不存在的危险。我这样分类，或许有人反对，以为"畏父母""畏师""畏友"，怎么会不好的呢？① 理由很简单：怕犯"法"是常态的，怕立法的"人"是变态的，因为怕人而不怕法，则当执法的人不在的时候，他便不怕犯法了。

从前的心理学家以为儿童生而有"恐惧本能"（Instinct of fear），这是父母和师长推诿责任的极好的借口，其意以为儿童的恐惧不是成人使他们养成而是先天的。科学的心理学家则用种种实验否定了这种臆说，连"大声"（Fear of loud noise）和"失恃"（Fear of falling）这仅剩的两种所谓"先天刺激，"也可用"制约作用"（Conditioning）解说之。

---

① 艾伟：《情绪的卫生》，收录于邰爽秋等编：《心理卫生》，上海：教育编译馆1935年版，第45页。

所以我们可以说一切的恐惧都是"习得的"（Acquired）。恐惧既是习得的，则儿童有恐惧，应由成人负责，尤其是父母。为要防止或解除儿童的恐惧，我们应采取下列数种最主要的方法。

（1）绝对不可用恫吓手段。中国小孩几乎可说是恐惧中长大的，一个婴孩因身体不舒服或其他的原因而啼哭，也会遭受大声的或怪声的恫吓。母亲和乳母都知道如何装猫叫装狗叫来吓小孩。再大一些，狗和猫不足以吓小孩，于是改用更可怕的东西，例如老虎，鬼，雷公，拐匪，洋鬼子，死亡等等。有些成人确确实实不相信雷公或鬼，可是一听到霹雳或黑夜里见了坟墓，尤其是破棺材，也会恐惧起来，这是什么缘故呢？因为"恐惧的习惯养成以后会终身存在，常常改变我们的人格"。所以为保持儿童的心理健康起见，这一代的父母决不可再用恫吓的手段。

（2）使儿童惯见各种新奇的物事，则恐惧自然消失。卢梭在《爱弥儿》里早已说过："我要使儿童惯见各种新奇的物事，如丑恶的，能起嫌恶之情的，畸异的动物，此等物件，先使从远方看见，后从他人手中看见，最后遂自己拿来熟看。婴孩时代，看见蟾蜍，蛇，蟹等如无恐怖，则到成长后，不论何种动物，都不会生恐怖。凡物为每日看见的，恐怖自然消失。儿童都怕假面（Masks）。我起初以愉快的假面示爱弥儿，有人把这个套在面上，我于是笑，大家都笑，爱弥儿也笑了。如此渐渐惯于假面，我遂换去减少愉快，而示以可怕的，若此种等级，处置得妥当，则最后极可怕的假面，彼看作和起初的一样而笑呢。从此以后，儿童决不再怕假面了。……若要使爱弥儿惯听爆烈（裂）的声音，那末我先用麻屑入于手枪，以微弱的声音试之。如果他看见此种如电光一闪的东西而喜悦，那末我把火药再多起来。以后改用弹药，凡渐渐地增多，这样一来，遂不论小炮，爆烈弹，大炮，以及其他各种爆烈的声,都听惯而无所恐惧。"①

卢梭所说的恐惧解除法,即现在心理学家所谓"制约作用"。华德生和琼斯②的实验也证明卢梭所说的是对的,而且他们所用的解除儿童恐惧习惯的方法和步骤也和卢梭所说的相似。

(3)帮助儿童理解恐惧情境的性质,是胜过恐惧最有效的方法。上面所说的只是解除恐惧情境,儿童却并不理解该情境的性质,即,"司空见惯"自然不怕了,但并未使儿童明白所以不怕的理由。泽尔塞特③以为"胜过儿童的恐惧最有效的方法是帮助他得到那直接对抗恐惧情境的技能""知己知彼,百战百胜",所以要得到那直接对抗恐惧情境的技能,先须明了恐惧情境的性质。要明了恐惧情境的性质,第一须帮助儿童找出恐惧之所在。例如儿童有所恐惧而不敢说出来,父母也根本不知道他所怕的是什么,这种抑制作用会增强恐惧的力量。为了这个缘故,我们须让儿童述说他恐惧的经过,这时听的人不可讥笑他或阻止他,而当表示同情,代他壮胆,使他有尽量发泄的机会。这样我们可得到三种利益:(1)儿童尽量地说出了他恐惧的经验之后,那被抑制的紧张的情绪便弛松下来;(2)他毫不隐瞒地说了之后,我们便可明白他所恐惧的真相;(3)知道了恐惧的真相,我们便可凭着较丰富的知识和经验来分析,来说明他的恐惧是常态的还是变态的。有时一经道破,恐惧便解除了。恐惧和迷信心理有连带的关系,愈是不可知的东西,愈觉得可怕,无知的人所恐惧的事物比有知识的人更多。所以"知识"便是"直接对抗恐惧情境的技能"。

(四)忿怒。忿怒有害于身体和心理的健康。各种实验都证明忿怒

---

① 卢梭,魏肇基译:《爱弥尔》,上海:商务印书馆1934年版,第28—29页。
② Jones, M. C., A laboratory study of fear. Ped. Sem. & J. Genetie Psychol., 1924.
③ Jersild, A. T., The development of the emotions, Educational Psychology, Edited by C. E, Skinner, Prentice-Hall, Inc, 1936, P. 209.

能停止消化作用，并能把毒汁浸入"附带盾状腺"（Parathyroids），以促短生命。在心理方面，忿怒能使神经错乱，发癫发狂便是极端的例子。所以防止忿怒是极重要的生理卫生和心理卫生。忿怒的原因有生理的和心理的。生理的原因，如器官的缺憾，内脏的疾病，神经衰弱，或分泌腺失调等，这里且不说。心理的原因则和"羞怯""卑劣""恐惧"颇多共同的地方，例如情绪的抑制，失败的感情等。"内倾者"遭遇这种情境便退而避入"羞怯""卑劣""恐惧"等情结；"外倾者"便起而发泄出来，发生忿怒或反抗的行为。其最主要的原因，为：（1）不自由；（2）不平等；（3）失败。

"不自由"是指身体上或心理上的被抑制。婴孩的啼哭或"发脾气"大都为了身体的不自由，如衣服太紧，行动受束缚等。一经发怒，则忿怒的本身又变成了刺激，所谓"忿怒生忿怒"，在心理学上称为"接近反应"（Adient response）。心理上的被抑制即是精神上的不自由，例如言论不自由，思想不自由，或强迫做不愿意做的事，或禁止做想做的事。这些身体上和心理上之被抑制，迟早总有爆裂的一天。若不爆裂，则闷在内心的忿怒，为害更大。所以要防止儿童的忿怒须使他们在不妨碍他人的自由之范围内尽量给以自由。

不平等亦即权利之被剥削。儿童的正义感有时比成人更为敏锐，赏罚不明是使儿童忿怒的一大原因。例如一家有几个小孩，大家等着母亲分糖果，若其中一个少得一份，母亲又求得到他的同意，他便会觉得受了冤屈，似乎被欺侮了。于是起而反抗，反抗无效，乃生忿怒。万一在积威之下不敢发怒，则至少他有"敢怒而不敢言"的情绪。又如两个孩子共同做了一件成人认为不应做的事，若父母或师长单单责罚其中的一个，而又未使他明白为什么不责罚别人，那末这受了责罚的儿童决不甘心，他深深地感到是被虐待了，这被虐待的反应便是忿怒。若他已养成了屈服的习惯，便可逃入"梦想"，以"失败的英雄"自居。

因失败而发生的忿怒常包括"投射""退转""补偿"和"梦想"等各种作用。例如我们削铅笔，削到将要完成的时候，忽然断了，再削再断，于是忿怒起来，索性把剩余的一段也对剖了，或掷去了。因削铅笔而失败，就迁怒到铅笔，便是"投射作用"；成人明知铅笔无灵性，却把无生物作为生物看，发着孩子的脾气，便是"退转作用"；把剩余的一段也对剖了或掷去了，是出于报复的心理和"得胜的英雄"的态度，这便是"补偿"和"梦想"作用。同时，若见别人也在削铅笔，却削得很顺利，则在忿怒之中或许还会含着"嫉妒"的成分。可见即使为了一些无关紧要的小小失败，若不心平气和，则一切变态的心理作用也会因此而生，其他较大的失败更不必说了。

我们既知道了忿怒的原因，则便可按其性质来解除儿童的忿怒。最好的办法当然是预先消减忿怒的刺激，例如让他们身体上和心理上有合理的自由；不侵犯他们的正义感，支配适宜的工作，勿使成功的阻力超乎他们的能力。若是他们已经发怒了，则不妨试用下列方法：第一，不可抑制一切的忿怒，正义的忿怒有时还须给以嘉许。第二，找出忿怒的原因，心平气和地帮助他们胜过困难。第三，若是儿童不可理喻，而其忿怒又无严重的原因，则父母不应太郑重其事，认真起来，有时让儿童发泄一下，自己也会平静下去。第四，用幽默的态度或话语逗引他，有时会使他哧的一声笑了起来。第五，利用其他的刺激来替代或消除忿怒的刺激。例如儿童正在发脾气，一时来了几个小朋友拉他去玩。第六，若他要做"暴君"，无理地强迫他人服从，因强迫失败而发脾气，则做父母的不当姑息，应给以"暴君"应得的责罚。

（五）说谎。说谎和不诚实是有连带的关系；但不是同一的行为。不诚实的儿童一定是说谎的，但说谎的儿童却不一定是不诚实的。有些言语，成人认为谎言，而儿童却以为是实话。例如一个三岁的小孩打碎了一只玻璃杯，后来母亲问他，"这杯子是你打碎的么？"他立刻问答说："不是我打碎的。"这小孩不是说了谎么？他却还说，"杯子从我手中落下，它便碎了。"儿童心理分析家甚至会说，这小孩并未说谎，第一，他并不是故意要打碎杯子；第二，他只承认杯子从他的手中落到地上，而"打碎"是玻璃杯自己打碎的。这一段意思在英文中更为明显：I didn't break it. l dropped it and it broke。倘使我们不了解他的意思，硬说"落下"便是"打碎"，且因此责备他，甚至打他，他便会觉得受了冤屈，以后或许连"从我手中落下"这一责任也不肯承认。所以我们须得研究儿童说谎的动机。

如果我们明白了儿童说谎的原因，则许多谎话实在不是谎话。儿童说谎的原因，最主要的有下列五种：

（1）以想象为事实。儿童富于想象力，他把所想象的认为是事实便说了出来，自以为是很可能的。成人一听，便知道与事实不符，于是即认他的话为谎话。例如有一个小孩说，"我看见一只猫拿着手巾洗脸"。这句话任何成人不会相信，而他则因看见猫在用爪洗脸的时候，想了一想，以为它或许也能够用手巾，或那时想起了他确实见过这样的一张图画，于是"猫用手巾洗脸"这一个印象便在他的想象中活跃起来。他说"我看见一只猫拿着手巾洗脸"并不是存心欺骗人，不过，把他的印象说了出来罢了。这正像中国的画家喜欢画"雪里芭蕉"一样。

（2）意识不正确。儿童即使不用想象力，却因见了某一事物以后，有些记不清楚，或当时的观察不周密，便作了一个错误的报告。例如他在花园里看见许多花都开着，而他也知道许多花名，回到家里便对父母说，"真好看，什么花都开着，凤仙，胭脂，鸡冠，玫瑰，荷花，菊花……"父亲听了，便喝道，"胡说！菊花也开着么？"他想了一想便道："菊花……也有。"这不是说谎么？其实，他所说的虽与事实不符，却不是谎话，更不是存心欺骗，意识不正确而已。他的话应当更正，且应证明更正的理由，却不应把他当作说谎者而责备他。

（3）言过其实。儿童不是科学家，却是艺术家，而且是浪漫派的艺术家。他经过了一件事情，或见到了一件东西，不能很正确地据实描写出来，却抓住几个要点，加以渲染和夸大。我们只看儿童的自由画，便可明白这一层道理了。因此，他们所说的大、小、高、低、长、短、多、少，都是夸大了的。他见了几十个人聚在一起，便说有几百个人；几百个便说几千个，或说"无千无万"。在他看来，大的变为更大，小的变为更小，难的更难，易的更易。不懂儿童心理的成人便会骂他"瞎语三千"。

（4）想藉此以适应社会的标准。儿童做了合乎社会的标准的事便得到嘉许；做了不合社会的标准的事，便受到谴责。那末为求得社会的嘉许或为避免社会的谴责，便说起谎来。据一般的观察，儿童自卫的说谎多于"假冒伪善"的说谎。这是为了我们教训儿童，多用谴责少用嘉许的缘故。这种说谎是因赏罚不得其法而造成的。赏与罚，嘉许与谴责不过是"手段"（means）用得不当，便被误认为"目的"（end）。于是"吃惯甜头"的儿童便利用说谎以求得不应得的嘉许；常被责打的儿童为自卫起见，便不得不说谎。

（5）模仿成人。我们知道真正的说谎（即，不是以想象为事实，意识不正确，和言过其实等无意的说谎）是由模仿而习得的。父母在儿童面前毫不顾忌地说谎，或父母虽不说谎，而其他和儿童接近的成人，亲友邻居等，都以说谎为家常便饭，儿童受了这种环境的影响，哪有不说谎的道理。所以改善环境，父母以身作则，是防止儿童说谎的最妥善的办法。

可见做父母的和做师长的不应把儿童的"非谎话"硬认为谎话，因为我们若不如此，便会发生两种恶果："外倾的"儿童受了冤屈，反而真的说起谎来，作为报复和反抗；"内倾的"儿童屈服下去，反而把创造力也摧残了。或此或彼，均有害于心理的健康。即使儿童真的说了谎，也应循循善诱，使他明白说谎于人于己都是不利的；却不可用"水来土掩"的强制办法。过分的抑制，会使"外倾者"说谎说得更巧妙，作为掩护；"内倾者"会发生"恐惧""羞怯""投射""退转""卑劣"等等心理机构。防止说谎最有效的办法莫如鼓励说实话。作为自卫的说谎是逼成的，而非儿童自己所乐意说的。说了实话反受责打，谁高兴做诚实的呆子呢？华盛顿斩樱桃树的故事是个极好的例子，若他在过去常有"招认了"便受责打的经验，他还敢坦然向父亲承认过失么？

（六）不服从。照一般教员所评定的等次，"不服从"是最严重的问题，我们却采纳心理卫生学家的意见，放在末后；因为至少，不服从的儿童没有奴性，不容易养成"卑劣情结"。然而人类是群居的，他不能脱离家庭，社会，和其他的集群而过绝对的孤独生活。既有家庭，游戏群（play group），学校，社会，国家等等组织，便须遵守使团体活动得以顺利进行的纪律。服从法律和舆论是成人的正常行为，服从正义是最高的形式，而儿童最初的服从对象是父母和师长的命令。我们要防止和改正儿童不服从的心理，至少须顾到下列数点：

（1）命令不应太难遵守。无论消极地不准儿童做某一件事，或积极地命令他做一件事，我们须顾到他的能力和兴趣。难以遵守的命令反逼成儿童的不服从。例如儿童已疲劳了，你却强迫他集中注意力，继续做算术；或你自己出去看电影却命令儿童在家自修，不准出去，或他和小朋友玩耍，正在兴趣最浓厚的时间，你却叫他立刻停止。这一类的命令在成人看来是极平常的，然而我们若能设身处地，便会明白这些命令是有挑拨性的，是使儿童不服从的刺激。

（2）命令须一致。父母教训子女，有时师长教诲学生，不是完全根据理性，我们常有只凭情绪的趋向。高兴时一个命令，不高兴时又是一个命令，甚至两个命令会前后矛盾，或朝令暮改。或同样的命令只叫甲儿服从，乙儿却不遵守也不妨。同样不服从的行为，一时严厉取缔，一时却不以为意。这种种不妥当的处置，均使儿童对于服从的对象糊涂起来。所以命令须一致，赏罚须公允，使儿童对于命令有正确的观念，行为亦有标准，不致忽是忽非，无所适从。

（3）鼓励乐意的服从。强迫儿童服从，虽可收一时之效，但其不服从的情绪却愈强，另找出路。而且强迫的服从，只使儿童屈服于威势之下，却不是服从命令，更不是服从命令所包含的意义。所以"力服"不如"心服"。怎样能使儿童心服呢？要人心服须采取民主的步骤，凡有所命令须先使儿童了解情境，参加意见。这样，得到了他们的同意，然后再出命令，这命令便等于儿童自己的命令，服从命令便是服从自己。这不但使他们心服，且能培养他们的法治精神。

六、总述

心理冲突的经验可说人人有之，而其解说不一，宗教家以为心理冲突便是私欲与天良之争；精神分析家以为是"私我""自我""超我"三者之争；客观派心理学家却认心理冲突为各组习惯的矛盾现象。无论是"冲突""争斗"或"矛盾"都有害于心理的健康和人格的发展。这心理冲突用什么办法来解决呢？传统的办法是用压制手段，即所谓"水来土掩"。精神分析家和客观派心理学家则以为过分的压制情绪或行为，使无发泄的机会，反有逼成变态心理的危险，所以不如"因势利导"来得妥当。

儿童有了心理冲突便变成了"问题儿童"。"问题儿童"应改正的行为，主要的有羞怯，卑劣，恐惧，忿怒，说谎和不服从等数种。儿童有了这些不良习惯，自己也颇烦闷。于是有的采用了不健全的精神调和法，作为心理冲突的变态出路，例如：合理化，投射，退转，补偿，梦想等。但我们应设法帮助"问题儿童"能得到健全的方法和机会，来改正这些不良习惯。在这里我们只举出六种"问题儿童"和解决这些问题的方法。

（一）羞怯的儿童。第一，我们须改造舆论，不应再嘉许羞怯的态度。第二，须鼓励儿童自由发表意见。第三，须使儿童多和他人游戏以免养成孤独的习惯。

（二）有卑劣情绪的儿童。要使儿童解除卑劣情绪，第一，成人对他们不应希望得太奢，且须指导他们实事求是地做去。第二，夸大他们的长处，使他们恢复自尊心和自信力。第三，指示他们得到成功的途径，使他们能得到成功的愉快。

（三）多恐惧的儿童。儿童多恐惧是成人养成他们如此的，所以第一，绝对不可用恫吓手段。第二，利用"制约作用"来解除恐惧。第三，帮助儿童理解恐惧情境的性质，使他们有对抗恐惧的技能。

（四）忿怒的儿童。忿怒是被抑制的情绪的爆发，所以为防止或改正忿怒的习惯，第一，不可极端抑制。第二，须找出忿怒的原因并分析其动机。第三，有时儿童发脾气，转瞬即过，父母不必过事恐慌，太郑重其事。第四，用幽默的态度来胜过忿怒。第五，利用他种刺激来替代忿怒的刺激。第六，"暴君式"的忿怒即加以"暴君"应得的谴责，亦不为过。

（五）说谎的儿童。儿童的说谎须加以详细的分析，因为成人认为是谎言，其实在儿童的本意并不如此。因此，第一，我们不应把一切与事实不符的话都认为是谎言。第二，教训儿童应多用奖励少用谴责。第三，鼓励说实话。儿童即使有过失，既已从实招供，便应表示同情。

（六）不服从的儿童。儿童不服从可说全是成人逼成的。我们要使他们服从，第一，命令不可太难遵守。第二，命令须一致，赏罚须公允。第三，力服不如心服，要使他们心服，须采用民主的步骤，以养成他们的法治精神。

六十岁学吹打

——成人的学习

在扫除文盲,推进一般的成人教育时,我们有时遇到一种心理上的阻力,那便是"成人难以学习"的迷信。你叫年纪较大的人读书,他会推辞说"六十岁学吹打,今生不成"。老实说,有时教成人的教员们也会想:成人的学习能力,比儿童总要差些吧。"六十岁学吹打,今生不成"这句话,即使是事实,成人也还有可以学习的余地。以年龄而论,六十岁不成,五十岁呢?四十岁呢?三十岁呢?难道都不成么?以学习的材料而论,学吹打不成,学千字课呢?学看报写信呢?学改良日常的生活呢?学增高工作的效率呢?难道都不成么?可是一般人都把这句俗语应用到一切的学习,应用到一切的成人,以为除儿童和青年的学生外,其他的成人都没有学习的能力,岂不荒谬。

若是成人确无学习新事物的能力,则成人教育必致徒劳无益;若是成人的学习能力,确实不及儿童,则办理成人教育也难免事倍功半。我们对于成人的学习,若无正确的观念,则教者与学者都难免失去一大部分的自信心。对于成人的学习要有正确的观念,至少须能正确地回答下列三个问题：（一）成人有无学习的能力？（二）成人的学习能力比儿童的学习能力更优，还是不及？（三）成人有无学习的兴趣？

一、成人的学习能力

帕屈力齐（Partridge）做过霎眼的试验，以研究成人能否学习感觉动作。他用一块玻璃放在"被试"的眼前，然后用橡皮槌轻击玻璃。在初试时，每击一次便霎眼一次，击一百次，霎眼一百次，但是"被试"继续练习下去，居然有几次能够不霎眼，直到最后，击一百次只霎眼两次！这时可说他已学到能不霎眼的程度了。

贝耳（Bair）做过以球投网的试验。"被试"都是成人，总共练习二十天。第一天投球六十次，"被试"之中，最少的投中十五次，最多的投中三十二次，中数23.5。到了第二十天，投球六十次，最少的投中三十七次，最多的投中五十六次，中数46.5。

除上述两个试验外，尚有打字、划字、加法、背诵、左手写字等等的试验，都证明成人是能够学习的。[①] 其实，若单单为了证明成人能够学习，则这种种试验都是多余的。谁不知道，半途出家的和尚也能念经，老婆婆也能打雀牌；谁不知道目不识丁的工人不但能打纸牌，而且能说"土配"（Two pairs）、"富而好施"（Full house）、"派司"等等的外国话呢！所以只凭常识，我们也能断定：成人是有学习能力的。不过成人的学习能力，与儿童的学习能力，谁好谁坏，相差多少，则决非只凭常识所能断言的。

二、成人与儿童的比较

近来研究成人学习的权威杰作，以桑戴克和其同工所著的《成人的

[①] 萧崝嵘等编：《学习心理学》，上海：开明书店1935年版，第134—139页。

学习》和《成人的兴趣》为最著名。桑氏的推论虽然不甚可靠，而且颇多受人非难之处，然而他的试验和统计是极合科学的。这里我们所引的是他的研究，而不是他的理论。他以为人类的学习能力是随年龄而逐渐增高的，即随个人身体的成熟程度而增高的。大约到了二十五岁，可说已达到了顶点，以后即逐渐降低，不过是微乎其微。人类学习能力的增高和降低的情形，粗略地犹如下图（此图系由作者根据各种材料自制）。

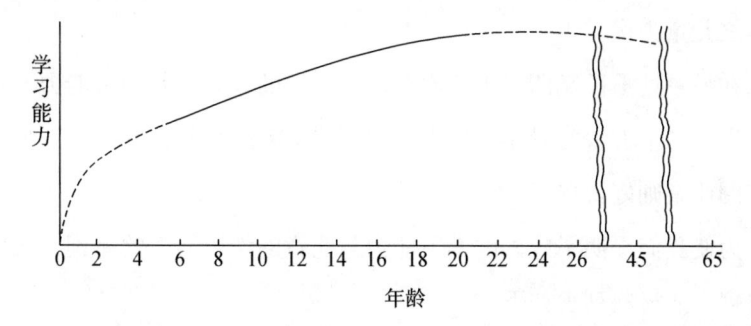

桑氏说"我们曾用各种实验证实并粗略地计算过各年龄学习能力至四十五岁。我们会指明学习能力从儿童早期即开始增进直至二十五岁，以后即逐渐降低，其量约每年百分之一。若从所费的每个时间单位所获得报酬讲来，儿童期并不是最好的学习时期。从这种意义看来，最好的学习时期乃在二十至三十岁之间，及四十五岁以下任何年龄都较十岁至十二岁间之年龄为佳。近来密尔斯、琼斯及他人的研究都发现在四十五岁到七十岁的学习能力的减低并不过于此数。所以一个六十五岁的人，可以希望他每小时至少能学习他在二十五岁时所能学习的一半及较八岁到十岁所能学习的多"。①

国际语言学会，曾将九岁到十八岁的青年，与三十五岁以上的成人，作一个学习世界语的比较，其结果是：

---

① 桑戴克著，陈礼江、喻任声译：《成人的兴趣》，上海：商务印书馆 1940 年版，第 2 页。

九岁到十八岁　时间2　成绩1

三十五岁以上　时间1　成绩2

桑戴克说："常人均以六岁至十二岁的儿童时代为学习的黄金时代，十二岁至十八岁为较优时代，十八岁以上，学习能力逐渐衰微，甚至无学习之可言。其实照上面的试验结果看来，不无与此相反之处。以学习语言的能力而言，二十岁至四十岁的成人，较之八岁十岁或十二岁能量相等之儿童为优。"[①]

在另一处桑氏又谓二十五岁至四十五岁的成人，其学习能力不亚于二十岁至二十五岁的青年，比十五岁至二十岁的少年更好，比五岁至十五岁的儿童则好得多了。[②]

为使我们更明了成人的学习能力与儿童的学习能力的差别，我们不妨根据上述材料列表如下：

年龄	学习能力的比较	年龄
五岁至十五岁	大大不及	二十五至四十五岁
八成至十岁	不及	六十五岁
八岁至十二岁	不及	二十岁至四十岁
十五岁	相等于	二十一岁至七十岁
十五岁至二十岁	不及	二十五岁至四十五岁
十七岁至十八岁	相等于	三十岁
二十岁至二十五岁	相等于	二十五岁至四十五岁
二十五岁（或二十岁至三十岁）最好（以后每年约减百分之一）		
二十岁至四十岁	优于	八岁至十二岁

[①] 尚仲衣：《成人学习心理》，收录于萧崝嵘等编：《学习心理学》，上海：开明书店1935年版，第141—142页。

[②] McConnell, T. R., "The Greral Nature of Growth" Educational Psychology, Eedited by C. E. Skinner, 1936, P. 56.

二十一岁至七十岁	相等于	十五岁
二十五岁至四十五岁	相等于	二十岁至二十五岁
二十五岁至四十五岁	优于	十五岁至二十岁
二十五岁至四十五岁	甚优于	五岁至十五岁
三十岁	相等于	十七岁至十八岁
四十五岁以下	优于	十岁至十二岁
六十五岁	优于	八岁至十岁

假如学习能力可分等级，则我们不妨以二十岁至三十岁为学习的黄金时代；三十岁以后至四十五岁，为优等；十二岁至二十岁，四十五岁以后至六十五岁为中等；十二岁以前为下等。可见成人的学习能力比儿童为优。八岁至十岁的儿童既然可以读书，而且应当读书，则五六十岁的老年人也应当读书，因为他们的学习能力并不在小学儿童之下。

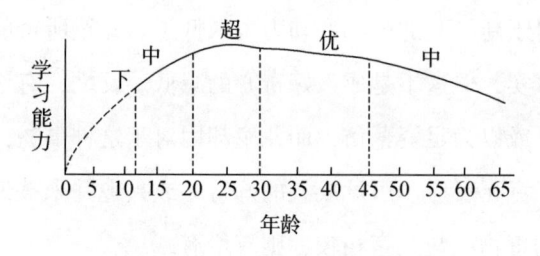

三、成人的兴趣

成人有学习能力，且其学习能力比儿童为优，已如上述。但是有能力而无兴趣，还是不易学习。一个十一二岁的儿童自己不肯沐浴，即使服从了母亲的命令，还是洗不好，但是他却把新得到的一只小狗洗得清清洁洁。此无他，有洗澡的能力而无洗澡的兴趣而已。自然，成人只要有学习能力，继续努力，也可增加兴趣，但是他若有兴趣，其他条件相等，则更能因兴趣而增加学习能力。

一般人即使承认成人有学习能力，却还怕成人教育会失败，以为成人的兴趣总不及儿童来得浓厚。理由是：成人的好奇心、摹仿心和竞争心不及儿童。这种臆说也许是根据日常肤浅的观察，却没有实验的基础。你若在热闹的街上行走，看见一只破草鞋，你只要蹲下来注视一番，不到一息工夫，包你有好多人围着你一起注视那只破草鞋。成人的好奇心和摹仿心似乎并未减少。桑戴克①测验成人的兴趣之后，断定说，"从二十岁到五十岁兴趣总量的减少是很微小，而且只限于运动的活动。凡成人教育所必需的兴趣均未见减低。他们并无稳定的，不可免的减低，一年并没有百分之一的降低，像我们已经发现关于学习能力降低的情形"（圈点是我加的）。

成人学习的兴趣毫未减低，只是好奇和摹仿的对象有所变动而已。成人的知识和经验均比儿童丰富，因此有许多儿童视为奇怪的或使其摹仿的事物，在成人看来却不足为奇，不足摹仿。我们只凭肤浅的观察，便以为他们对于新经验的内心冲动力也减低了。儿童所奇的，成人不以为奇，这是事实，但这不是成人好奇心的减低。反之，有许多事物，成人以为稀奇，或以为足资摹仿，而儿童却因对于这种事物，缺乏相当的知识和经验，竟无反应。可见成人的好奇心或兴趣并未减低，而所奇的或觉有兴趣的事物，与儿童相较，则有增有减。

好奇心和兴趣未减低，而对象有所改变，这正是学习上的大进步。例如"大狗叫，小狗跳"，或"母鸡对公鸡说"等等童话物语，在儿童是有兴趣的，而成人则以切合实用的常识或正确的知识更有兴趣，这不是学习上的进步么？桑戴克②另一实验可以证明这一点。这次所测验的是青年成人和长年成人，材料是记忆无价值的日期（例如名人错误的生

---

① 桑戴克著，陈礼江、喻任声译：《成人的兴趣》，上海：商务印书馆1940年版，第16页。

② 桑戴克著，陈礼江、喻任声译：《成人的兴趣》，上海：商务印书馆1940年版，第97—100页。

年）和无价值的意义（例如错误的意义）；及有价值的日期（例如名人正确的生年）和有价值的意义（例如正确的意义）。照理，材料不论有价值的或无价值的，正确的或错误的，真实的或虚构的，需要记忆的时间总是一样的。桑氏的结论是，"关于有价值的事情，长年成人所记忆着的与青年人所记忆着的相等，但属于无价值的，长年人所能记忆的，却不如青年成人那样多。……我们可以说，长年成人在学习无用处的材料时，需要的时间，比青年成人多10%或20%……"

长年人学习无用处的材料时，其学习效率，已受影响。这种影响与青年人相比，虽然并不十分大，但如果与儿童相比，或许还要大些。这是为了儿童缺乏判断的能力，尚可忍受"填鸭教育"；成人则以正确的有用的材料为有兴趣，尤以目前急需的知识为重，他们自然不耐烦去记忆错误的年月，错误的意义，虚构的故事，也及一切无用处的材料。编辑成人课本的人不得不注意这一点。

提高学习的兴趣的，除好奇心和摹仿心外，个人的竞争心亦有相当的影响。成人的竞争心，正如好奇心一样，并不比儿童为低，不过所竞争的事物有所不同而已。"谁的算术做得好，谁吃一条诸果律糖"（见《两个和尚扛水吃》），这种办法决不能引起成人的竞争心。可是成人对于金钱，对于事业，对于名誉，对于自尊心的竞争却比儿童为甚。换言之，"社会的诱因"是影响成人学习的最大的努力。社会的嘉许和社会的谴责，在常态的成人看来，真的比法律的裁制更有效力。所以办理成人教育须创造健全有力的舆论。假如四五十岁的人到补习学校或民众学校里去读书是一件公众认为应做的事，正如成家立业，生男育女，一样的重要，则成人为希望他人的称赞或为避免社会的谴责，必能增加学习的兴趣，成人文盲虽不稀罕诸果律糖，而对于社会所重视的（假如社会能重视）识字证，亦必视为可贵。别的且不论，至少，成人都要面子，这"要面子"的心理已足为竞争的动机了。

这样说来，不但成人的学习能力比儿童为优，即成人的兴趣，以及好奇心，摹仿心和竞争心亦比儿童更进一步。

四、总述

在幼稚的农商业时代，生产的方式是固定的，生活是有典型的，一般人根本不需要学校教育，即在已有民主思想的欧美，亦以为有了从六岁至十四岁的几年教育已够得上良好公民所需要的教育了。在中国更不必说了，只要跟着父亲种两年田，或拜个师父学艺三年，可以终身受用了。但是到了今日，生产方式日新月异，社会生活日趋复杂，几年早期的"冷藏"教育，到了成人时，这冷藏的教育早已出了气，还有什么用处呢？莫说学非所用，即使学而有用，若不继续学习，与时代共同前进，则去年有用的知识，到了今年也许毫无用处。因此教育不能集中于早年，却须"做到老，学到老"了。但是传统的观念，以为儿童时期是学习的黄金时期，年龄一大，学习能力便减低，甚至减得无学习可言。这种武断已足阻碍成人教育的发展了，何况再加上什么成人的兴趣不及儿童，什么成人的好奇心、摹仿心和竞争心也大大的减低，什么即使有学习能力，而无学习兴趣也是"今生不成"的。哪里知道一经实验，这些传统的观念，立刻显出迷信的原形来了。成人的学习能力不但比儿童为优，而且学习的兴趣也比儿童更为进步。八九岁的儿童可以读书，六七十岁的老年人更可以读书了。雷斯德[①]断定说"以神经本质的变化来说明成人学习之比儿童较易或较难者，并无证据。儿童比成人较易学习的普通信念，在神经学与实验心理学中亦无事实的根据，只是用学校教育的传统态度来解释"而已。因此我们可以说：从成人的学习能力，成人的学习兴趣，和社会的需要看来，我们应抱定"做到老学到老"的态度才是道理。

[①] 雷斯德著，钟鲁斋、张俊玕译：《现代心理学与教育》，上海：商务印书馆1937年版，第217页。

万物之灵猿狗猫

——学习的理论

一、各种理论的鸟瞰

教育家与哲学家在研究学习的程序时，常想发现学习的理论（The theory of learning）。哪知学习是多方面的，学习的程序又很复杂；所以要用一个理论来包括多方面的学习和复杂的程序，难免顾到了头，顾不了脚，何况理论家的观点又各不同。因此到了现在，我们有了形形色色多种的理论（Some theories of learning）。远的如希腊、罗马的学者，且不谈，近自十七世纪末叶洛克（Locke）以来，至最近为止，学习的理论已是光怪陆离，几使初学者愈研究愈糊涂起来，有的说，快乐的观念容易记忆，痛苦的观念容易遗忘，这叫作学习的"苦乐说"（The pleasure-pain theory）。有的说，满足的反应即被选入，烦恼的反应即被摒弃；这选入与摒弃的练习，是促成神经上各种联结的要素，这叫作学习的"联结说"（The bond theory）。有的说，多种反应之中，那最"频"的和最"近"的反应即被保持，这叫作学习的"频近说"（The frequencyrecency theory）。有的说，多种反应之中，那感觉的强度最高的，即被保持，这叫作学习的"感觉强度说"（The sensory-intensity theory）。有的说，学习的动机越强，学习的效率越高，或说你若存心要学，便容易学习，这叫作学习的"动机说或称运动定向说"（The drive or motor-set theory）。有的说，学习是统制反射，意即受了制约的反应，随时可以唤起之，这叫作学习的"制约反应说"（The conditioned-response theory）。有的说，学习不靠试误的练习，也不靠制约作用，而在灵机一触，忽然领悟，这叫作学习的"洞悟说"（The insight theory）。此外尚有种种说法，不必赘述。即以上述的七种说法而论，我们便可看出每种都有"相当的真理"但都不是"全个真理"。假如我们用上述的某一理论来解释学习的某一方面或学习的某一程序，都可以说得过去，但是要用该一理论来解释一切的学习，有时难免碰壁。然而各派的心理学家竟以为他们的理论可以包括一切的学习，于是便犯了"盲人谈象"的弊病。我们若说象的耳朵形如扇子，象的尾巴形如绳子，则可，若说象如扇子或如绳子则不可。同样，上面所说的快乐，满足，频因，近因，强度，动机，制约，洞悟等学说，都可解释学习的某几个方面或某几种程序，却不足以解释全部的学习。我们若能抱定这种态度，则在研究某一学说时，便不致完全盲从。

上述的七种学说之中，有的是很相似的，如"苦乐说"与"满足说"；有的是补充的，如"频近说"与"强度说"，有的是各派都接受的（除极左的行为主义者外）如"动机说"。其中自成一个系统而又为现在的学者认为最有势力的则有三派，即："联结说""制约说"和"洞悟说"。我们即把这三派来代表现在的学习的理论。"联结心理学"代表"试误的学习"，"行为心理学"代表"制约的学习"，"格式塔心理学"代表"洞悟的学习"。再以猫的学习来代表试误的学习，狗的学习来代表制约的学习，猿的学习来代表洞悟的学习，然后再来说明人类的学习。

二、猫的学习

人类的学习是很复杂的，所以心理学家多用较下等的动物作为实验，来看它们的学习行为，然后以它们的行为来推论人类学习的行为。桑戴克①的猫的实验是极著名的，我们不妨来介绍一下。他用一个二十寸长，十五寸宽，十二寸高的笼子，笼子的顶和前面用木栅钉住，前面还有一扇可以向外开的门。门里装着一个直立的门闩，门闩向横一扳，门即向外开。在这个笼子里关着一只小猫，肚子饿得很，笼外放着一块鱼。饿猫要吃鱼而不得出来，于是它在笼内乱抓乱咬。先想从木棚缝中钻出来，钻钻钻不出，便抓木栅的横条，再咬横条，咬笼子的四壁。这样杂乱无章地钻钻，抓抓，咬咬，偶然把门闩扳横了，门即开放，饿猫便得到了食物。这是第一次的开门。以后继续试验下去，那猫已有了一些经验，那些杂乱无章的动作便逐渐减少，直到最后，猫一关在笼内，它便会立即把门闩扳倒。这时，它已学会了开门的一件事。于是桑戴克说，"在这个情境中它已养成了一个联想，即：关在一个某种形状的笼子里，便用某种特殊的方法去抓笼子的某一部分"。所以学习是"试误"，无所谓理解，无所谓观念，也无所谓意识。他还引证卜克（Book）② 的话说，"照学习者自省记录看来……一切新的适应，或简捷的方法，都在无意识中养成，都是极无意地得来"。你看小猫学开笼子的门，那里有什么理解？那里有什么思想？还不是试了又试，一误再误，在无意中学得的么？所以学习的唯一方法只有试误，试误，又试误，以至成功。

学习不但是试误，而且"一切的学习都是分析的"。小猫学习开门是在特殊的一个笼子内，用着特殊的一个方法，抓住笼子的特殊的一部

---

① Thorndike, E. L., Educational Psychology, Briefer Course, 1925, P. 129.
② Thorndike, E. L., Educational Psychology, Briefer Course, 1925, P. 139.

分。它的反应并不是反应情境的全部，也不是反应笼子的全部，而是局部的，部分的。所以学习不是综合的而是分析的。在猫的学习中，它"所养成的联络并非绝对的起于情境的全部，而是很显著地起于其中的一个分子或几个分子"。① 所以"学习是联结，人之所以得为最大的学习者，其最大的原因是为了他养成这许多联结"。②

桑戴克以猫的实验来证明学习是试误，是部分活动，是联结的养成。你若还不服气，且去试解"九连环"。③ 你拿着一个或几个环套进套出，还不是一试再试，一误再误，经过多次的试误才学会了么？

以上说明联结心理学者对于学习的见解，现在我们要看看行为心理学者的见解是怎么样的呢。

三、狗的学习

行为心理学者以为学习是"制约作用"，他们常引巴夫鲁夫（今译为"巴甫洛夫"——编者注）的狗的实验来解释"制约作用"，再由此来推论人类的学习。

"制约反射"的学说是俄国生理学家巴夫鲁夫（Pavlov）所发明。他的实验如下："巴夫鲁夫用着唾腺的反射动作，来测量各种刺激的效果。他看见狗在看到食物的时候，嘴里便汪汪流水，于是他便觉得很可以用这种现象，来测量刺激的改变。唾腺的反射动作，本是由于味觉神经的刺激而起，是直接由脑干而来的反射动作。于是他便从事这种实验。他的实验方法，是把唾腺的管割开来，使其露于外面接以记载器，使其唾液的流出，乃入于记载器中，而不入于口内。那个记载器上，是有度数的，所以实验结果，他便知道了唾腺分泌的量数，而可以研究反

---

① Thorndike, E. L., Educational Psychology, Briefer Course, 1925, P. 134.
② Thorndike, E. L., Educational Psychology, Briefer Course, 1925, P. 173.
③ Bode, B. H., Conflicting Psychologies of Learning, 1929, P. 219.

射动作的情形了。不过这样在心理学上还没有什么意义,在心理学上有意义的,是在于没有关系的刺激,可以与这种唾腺的反射动作相连接上。这就是说,原来不能引起唾腺分泌的刺激,由于同时与可以引起唾腺分泌的刺激发现出来,可以变成为能够引起唾腺分泌的刺激。例如在肉块发现的时候,或稍微早于这个时候一点,我们把钟响了起来,如此有二十次左右的样子,则钟声一响而没有肉块,也能刺激起唾腺分泌了。这同人类中的观念联合完全相像。巴夫鲁夫也曾经证明过,在人类中促成观念联合的一切情形,都能在狗上把各种刺激连接起来。至于原来不能引起某种行为的东西,后来竟变成为能够引起某种行为,这样的改变,巴夫鲁夫就叫作'交替'(今译作'制约')。'交替'这个名词,自他用了出来之后,现在在心理学的著作中很多人都应用了。"[1]

所谓"制约"(旧译作交替),可用图解表明如下:

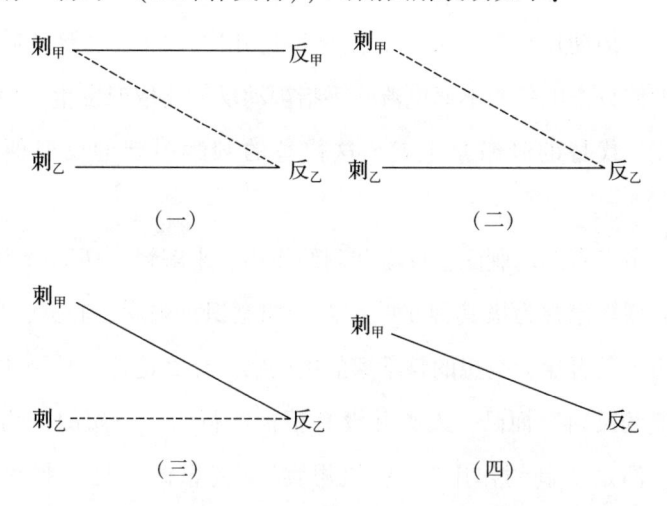

$$
\begin{array}{ll}
\text{刺}_甲 \dashrightarrow \text{反}_甲 \qquad & \text{刺}_甲 \dashrightarrow \\
\text{刺}_乙 \longrightarrow \text{反}_乙 \qquad & \text{刺}_乙 \longrightarrow \text{反}_乙 \\
\quad (一) & \quad (二) \\[1em]
\text{刺}_甲 \qquad\qquad & \text{刺}_甲 \\
\text{刺}_乙 \dashrightarrow \text{反}_乙 \qquad & \qquad\qquad \text{反}_乙 \\
\quad (三) & \quad (四)
\end{array}
$$

图中"刺甲"和"刺乙"为两种不同的刺激,例如"钟声一响"和"肉块出现"。"反甲"和"反乙"为两种反应,例如狗闻钟声便

---

[1] 匹尔斯柏立著,陈德荣译:《心理学史》,上海:商务印书馆1931年版,第343—344页。

"竖起耳朵",一见肉块便"分泌涎液"。闻钟声而听,或见肉块而流涎,是自然的反射,即所谓"非制约反射"(unconditioned reflex)。狗闻钟声本来决不会分泌涎液,但为了每次钟声响后,便有肉块出现,这钟声与肉块就发生了关系,于是钟声与流涎亦发生了联络,即"刺甲"与"刺乙"能引起"反乙"。到了后来,仅仅"刺甲"亦能引起"反乙"。这种反应叫作"制约反射"(Conditioned reflex)。

上面说明狗对于钟声的反应(流涎)是习得的。儿童所有的"制约反应"也是如此。例如①一个孩子看见火炉(刺甲),伸手去摸(反甲);摸着火炉(刺乙),连忙缩手(反乙)。后来看见火炉(刺甲)便连忙缩手(反乙)。

狗和小孩习得"制约反应"已如上述,成人怎么样呢?例如②一面击电铃,一面通电流于手指,手指受电流的刺激必发生颤动的反射。如只击电铃,颤动反应并不发生。但是经过几次同时击电铃又通电流以后,则即使只击电铃而不通电流,手指颤动反射还依旧发生。原来的刺激是电流,代替的刺激是电铃。这代替的刺激引起的反射便是习成反射。

行为主义者既以刺激,反应和制约作用,来解释一切的行为,于是从前的心理学家视为极其神秘的东西,如意识、观念、心灵、思想等,都被行为主义者斥为空想的哲学家的虚构物。什么遗传,什么本能,无非是"制约反射"而已。人类并没有精神的行为,一切的行为都是机械式的,都是"制约作用"。"饥思食""渴思饮"是"制约反射","非礼不动""疾恶如仇"也是"制约反射"。所谓教育,所谓学习,无

---

① 章益:《学习问题的现阶段》,收录于萧崿嵘等编著:《学习心理学》,上海:开明书店 1935 年版,第 45 页。

② 朱光潜:《行为主义》,收录于邰爽秋等编:《心理学的派别》,上海:教育编译馆 1935 年版,第 115 页。

非是增强刺激与反应的联络而已。这一点颇与联结心理学相似。不过联结主义者主张试误的学习，而行为主义者以为试误不但浪费时间，而且难以得到所期望的反应。所以教育的任务是选择并供给刺激，以引起所期望的反应。换言之，学习即是各种"制约反射"的养成而已。如何能养成"制约反射"呢？自然非反复练习不可。这一点又与桑戴克的"练习律"相似，但是更进了一步；因为行为主义者既注重刺激，所以在造成"制约反射"时，还须加强刺激。他们相信两个刺激同时出现，则所造成的"制约反射"，比单用一个刺激更快且更有力。根据这个学说，教育家须注重环境，须选择教材，须用各种实物和刺激各感官的方法，来增高学习的效率，这几点都是行为心理学对于学习上的贡献。

联结心理学者以学习为"试误"，为分析的，行为心理学者以学习为"制约"，为机械的，二者都着重于刺激与反应间的联络和反复练习，已如上述。现在我们要看看"格式塔"心理学者对于学习的见解与上述的两种学说有何不同。

四、猿的学习

"格式塔"心理学派的中坚人物，客勒（W. Köhler），[1] 以好多只人猿作为实验，来研究学习的性质。在他的实验情境中，人猿不能直接达到目的，而间接的方法是有的，客勒就要观察各人猿如何发现并如何利用间接的方法。这里且举几个实验作为例子：（一）人猿关在栏内，栏外放着水果，却因距离太远不能取得，可是有一条线，一端缚着水果，一端放在人猿可以取得的地方。（二）水果不用线缚着，但栏内放着一条杆子。（三）杆子也没有，但栏内放着一段有枝子的枯树，若把枯枝折下来便可作为杆子用。（四）栏内放着两条竹竿，这两条竹竿都太

---

[1] Köhler, W., The Mentality of Apes, Translated by Ella Winter, Harcourt, Brace & Co., Reprinted 1931.

短，须接起来才可去拨水果。（五）水果挂在顶上，而栏内另一端放着一只木箱，人猿须把木箱移到水果所挂的地方，立上去才可拿得着水果。（六）木箱内装满石子，人猿非先把石子拿出不能移动。（七）水果挂在顶上，在另一端悬着一条绳子，人猿须握住绳子荡过去，才可得到水果。（八）栏内放着一条短杆，栏外放着水果和一条长杆，人猿须先用短杆取得长杆，然后可用长杆去取水果。

在这些情境中，人猿自然也有尝试，也有错误，但它们的"试误"并非由反复练习而逐渐减少，乃是有意义地观察整个情境，一经发现解决的办法，它们便立即知道如何做去，根本用不着"杂乱无章的动作"。人猿的学习如以"曲线"（Curve）表之，不像试误的学习逐渐下降，乃是成直线的骤然下降。

若学习是部分的联结，或制约的反射，而这种联结和制约若须由多次练习而造成，则人猿对于杆子的联结或反射，不是玩玩，便是咬咬，因为它们本来已有玩咬杆子的习惯，可是遇到了新的情境，人猿不把杆子当作玩咬的东西，却忽然给以新的意义，把杆子看作取得水果的工具。这新的意义绝不是由试误而得，也不是由机械的制约作用而来，乃是由"洞悟"（Insight）而发现。所谓"洞悟"乃是事物的改造，（Reconstruction of things，如以供玩咬的杆子改造为取得水果的工具，把枯枝折下来改为长杆）亦即是反应的重组（reorganization of reactions）以适应情境。这样说来，学习是改造，是综合，而非试误或分析。学习所重的是理解的启发，而非习惯的养成。

桑戴克以为一切的学习都是分析的，学习者的反应，并不是反应情境的全部而是反应情境的特殊部分。"格式塔"心理学者却以为学习者必先领会全部情境，不愿把整个行为分割为若干简单反射而后一一拼砌起来。客勒的另一实验更可说明这一点。他把两个灰色盒子放在饲养人猿的地方，训练它们从这两个盒子中取得食物，而食物却只放在颜色较深的盒内（姑称为甲盒）。如此经过多次练习，使人猿知道食物是在"甲盒"内。有一天他把颜色较浅的"乙盒"拿去，而另放一只颜色比"甲盒"更深的"丙盒"进去。这时人猿不向"甲盒"去取食物，却向"丙盒"去取。可见人猿所习得的并不是向特殊的"甲盒"去取食物，也不是"甲盒"的特殊刺激引起特殊反应，它们所习得的乃是情境的整体，即盒子颜色深浅的关系。因此"格式塔"心理学者便主张学习者须明白情境的整体，须了解事物的相互关系，若把行为分割成若干断片，这是破坏"格式塔"，一味地反复练习是摧残创造力的。

五、三种学说的批评

以上所说的实验，不论是猫，是狗，是猿，自然都是确实的，都可用以来解释人类的学习。但因"被试"的智力有高有低，实验的情境有简有繁，学习的程序有难有易，因此"主试"各有各的结果，各有各的推论。

猫的学习开门，似乎是"试误"，试误的动作似乎是杂乱无章的，其实猫亦未始没有智力，"试误"的过程中未始没有"洞悟"。只因情境太复杂，一时不能见到解决的办法，于是发生了乱抓乱咬的动作。便是猫的抓和咬也不是极端"乱"的，因为它的抓和咬也是有目标的。假使桑戴克的笼子不用有机关的门，而开一个猫洞，那末它根本用不着"试误"，它一发现猫洞，便会立即钻出去，正像人猿见到缚香蕉的线头，便把香蕉拉进来一样。可见学习的情境若适合猫的行为，猫的学习也可变为洞悟的学习，什么试误呀，反复练习呀，杂乱无章的动作呀，都可免去。等到猫已学会开门了，桑氏以为它"所养成的联结并非绝对起于情境的全部，而是很显明地起于其中的一个分子或几个分子"。这是说猫已养成了开放特殊的门的特殊习惯。其实它的习惯何尝是特殊的呢？若是把那扇门换了一种颜色，或把那扇门换了一个方向，（即非前次特殊的门）猫仍能在整个情境中分辨出来。而且它每次开门的行为并非完全一致，它有时用左足开，有时用右足开，有时用嘴开，可见它所养成的并非特殊的习惯，并非"运动的范型"，而是开门这一件事的"意义的范型"（Not the pattern of movement, but the pattern of meaning）。开门的动作虽不同，而开门的意义则一。即此一点便可证明猫所学习的不是开门的特殊一部分，而是开门的整个情境。所以即以猫的学习而论，其中亦有"洞悟"，亦未必把整个情境分割开来。

至于"制约反射"，自然是极可能的，但是刺激引起反应似乎不是完全出于机械作用，人类的行为也并不是完全被动的。刺激何以能引起反应呢？还不是因为有机体内本来已具有反应的倾向么？若是一个刺激能机械地引起一个反应，那末，何以不同的刺激能引起同一的反应，同一的刺激能引起不同的反应呢？还不是因为反应者也有自主的余地么？可见人不是机器，他的行为不是完全被动地受外界的制约。

行为主义者因为主重刺激和反应的联络，所以正如联结主义者一样，着重反复练习。但是我们看到被火炉灼痛的小孩，以后见了火炉连忙缩手，行为主义者说这是"制约反射"，难道这种"制约反射"是由反复练习而养成的么？有谁见过一个小孩须经过多次的灼痛而后见了火炉才怕灼痛呢？

"格式塔"心理学者为要观察人猿的智力，所以其实验的情境并不过于复杂，以适合人猿的行为，因此几乎每个实验都可看出人猿的"洞悟"。但是实验的情境如超乎人猿的智力，便难免失败了。例如在一个实验中，① 天花板上有个钩子，地下放着绳子，人猿须先把绳子缚在钩上，然后才可拉住绳子荡漾过去，去取得水果。客勒所养的七只人猿，竟没有一只能办得到这件事。又如在栏前放着四条线，其中只有一条线

---

① Bode, B. H. Conflicting Psychologies of Learning, 1929, P. 225.

缚住栏外的一只香蕉,这时人猿却拉了两次空,直到第三次才拉着缚香蕉的线。① 这两次的空拉,还不是"试误"么?若是多放几条线,一定会多发生几个错误呢。可见学习并非全是"洞悟",有时也难免有"试误"的行为。

以上说明学习不单是"试误",不单是"制约",也不单是"洞悟",学习者程度有高低,材料有难易,情境有简繁,所以这三种现象都有同时出现的可能。但是着重的分量可以不同,那末人类的学习应着重哪一点呢?

六、人类的学习

人的智力无疑地超乎其他的动物,所以我们正可称为"万物之灵"。然而"万物之灵"有时也有猿、狗、猫、的行为,即有"洞悟",有"制约",也有"试误"。因此"发生心理学"（Genetic psychology）包括上述的三种学说而把学习分为七个阶段,② 即：（一）朝向（Orientation）；（二）探索（Exploration）；（三）意匠作用（Elaboration）；（四）关接（Articulation）；（五）简单化（Simplification）；（六）机械化（Automatization）；（七）再朝向（Reorientation）。所谓"朝向"和"再朝向"即指发现问题,重新估计；是偏重"洞悟"的。"探索""意匠作用"和"关接"即指部分的研究,分析的学习,和概念的连接；是偏重"试误"的。"简单化"和"机械化"即指习惯的养成；是偏重"制约"的。例如一个人着手做一件事,他须得观察情境,假定一个目标（朝向）,然后才可尝试（探索）。在尝试的进行中还须分析问题,

---

① Köhler, W., The Mentality of Apes, Translated by Ella Winter, Harcourt, Brace & Co., Reprinted 1931.

② Washburne, J. N., Viewpoints in educational psychology, Educational Psychology, edited by C, E, Skinner, 1936. ch. 25.

以决定何种动作应当采取,何种动作应当摒弃(意匠作用),然后把各种概念连接起来(关接),在杂复的情境中抽出一个头绪来,然后可以按部就班地做下去(简单化)。越做越纯熟,工作的效率也因此增高,这时可说已养成了机械的习惯(机械化)。可是机械的习惯,虽可增高效率,却也足以阻碍更进一步的改良,于是还须把工作重新估计(再朝向)。重新估计以后,有时或许还要改变原来的目标。原来的"朝向"一改变,就得把其他步骤重演一下。所说七个阶段并不是固定不变的,有时无需七个阶段,有时亦可改换次序,不过这七个阶段已可包括一切学习的步骤了。

"目的主义"(Purposivism)偏重"朝向",所以"格式塔"心理学家以及杜威派的教育家都着重主动的学习,创造的思想,而以"试误"和"制约"为无意义的行为。甚至说没有这种事情。"联结主义"偏重"探索""意匠作用"和"关接",所以桑戴克一派的教育家都着重"试误"的学习,分析的研究,反复练习和部分的拼砌,而以"洞悟"为幻想家的高调,以"制约"为实验室中的特殊情形。"行为主义"偏重"简单化"和"机械化",所以华德生,查德,郭任远等都着重刺激的选择和供给,其意以为过去的文化,成人的经验,教师的知识已在这儿,所以教育家把人类中优良的知识灌输给儿童是最经济的办法,何必定要难为儿童,叫他们自己去发掘或自己去试误呢?

这样,我们可以看出这三派的学说如只解释三种的学习,都是对的,如以任何一种来解释一切的学习便都有限制。达希尔[①]以为学习的各种理论可解释程度不同的各种学习。"试误"一类的学习似乎是原始的;原生动物和人类以下的动物不是以试误来适应环境么?"制约反射"是后起的,是由反射活动中分化出来的,脊椎动物,尤其是哺乳动

---

① Dashiell J. E., A Survey and synthesis of learning theories, Psychol. Bull, 1935, 32: 261-27.

物中，最可以看出这一类的学习。"洞悟的"适应是心理的后期的产物，人猿，尤其是人，才能知道情境的相互关系。所以"试误"是原生动物的特质，"制约"是脊椎动物的特质，而"洞悟"是万物之灵的特质。达希尔又以为动物的进化程序在个人发展的过程中也可看出来。"试误"是最原始的最粗劣的婴孩的学习，"制约"是稍迟的学习，"洞悟"是年长的儿童和成人的学习。最后他下个结论说，纯粹的"试误"或单独的"制约反射"是没有的；绝对的忽然"洞悟"也是没有的，"洞悟"似乎是忽然发生的，其实是以过去的经验为基础的。

因此，我们可以说"试误""制约"和"洞悟"并不是三种绝不相同的学习，而是学习程序中三个不同的程度。"试误"和"制约"可说是"洞悟"的延绵程序，而"洞悟"也可说是"试误"和"制约"的缩短的程序。人类既然也有狗和猫的行为，则"试误"和"制约"自然不能全免，然而人类的智力既超乎人猿，则教育者自当着重洞悟的学习。

七、总述

历来心理学家对于学习的理论各有不同的见解，主要的有苦乐说，联结说，频因说，近因说，感觉强度说，动机说，制约反应说，洞悟说等。其中最有势力的则有三派，即联结主义者所代表的试误说，行为主义者所代表的制约反应说，和"格式塔"心理学者所代表的洞悟说。

桑戴克的猫的实验可以代表试误的学习，巴夫鲁夫的狗的实验可以代表制约的学习，而客勒人猿的实验可以代表洞悟的学习。试误的学习着重特殊分子和联结，所以联结主义有时被称为"拼砌主义"。制约的学习着重刺激和习惯的机械化。这两派（联结主义和行为主义）都主张反复的练习。洞悟的学习着重情境的整体和事物的相互关系，学习者须有目标，自动出发，所以"格式塔主义"有时亦称为"目的主义"。

发生心理学者则谓个人程度有高低，学习的情境有难易，在学习的过程中试误、制约和洞悟都可发生，因此把学习分为七个阶段，即：朝向，探索，意匠作用，关接，简单化，机械化和再朝向。这并不是说一切的学习都须依照这七个阶段而进行，乃是说这七个阶段可以包括一切的学习。纯粹的试误，单独的制约反射和绝对的洞悟都是不可能的，这三个学习程序是互相错综随情境而变化的。照各种的实验看来，试误是原始的学习，制约反射是进一步的学习，而洞悟是最高级的学习。人猿的智力高过猫和狗，而人的智力更超乎一切的动物，所以号称万物之灵的人类似应多注重洞悟的学习。

本辑参考用书

[读者如欲继续研究，可先择有星号（*）者阅读之]

Allport, F. H., Social Psychology, Cambridge, Houghton Mifflin, 1924.

Amastasi, Anne and Foley, Jr. John P., An analysis of spontaneous drawings by children in different culture. J. Appl. Psychol., 1936; 20.

Baldwin, Joseph, Elementary Psychology and Education, Appleton, 1889.

Betzer, Jean and Lyman, R. L., The development of reading interests and tastes. National Soc. For the Study of Educ. Yearbook, XXXVI, Part I, 1937.

Blatz, W. E. and Batt, E. A., Studies in mental hygienes of children, Ped. Sem., 1927; 34.

Blodgett, H. C., The effect of the introduction of reward upon the maze performance of rats. Univ. Calif. Pub. Psychol., 1929, 4, No. 8.

Bode, B. H., Conflicting Psychologies of Learning, Heath and Co., 1929.

Brooks, L. M., Student interest in contemporary problems. Social Force, 1937; 15.

Bruce, R. H., The effect of removal of reward on the maze performance of rats. Univ. Calif, Pub. Psychol., 1930; 4, No. 13.

Burger, G. H., The relation of interests to certain personality traits in eighth and nineth grade boys. Unpublished master's thesis, Univ. of Colorado, 1937.

Burtt, E. A., Principles and Problems of Right Thinking, New York, Harper, 1928.

Carver, T. N., Sociology and Social Progress, 1905, Ginn Co., Ch. 18.

Cason, H., Criticisms of the law of exercise and effect Psychol. Rev., 1924; 31.

Crafts, L. and Kohler, H. M., Whole and part methods in puzzle solution. Amer. J. Psychol., 1937; 49.

Crawford, A. B., Incentives to Study. Yale Univ. Tress, 1929.

Dashiell, J. E., A survey and synthesis of learning theories. Psychol. Bull., 1935; 32.

Davis, R. A., Psychology of Learning, McGraw-Hill Co., 1935.

Davis, R. A. and Moore, C. C., Methods of measuring retention. J. Gen. Psychol., 1935.

Dewey, J., Democracy and Education. Macmillan, 1923.

Dewey, J., How We Think, Heath and Co, 1910.

Dewey. J., Interest and Effort in Education, Houghton Mifflin Co., 1913.

Dugdale, R. L., The Jukes. New York, Putnam, 1877.

Dunlap, J. W., Relationships between constancy of expressed preferences and certain other factors. J Educ. Psychol., 1936.

Dunlap J. W. Preferences as indications of special academic achievement. J. Educ. Psychol., 1935; 26.

Dunlap, K. A., Revision of the fundamental law of habit formation. Science, 1928; 67.

Durost, W. N., Children's collecting activity related to social factors. Columbia Univ. Contrib. To Educ., No. 535. T. C. Columbia Uuiv., 1932.

Estabrook, A. H., The Jukes in 1915. Washington Carnegie Institute, 1916.

Fitzpatrick, F. L., Pupil testimony concerning their science interests. Teachers College Record, 1937; 38.

Freeman, F. N., The effect of environment on intelligence. Sch. And Soc., 1930; 31.

Gates, A. I., Experimental investigations of learning in the case of young children. J. Educ. Res., 1925; 12.

Gates, Psychology for Students of Education. Macmillian, 1931.

Gates, Recitaton as a factor in memorizing. Arch. Psychol., 1917; 6, No. 40.

Gerberich, J. R. & Thalheimer, Reader interests in various types of newspaper content. J. Appl. Psychol., 1936; 20.

Gesell, A. and Thompson, H., Learning and growth of identical infant twins. Genet. Psychol. Monog., 1929; 6, No. I.

Giles, G. R., A new interest test. J. Appl. Psychol., 1936; 27.

Good, C. V., The effect of extensive and intensive reading on the reproduction of ideas or thought series. J. Educ. Psychol., 1927; 18.

Good, The relation of extensive and intensive reading to permanency of retention. Ped. Sem., 1926; 33.

Gopolaswomi, M., Economy in learning. Brit. J. Psychol., 1924-25; 15.

Gordon. H., Mental and scholastic tests among retarded children. Board of Educ., London, Educ, Pamphlet, 1923, No. 44.

Granet, M. M., La Pensee chinoise, 1934.

Greene, E. B., The retention of information learned in college courses. J. Educ. Res., 1931: 24.

Hamilton, Gent. Psychol. monog., 1929.

Heidbreder, E. F., Problem-solving in children and adults. Ped. Sem., 1928; 35.

Holsopple, E. Q. and Vanouse, I., A note on the Beta Hypothesis of learning, Sch. and Soc., 1929; 29.

Hurlock, E. B., An evaluation of certain incentives used in school work. J. Educ. Psychol., 1925; 16.

Hurlock, The use of group rivalry as an incentive. J. Abn. And Soc. Psychol., 1928; 22.

Husband, R. W., Applied Psychology. Harper and Bros. Pub., 1934.

Jones, M. C., A laboratory study of fear. Ped. Sem. and J. Genet. Psychol., 1924.

Katz, D. and Schanck, R. L., Social Psychology. Chapman and Hall, 1938.

Kefauver, G. N., School Review, 1926.

Kilpatrick. W. H., The Educational Frontier, 1933.

Köhler, W., The Mentality of Apes, Translated by Ella Winter, Harcourt and Co., reprinted 1931.

Krueger, W. C. F., The effect of overlearning on retention. J. Exper. Psychol., 1929; 12.

Krueger, Further studies in overlearning. J. Exper. Psychol., 1930; 13.

Lahy, B., Etude experimentale sur la variabilite des gouts des enfants. Psychol. Abstracts, 1937; 11.

Lanba, C. J., A preliminary experiment to quantify an incentive and its effects. J. Abn. And Soc. Psychol., 1930; 25.

Lashley, K. S., Studies of cerebral function in learning. Psychol. Rev., 1924; 31.

Lathrop, G. P., Talks with Edison. Harper's Magazine, 1922; 80.

Lazar, May, The reading interests, activities and opportunities of bright, average, and dull pupils. Unpublished doctor's thesis, Columbia Univ., 1936. See National Society for the Study of Education Yearbook, XXXVI, Part I, 1937.

League of Nations Mission of Educational Experts, The Reorganization of Education in China, Paris, 1932.

Lindley, E. H., A study of puzzles with special reference to the Psychology of mental adaptations. Amer. J. Psychol., 1887; 8.

Lyon, D. C., The relation of length of material to time taken for learning and the optimum distribution of time. J. Educ. Psychol., 1914; 5.

Maller, J. B., Cooperation and Competition. Teachers College Contrib. Educ., 1928; 384.

McDougall, W., An Introduction to Social Psychology. John W., Luce and Co., revised ed., 1926.

Morgan, John, P. B., Effect of fatigue on retention. J. Exper. Psychol., 1920; 3.

Muenzinger, K. F., Psychology: The Science of Behavior. The World Press, Inc., 1939.

Muscio, B., Is a fatigue test possible? Brit. J. Psychol., 1921; 12.

Myers, G. C., Delayed recall in American History. J. Educ. Psychol., 1917; 8.

Newcomb, R. S., Teaching pupils how to solve problems in arithmetic.

Elem. Sch. J. 1922; 23.

Ogden, R. M., The Gestalt theory of learning. Soh. and Soc. 1935; 41.

Painter, W. S., Efficiency in mental multiplication with extreme fatigue. J. Educ. Psychol., 1915; 6.

Pechstein, L. A., Whole versus part methods in motor learning: A comparative study. Psychol. Monog., 1917; 23, No. 99.

Pressey, S. L. and Pressey, L. C., A comparative study of the emotional attitudes and interests of Indian and white children. J. Appl. Psychol., 1933; 12.

*Purcell, Victor, Problems of Chinese Education, 1936.

Reed, H. B., Part and whole methods of learning. J. Educ. Psychol., 1924; 15.

Reuter, E. B., Population Problems. Lippincott, Co., 1937, Ch. 15.

Robinson, E. S., The similarity factor in retroaction. Amer. J. Psychol., 1927; 39.

Ruch, T. C., Factors influencing the relative economy of massed and distributed practice in learning. Psychol. Rev., 1928; 35.

Simpson, B. R., Training in the technique of thinking as a means of clearer thinking. Sch. and Soc., 1923; 18.

*Skinner, C. E., Educational Psychology, Prentice-Hall, Inc., 1936.

Stainer, W. J., Rate of work in schools. Brit. J. Psychol. 1929; 19.

Strong, Jr. E. K., Predictive value of the vocational interest test. J. Educ. Psychol., 1935; 26.

Symonds. P. M., Changes in problems and interests with increasing age. Psychol. Buil., 1936; 33.

Symonds P. M., Changes in sex differences in problems and interests of adolescents with increasing age. J. Genet. Psychol. 1937; 50.

Symonds, P. M., Comparison of the problems and interests of young adolescents living in city and country. J. Educ. Psychol., 1936; 10

Symonds, P. M., Happiness as related to problems and interests, J. Educ. Psychol. 1937; 28.

Symonds, P. M., Life problems and interests of adolescents. Sch. Rev., 1936; 44.

Symonds, P. M., Life problems and interests of adults. Teachers College Record. 1936; 38.

Symonds, P. M., The problems and interests of older adolescents, in "Growth and Development: the Basis for Educational Program", Progressive Educ. Assn, 1936.

Thorndike, E. L., Human Learning. New York, Century, 1931.

Thorndike, E. L., Educational Psychology, Briefer Course, 1925.

Travis, L. E., The influence of the group upon the stutterers speed in free association. J. Abn. and Soc. Psychology, 1928; 23.

Walters, A. and Eurich, C. A., A quantitative study of the major interests of college students. J. Educ. Psychol., 1936; 27.

Waples, Douglas, Community studies in reading, I. Reading in the Lower East Side. Library Quarterly, 1933; 3.

Watson, J. B., The Behavorist looks at instincts. Harper's Magazine, July, 1927.

Whittemore, I. C., Influence of competition on performance. J. Abn. and Soc. Psychol., 1924-25; 19.

Wickman, E. K., Children's Behavior and Teachers' Attitudes. New York, The Commonwealth Fund Division of Pub., 1928.

Williamson, E. G., Scholastic motivation and the choice of a vocation. Sch. and Soc., 1937; 46.

Wilson. C. B., Pupils' knowledge of study techniques. Education. 1932; 52.

Witty, P. A. and Lehman, H. C., The collecting interests of town children and country children. J. Educ. Psychol., 1937; 24.

Woodworth, R. S., Psychology. 1936.

Yoakum, C. S., An experimental study of fatigue. Psychol. Rev. Monog., 1910; 7, No. 46.

Zyve, D. L., A test of scientific aptitudes. J. Educ. Psychol., 1927; 18.

中美周刊, 第1卷, 23期。

中华教育界, 1936年, 24卷, 5号。

艾伟, 情绪的卫生, 见邰爽秋等编, 心理卫生, 教育编译馆, 1935。

邰爽秋等编, 心理学的派别, 教育编译馆, 1935年。

*郭任远, 心理学与遗传, 商务, 1929年。

陆志韦译, 桑戴克著, 教育心理学概论, 商务, 1932年版。

陈礼江, 喻任声译, 桑戴克著, 成人的兴趣, 商务, 1940年。

陈德荣译, 匹斯柏立著, 心理学史, 商务, 1931年。

*国际教育考察团, 中国教育之改进, 国立编译馆, 1932年。

教育杂志, 1936年25卷7号, 8号; 26卷, 11号。

鲁讯, 二心集, 关于翻译的通信。

*钟鲁齐, 张俊珩译, 雷斯德著, 现代心理学与教育, 商务1937年。

*萧峥嵘等编, 学习心理学, 开明书店, 1935年。

魏肇基译, 卢梭著, 爱弥儿, 商务, 1934年。

第二辑

文字改革是怎么回事

汉字是怎么创造的

　　汉字是世界上最古的文字当中的一种。在没有文字以前，先有笔画简单的图画。这种笔画简单的图画有了一定的意义，就可以变成一种图画文字。这种形状有点儿像图画的文字叫"象形文字"。最早的汉字是象形文字。再从象形文字用各种各样的方法，经过多次的变化，变出了今天我们所用的这许多汉字。到了今天，汉字已经不像图画了，可是有许多汉字还留着象形文字的影子。比方说：一条鱼的"鱼"字，古时候是这个样子的"🐟"，后来又改成"鱼"；下雨的"雨"字，古时候是这个样子的"⻗"，后来又改成"雨"；一个人的"人"字，古时候写作"𠆢"，好像一个人伸着手站着；大象的"象"字原来写作"象"，你看一个长鼻子、两个大耳朵、四条腿、一根短尾巴，画得多么仔细呀。还有许多字，就是不照着古时候像画图画那样地写，也有点儿像图画似的，比方：山、口、弓、田、井、门、壶、伞、凹、凸这些个字。因为看得见的东西比较好画，也容易叫别人看得懂，所以先造出来字是象形字。

　　可是画得出来的东西到底有限，还有许许多多的东西和事情要画也画不出来，那怎么办呐？古人又想了个办法，把两个或者三个象形字凑在一块儿，造出了另一批字来。比方："⺈⺈"是古时候的"北"字，就是现在的"背"字，表示两个人脊梁对脊梁地走开去，就是"违背""背后"的意思。"⺈⺈"是原来的"从"字，表示两个人一个跟着一个地走着，就是"跟从""服从"的意思。"⺈⺈⺈"是原来的"众"字，是三人成众的意思。用同样的方法，从一个"木"字里，又造出"林"字、"森"字来。一把刀把东西劈成两半儿是分开的"分"字，三辆车一起走，是轰隆隆的"轰"字。

不但同样的两个或者三个象形字凑在一起可以造出别的字来，而且还可以用不同的字或者符号合在一块儿表示出另一种意思。比方：立人旁加个"言"字是信用的"信"字，表示一个人说了话要算数的意思；上头小、下头大，是个"尖"字；上不上、下不下，是个卡住的"卡"字；日头跟月亮在一块儿，就是光明的"明"字；"门"上加一根横棍子是"闩"字；"人"圈在里面是囚犯的"囚"字。

这种凑意思的字比画图画的字是进了一步了，可是老凑意思还太麻烦，而且有时候也凑不成。古时候字又少，不够用，古人又想出了一个最经济的办法，就是按他自己的口音借用另外一个声音相像的字顶上，这跟今天有些识字不多的人，要写一个字写不出，就拿一个同音字顶上有些相像。可是古人借用同音字不等于今天我们写别字。本来有个字，大家都知道，而我偏偏写不出，写了另外一个声音相像的字，这叫写别字。原来没有的字，借用另外一个声音相像的字来表示，后来大家都这么用了，那个借用的字就变成正字了。比方："采"字本来写作"🌳"，表示一只手（爪）在树上（木）摘东西，就是我们所用过的繁体採桑、採茶的"採"字。可是那时候光彩的"彩"字还没有，就用"采"字来兼职。"来"字本来写作"🌾"，画的是麦穗，是一种麦子。麦子的"来"凑合着画成功了，可是来去的"来"画不出来，古人就借用这种

汉字是怎么创造的

表示麦子的"来"作为来去的"来"。"其"字本来写作"其"，画的是一个簸箕，就是现在的"箕"字，可是，"其他""其中"的"其"没法儿画，古人就借用这种表示簸箕的"其"来顶上。光彩的"彩"字、来去的"来"字、其他的"其"字已经画不出来，非借用同音字不可了，要像虚字眼儿更没法儿画了。那么"而且"的"而"字、"且"字怎么办呐？古人早已想到了这一点，所以才借用了同音字。这一来，虚字眼儿也好办了。"而"字本来写作"而"，画的是连鬓胡子；"且"字本来写作"且"，好像是一个祖先的牌位（神主牌）。因为这两个字念"而""且"，就把它们当作"而""且"用了。这两个字借用过来以后，只表示两个声音，到了今天，它们跟原来的胡子、祖宗什么关系也没有了。

如果新字眼儿都是这么借用旧字眼儿，那么汉字的发展就会走上表音这条路上去了。可是因为中国古时候复音词不发达（我们现在用的复音词，像"时候""石头""食物""十个""十只"等以前只用单音词"时""石""食""十"等），再说写字的用具又很不好使，写文章就得尽量节省字数，因此，古文大多都是单音词的文言。单音词的文言必然会发生同音字的混乱。为了避免同音词的混乱，就在代表声音的那个字上加上一个符号，表示意思。比方："光采"的"采"就写作"彩"，"采桑"的"采"多加了一个"提手"写作"採"，"来往"的"来"也有写作"徕"的，"簸其"的"其"写作"箕"，"且宗"的"且"写作"祖"，那个表示连鬓胡子的"而"字改作"髵"这一来，就创造了我们现在所说的偏旁部首。比方说，包袱的"包"字，本来写作"包"，表示胎儿在胎胞里，就是现在的"胞"字。有了这个"包"字作为表音的符号、再加上一个表形或者表意的符号，就创造了另一些新字：加上一个"提手"（扌），表示用手的意思，就产生了一个用手抱的"抱"字；加上一个"雨"字，就是下雹子的"雹"字；加上一个

·233·

"食"字，就是吃饱了饭的"饱"字；加上一个"鱼"字，是鲍鱼的"鲍"字。这种一部分表示意思或形状，一部分表示声音的字叫"形声字"。因为形声字能解决当时字眼不够用的困难，汉字就大量地向这方面发展了。到了现在，绝大部分的汉字都是形声字。因为绝大部分的汉字都是形声字，我们可以说，形声字的优点和缺点也就是汉字的优点和缺点了。这个问题对于文字改革有很大的关系，我们不能不研究一下。

汉字有什么优点和缺点

汉字的绝大部分都是形声字,形声字的优点和缺点就可以代表汉字的优点和缺点。形声字的优点是很容易看出来的。认识了五六百个汉字的半文盲有时候也能够利用字形跟字音来记住不少的生字。比方说,认识了一个"羊"字,又知道"三点水"(氵)是表示"水"的偏旁,那么海洋的"洋"就容易记住了。知道了三点水,那么见了有三点水的字像:"江、河、海、池、湖、波、浪、深、浅、汗、泪、油、酒"等,就知道这些字都跟水有关。知道了"工"念"工",那么见了带着"工"字的字,像:"攻、功、贡"等,就容易记住它们都是念"工"的了。

形声字的意符不但可以帮助学习的人推想字的意思,同时也起了分化同音字的作用。比方:"採""彩""睬""踩"等全念"采","棋""旗""期""麒"等全念"其",有了不同的意符就表示出不同的意思来了。

形声字有意符可以推想字的意思,还可以区别同音字,有音符可以帮助读音。这么说来,汉字应该是很容易学习的文字了。的确,有不少的汉字是这样的,这些字学起来也并不太困难。可是事实上并不这么称心如意。上面所举的几个例子只是有意地挑选出来的几个字，这些字的音符还能够表示今天的读音，这些字的意符也比较能够表示它们的意思。可是多数的汉字并不是这样的。先说意符吧。拿意思最明显的有三点水的字来说，如果不去考古，一般的人谁也看不出法子的"法"字跟"水"有什么关系。生活的"活"不能没有三点水，可是除了鱼一类的东西只能活在水里以外，对别的活物儿来说就不合适了。表演的"演"也非有三点水不可，可是表演不一定限于游泳。同样，像：注音的"注"，况且的"况"，政治的"治"，经济的"济"，添上的"添"，减去的"减"，凑巧的"凑"，交涉的"涉"，下决心的"决"，派出所的"派"等字，如果都要把它们跟"水"硬拉到一块儿去说明它们的意思，那管保越说越糊涂了。其他像：开始的"始"字的"女"旁，积极的"极"字的"木"旁，特别的"特"字的"牛"旁，回答的"答"字的"竹"头，落后的"落"字的"草"头（艹就是草头），"蛋"字底下的"虫"，"毒"字底下的"母"都是很难解说的。

像这一类的意符本来是比较简单明了的，还这么不好讲，其他复杂的意符就更不容易讲了。

为什么有许多汉字里表示意思的意符不好讲呐？这里面有两个主要的原因。第一，因为形声字的意符并不是按照科学分类的。举几个例子说吧："骆驼""麒麟""豺狼""狐狸""大象""犀牛"都是兽类，可是用了"马"、"鹿"、"犭"（犬）、"豸"（zhì，虫的意思）、"豕"、"牛"这许多不同的意符，而且"骆驼"并不是"马"，"大象"也不是"豬"。"蝙蝠"不是"虫"，用了"虫"旁，"沙漠"不是"水"，用了"水"旁，"玫瑰"不是玉（王就是玉），用了玉旁，"菩萨"不是"草"，用了"草"头。这些意符不能明确地表示这些字的意思。第二，因为几千年来，社会进步了，一切事物都在发展，当初可能表示某种意思的意符，到了今天，已经不适用了。比方"飞机""铁桥""茶杯"等，都不是木头做的了，可是"机、桥、杯"都还是木旁；"饭碗""碟子""砝码""大炮"都没有石头做的了。原子弹、氢气弹都不是用"弓"射出去的。"钢笔""铅笔"都没有"竹"，"墨水"和"纸"也不是"泥土"和"蚕丝"做的。"贝壳"已经算不了什么"宝贝"，"妇女"也不再是"奴隶"了。由此可见，这些意符不但太落后了，而且反而增加了学习上的困难。

许多汉字里的意符已经不适用了，声符怎么样呐？声符也像意符一样，有些还不错，有些反而叫人上当。比方说，"功"字左旁的"工"，"榆"字右旁的"俞"，好像都能帮助我们记住字音，可是如果你碰到不认识的字，光念半边，有时候就会上当。你知道了"功""攻""贡"都念"工"，可是，"项""红""江""缸""空"都不能念"工"；"愈"和"榆"都念"俞"，可是"偷"和"输"就不能念"俞"。因为汉字的声符不全可靠，识字不多的人就容易念别字，像："水獭"（-tǎ）念成"水赖"，"破绽"（-zhàn）念成"破定"，"别墅"（shù）念成"别野"，"一幢（zhuàng）房子"念成"一童房子"等。

为什么表示读音的声符会这么靠不住呐？这里面也有两个主要的原因。第一，因为形声字的声符不像现在的拼音字母那样科学化。同样一个声音只用一个声符来表示，那就方便得多了。可是汉字不是这样。汉字里老有各种不同的声符来表示同样一个声音，这就比拼音字母要难好几倍。比方，"功"字的声符用"工"，可是"供"字的声符用"共"，"蚣"字的声符用"公"，"躬"字的声符用"弓"。这还不算。同样一个声符在不同的地方就要念不同的声音，那就更难学了，比方"功"字左旁的"工"念"工"，可是"江""红""项""缸""空"这些字的声符，虽然还都用个"工"字，可是现在全不念"工"，而且每一个字的读音都不一样，也就是说这个"工"字已经失去了声符的作用了。第二，因为几千年下来，有许多字的读音变了。古时候是这么念的,现在不这么念了,而声符还是那个声符,因此,那个声符照现在念起来就不对了。比方"且"字的读音古时候是跟"祖"字同音的,现在的"且"字就不能再念"祖"了。"且"既然念"且","组""阻"可又不能念"且"。你看这有多么麻烦呐?

由此可见,形声字的意符是不适用的,声符是靠不住的。要学习汉字,必须一个一个地死记。

形声字的意符本来就很复杂,形声字的声符又不是那么可靠,再加上千百年来汉字的字形经过了多次的改变,汉语的语音也有很大的差别,以致到了今天,很多的意符不能合理地表示出字的意思,声符也不能正确地表示出字的读音了。不光这样,由于汉字的发展走上了形声字的道路,这就使我们背上了三个大包袱。哪三个大包袱呐?第一是汉字笔画多;第二是汉字字数多;第三是异体字多。

我们已经知道绝大部分的汉字是形声字,而形声字至少须由两个部分合成。那就是说,要写一个形声字,起码等于写两个字,而那两个字本身也许还是由两三个字合成的。这一来,笔画当然多了。比方读书的"讀"字,左旁"言"是意符,右旁"賣"是声符。别说阅读不一定必须说话(意符用"言"),也别说声符"賣"字,现在都念"迈",跟"讀"字的音毫无关系了,只说因为"讀"字是意符"言"和声符"賣"合成的,而"賣"又是由"士""四""貝"这许多字合成的,弄得一个字的笔画多到二十二笔画,多难写呀。"驢"字是由意符"馬"(十笔)和声符"盧"(十六笔)合成的,一共二十六笔。"鑽"是由意符"金"(八笔)和声符"贊"(十九笔)合成的,这个字就多到二十七笔。这些笔画多的字并不是个别的,二千字的常用字表里的字,如果不用简体,就有不少是二十多笔的字,像:"歡、聾、變、顯、鹽、靈、灣、觀、廳、鑼"等,其他不能算是不常用的字,像呼籲的"籲"就有三十二笔。这是说用意符和声符配合起来造成的字,笔画必然要多，写起来必然不方便、费工夫。

前面已经说过，意符的分类既不合理又复杂（像："蝙蝠"用"虫"旁，"奴"字用"女"旁，这是不合理的分类；"狗"用"犭"旁，"貓"用"豸"旁，这是分得太复杂），声符的用法又没有一定的规律，有时候同样一个声音用了各种不同的声符，有时候同样一个声符念成不同的声音，因此，弄得五花八门，汉字越造越多，多得有许多字没有实际的作用了。拿意符说吧：身上长的 geda 写作"疙瘩"，吃的面纥瘩写作"咯哒"，线纠个疙瘩写作"纥縫"。还有土"圪塔"、山"屹嵝"。有什么必要用这许多意符造出这许多不同的"疙瘩""咯哒""纥縫""圪塔"呐？作为"模模糊糊"讲的"蒙蒙"，就有"矇矇""朦朦""濛濛""懞懞""艨艨""氋氋"等，乍一看好像有了不同的意符，字眼分得挺细腻挺精密似的，可是真要是照这么分起来，那还不够呐。日头、月亮、草、水、心等的模模糊糊就算分别开了，那么，云彩的模模糊糊、烟气的模模糊糊、电影片的模模糊糊、声音的模模糊糊等，还得给它们造出一大批不同的"蒙蒙"呐。这不是成心找麻烦吗？其实呐，有了一个"蒙蒙"就够了。不但不必再造新字，连已经有了的那些字的意符都是多余的。

用了五花八门的意符造出了一大批不必要的疙里疙瘩的汉字，弄得初学的人蒙头蒙脑，已经说过了。声符的情形也一样。由于声符没有一定的标准，也增加了许多不必要的同音字。比方说，还没开的花儿叫 guder，表示这个声音的汉字就有"菇得儿""骨突儿""菇朵儿""菰朵儿""菁葵儿"这些个。作为散步讲的"liuda"，就有"溜达""蹓达""蹓跶""遛达"这些个。其他像："捉摩""捉磨""捉摸""琢磨"；"仿佛""方弗""彷彿""髣髴"；"马马虎虎""貓貓虎虎""麻麻胡胡""模模糊糊"；"丁丁当当""叮叮当当""玎玎珰珰"等。这些还是常用的白话，至于文言里表示同样声音而写法不同的字那就更多

·239·

了。光"逶迤"（念 wēi yí，是又长又弯曲的样子或者应酬敷衍的意思）这一个词儿，就有几十种不同的写法①。同样一个声音在古文里竟有多少种不同的写法，汉字的字数怎么能不多呐？

　　以上说明，由于多少年来用字的人不断地增加意符，又用各种不同的字作为声符来造新字，汉字就越来越多了。如果不管有用的没有用的，把所有的汉字都算在一起，就有五万多个②。可是这五万多个汉字当中，到了今天，十个倒有九个是没有什么用处的。那还得学五千呐。为了分别先后缓急，教育部在1952年公布了两千字的常用字表，叫初学文化的人先学这些常用字。因为汉字得一个一个地学、一个一个地记，已经不容易了，再说那些字的平均笔画有十一二笔，笔画多的字有二十六七笔，写起来多难哪。为了汉字的难学、难写，一个文盲好好地学也得用一年的业余学习，才能学会这两千个常用字。要看一般的书报，要写比较像样的东西，两千个字还不够呐。扫除文盲不过是学习文化、科学技术和政治理论的第一步，可是这第一步就得在认字上费这许多时间和精力。多用些时间，多费些精力，在过去还不算严重，在今天，我们都有紧张的工作任务，都在争取超额完成或者提前完成，时间和精力对于我们是多么宝贵呐？麻烦、复杂的汉字，如果可以简化的话，那够多么好呐。为了国家的社会主义建设，我们必须赶快提高文化，掌握科学技术，不能把时间和精力多费在麻烦、复杂的汉字上，所以文字必须加以改革。可是文字改革也不能不顾实际，一下子要怎么改就怎么改的，必须有步骤有计划地进行。因此，中国文字改革委员会把汉字的简化作为中国文字改革的第一步。

---

　　① 这种古文字原来可以不必管它，但是为了说明问题，我就选出这个词儿的十二对不同的写法做个样子，就是：逶迤、委蛇、逶佗、逶蛇、猗施、逶虵、逶移、倭迟、逶迟、威夷、郁夷、遗迤。

　　② 一本康熙字典连补遗在内一共有 49 030 个单字，而康熙字典还不是单字收得最多的一本字典。

怎样简化汉字

汉字的简化从三方面着手,就是:减少汉字的笔画;减少汉字的字数;简化常用的偏旁。这三方面的工作也正是针对着上一节所说过的汉字的缺点,加以可能的改良。

我们要知道汉字的简化不是中国文字的根本改革,只是把现有的汉字稍稍改良一下罢了。因为原来的汉字并不是都依照着一定的规律造出来的,减少笔画也就不能都依照一定的规律来减。如果能够利用一些规律,使学习的人认识了某一个字就能推想出另外几个字的读音,那是最好的了。比方把"尞"改作"了",那么医疗的"療"写作"疗"、辽远的"遼"写作"辽",这是有规律的简化,很容易记住。如果不能依照规律去推想,那还不如采用现成的简体字来得方便。比方"擬""礙""癡"三个字都有一个"疑"字。"擬"字简化为"拟"那是把右旁声符"疑"改为"以",读音相近,还不错,大家都这么写了。如果照这个办法把"礙"写作"砍",把"癡"写作"疢",可以说有规律了,可是"礙"念"艾","癡"念"迟",这两个字的读音跟"以"差得太远了。那还不如照过去的习惯,把"礙"写作"碍",把"癡"写作"痴"来得更实际一些。因此,汉字笔画的简化,就采用了三个办法，就是：大家已经用惯了的简体字，就照习惯写；能够找出规律来的，就利用规律；有些常用的字没有现成的简体，规律又找不出来，那只好另造或者利用古字，像："滅"字、"塵"字过去没有简体，又不能依照什么规律去简化，就利用"凑意思"的办法把"滅"简化成"灭"，表示"火"被压住就"灭"了，而且"灭"也是"滅"字里头的一部分。"塵"字就利用古体，写成"尘"，因为"塵土"或者"灰塵"本来是很"小"的"土"。像这一类的字是很少的。大部分的简体字是过去已经用惯了的所谓"俗体字"。

为了说明汉字笔画是怎么减少的，也为了便于学习简体字，我们不妨把简体字分成几类来讲：

1. 用一个最简单的符号来代替原来很复杂的偏旁。比方：对（對）、难（難）、欢（歡）、鸡（鷄）、戏（戲）、仅（僅）、凤（鳳）等七个字，把原来的偏旁"丵""莫""藋""奚""虍""堇""鳥"等不同的形式一律简化为"又"，而用"又"这个符号的七个字因为都有别的部分搭配着，都各有明显的独立的面目，不致有混乱的毛病，这就比原来的繁体字经济得多了。区（區）、赵（趙）、冈（岡）、风（風）等字里的"品""肖""岁""虫"等不同的形式一律用"乂"这个符号来代替，多么干净呐。又如"舉"字上头的"𦥑"、"學"字上头的"𦥯"、"興"字上头的"𦥑"，这几堆东西，猛一看，都是一模一样的，可是各有各的不同，初学的人很难分辨出谁是谁来，不用说写了。现在把这些难认、难写的笔画一律用"ツ"来代替，把"舉"改成"举"、把"學"改成"学"、把"興"改成"兴"，免去了多少不必要的麻烦，真是功德无量的好事情。

2. 用一个共同的声符在好几个字里来表示近似的读音。此方：种（種）、肿（腫）、钟（鐘）都用"中"；迁（遷）、纤（縴）、歼（殲）都用"千"；艺（藝）、亿（億）、忆（憶）都用"乙"；拥（擁）、佣

（傭）、瘫（癱）都用"用"。不但简化的声符笔画少，而且也接近现在的读音。如果同样一个声音都用同样一个声符来表示，那不是更理想吗？可是这么做会脱离实际，认识汉字的人都得从头学起，那就不是简化汉字而是根本改革文字了。要根本改革文字，就不必迁就现有的汉字。如果一面要迁就汉字，一面又大量地改换声符，结果汉字改得面目全非，谁也不认得，而中国文字的改革还是得不到彻底的解决。因此，利用共同的声符是有一定的限度的，其他的繁体字还得用别的方法来简化。

3. 换上一个笔画简单、读音比较准确的声符。有许多汉字的声符不但笔画复杂，而且读起来根本不是那个音，比方："幫"不能念"封"、"態"不能念"能"、"郵"不能念"垂"、"戰"不能念"單"、"勝"不能念"券"、"證"不能念"登"；"運"字里的"軍"、"趕"字里的"旱"、"達"字里的"幸"、"遞"字里的"虒"只能使初学的人念别字，不能帮助读音。不管这些字的声符当初是不是准确，也不管有些偏旁算不算声符，反正现在要是有人把它们作为"拐棍儿"去念，管保都得念错。这会儿把"幫"改为"帮"（"封"改为"邦"），"態"改为"态"（"能"改为"太"），"郵"改为"邮"（"垂"改为"由"）；"戰""勝""證"改为"战""胜""证"（"單"改为"占"、"登"改为"正"、"券"改为"生"）；"運"字里的"軍"改为"云"，"趕"字"達"字"遞"字里的"旱""幸""虒"改为"干""大""弟"，把它们写成"运""赶""达""递"。这些简化了的字不但容易写，而且就是念半边，也不会像从前那样念出笑话来了。

4. 利用凑意思的办法简化少数的字。用凑意思的办法来造字本来不是个好办法，因为这种字连一点儿表音的意味都没有，从这一点上来说，还不如形声字呐。把两个意符合在一块儿表示一个意思，叫人猜谜似的去捉摸它们的意思，够多么费劲呐。因此，这次简化汉字，仅仅采用了现成的几个字，像："蚕"（勉强讲作一种"天"给人用的"虫"）；"笔"（用"竹"跟"毛"做成的毛笔）；"灶"（用"土"砌成烧"火"用的一种设备）；"尘"（塵）原来是个古字，表示"小"的"土"；中国一向认为"月"是"陰"、"日"是"陽"，因此把"陰""陽"两个字勉强简写成"阴""阳"。新造的只有一个"灭"（滅）字，但也还是原来"滅"字的一部分。

5. 借用同音字来代替繁体字。古时候因为字少不够用，又为了避免同音字的混乱，才利用意符和声符创造了不少的形声字。在汉字的发展上是个进步的办法。可是到了后来，不但弄得字数太多，甚至意符之外又加意符，而且因为汉语向复音词方面发展，单个儿汉字的作用越来越小了。在词儿连读中，有些意符反倒变成多余的了。比方饭馆子里开发票，早已把"白米饭"写作"白米反"、"鹹肉"写作"咸肉"、"麵條"写作"面条"了，谁也不致因而付错了账。其他像："房樑"写成"房梁"、"水菓"写成"水果"、"鬍鬚"写成"胡须"、"葫蘆"写成"胡盧"等，这些现在看为简化了的字从前本来就这么写，后来加上了意符，现在又把意符取消了，好像又退回去了。其实，不能这么看的。当初加上意符是为了分化同音字，这是一个进步；现在因为在词儿连读中，这些词不致发生同音混乱的毛病，就把这些多余的意符取消，这又是一个进步。一般说来，古文中大多把一个字作为一个独立的单位用。这样，同音字就多了，只好靠着每一个字的形状来区别。现在呐，复音词多了，老把两个字、三个字，甚至四五个字连在一块儿，作为一个单位用。这样，同音混乱的毛病就少得多了。一个复音的独立单位可以靠着一连串的声音来表示意思；不必都用字的形状来区别了。如果"鬍"是"鬍"、"鬚"是"鬚"，那么写个"胡"，谁知道是这个"鬍"呐？写个"须"，谁知道是这个"鬚"呐？所以"胡"和"须"加上意符是有好处的。现在呐，没有人单说"鬍"或者单说"鬚"了，要说就说"髯子"或者"髯鬚"。这样，写成"胡子"或者"胡须"就行了。这次简化汉字，采用了大批的同音字来代替笔画复杂的那些字，就是这个道理。比方：萝卜（蘿蔔）、模范（模範）、酒曲（酒麴）、面包（麵包）、饼干（餅乾）、五谷（五穀）、老板（老闆）、斗争（鬪爭）、别扭（彆扭）、制造（製造）、放松（放鬆）、发霉（發黴）、刚才（剛纔）、好象（好像）、然后（然後）、这里（這裏）、几个（幾個）、沈阳（瀋陽）、台湾（臺灣）、台风（颱風）、蒙蒙（濛濛、朦朦、懞懞）等词儿，都不会发生同音字混乱的毛病，比原来的繁体字可进步得多了。

6. 利用原来的草体字。汉字笔画多，写起来很费时间，而且大多数的笔画都是直线，不是横就是竖，不能连着写，写起来就更慢了。因此，写字的人很早就发明了草体字。草体字不但笔画少，而且可以连着写，写草体字就比写正楷（就是一笔一笔端端正正写的字）快得多了。比方把"事"（八笔）写成"𠃋"（一笔连写），把"高"（十笔）写成"𠬝"（二笔），把"爲"（九笔）写成"𫝀"（一笔连写），把"書"（十笔）写成"𠂉"（三笔）。草体字好是好，就是不能像正楷那样方方正正，有棱有角，读起来不大方便，初学的人也不容易学。所以这次简化汉字只挑选几个早已通行了的草体字，把草体连写的弯笔画变化成为直线的楷书的样子。这叫作"楷化草书"，像：东（東）、为（爲）、乐（樂）、发（發）、专（專）、书（書）、孙（孫）、韦（韋）等。有些草体字，像："𠃋"（事）、"𠬝"（高）等，虽然挺简单，可是要把弯笔画改为方方正正的直线，就不像了，要是不改，又跟别的正楷字合不到一块儿去，因此，在印刷上只好不采用了。

7. 留下繁体字的一部分。根据过去的习惯，把有些繁体字的笔画省去一部分或者省去大部分，留下那些字当中最明显的或者最有代表性的那一部分，作为简体。省去的办法是多种多样的，有的省去左旁留下右旁，有的省去右旁留下左旁，有的掐头，有的去尾，有的留下两头，有的只留一角，反正，不管省去哪一部分，原来识字的人见了那留下的部分还能想象得到那个繁体字，比方：条（條）、务（務）、隶（隸）、夸（誇）；虽（雖），离（離）、号（號）、类（類）；么（麽）、电（電）、儿（兒）；业（業）、丽（麗）、筑（築）、巩（鞏）；奋（奮）、寻（尋）、夺（奪）、粪（糞）；医（醫）、声（聲）、气（氣）、飞（飛）；严（嚴）、产（産）；开（開）、与（與）、术（術）；疟（瘧）、汇（匯）、垦（墾）、质（質）等。

　　除了上面所说的那七种减少笔画主要的办法以外，还有一些别的零零碎碎的办法，这儿就不再噜苏了。用这些办法简化了的汉字现在一共有 515 个。

　　教育部公布的常用字就有两千个。除了常用字以外，还有不常用的字。不常用不等于没有用。把不大常用的字都算进去，那么，目前还用得着的汉字大约有四五千。仅仅简化了 515 个字还不能满足大众的要求。因此，简化汉字又采用了另一个办法，就是简化汉字的偏旁。比方说，拿"马"字作为偏旁的字有："馴""駁""駱""駝""駐""馳""駒""騎""驅""騾""驢""驕""驗"等好几十个，只要把偏旁"馬"（十笔）简化为"马"（三笔），那么，好几十个有"馬"字的偏旁的字就都简化了。又如把偏旁"言"（七笔），简化为"讠"（两笔），我们就有一大批带着这个偏旁的简体字，像："计"（計）、"订"（訂）、"评"（評）、"讨"（討）、"记"（記）、"托"（託）、"训"（訓）、"许"（許）、"设"（設）、"说"（說）、"话"（話）等一百多个。简化了一个偏旁就连着简化了好几个或者好几十个，甚至一百多个字，这个办法真能顶事。全国文字改革会议一致通过的汉字偏旁一共有 54 个。这 54 个偏旁所包括的汉字就不少了。可是大批的汉字铜模不能一下子就铸造出来，所以已经通过的简化的汉字，尤其是简化偏旁的汉字，只能分批推行。尽管在印刷上需要逐步简化，在写字的时候，就可以先用起来。

一个一个简化的汉字有515个，由于简化了54个偏旁而成批简化的汉字就更多了。这两种简化的办法只是减少汉字的笔画，还有汉字的字数也得大大地减少一下，那就更能减轻学习的负担了。

如果把不必要的字废除，汉字的字数自然就减少了。还有已经用不着的或者很少见面的字可以不去理它。这儿所说的不必要的字，指的是异体字，就是：读音完全相同，意思完全相同，可是写法不一样的那些重复的字，比方：吃饭的"吃"也写作"喫"，杯子的"杯"也写作"盃"，考试的"考"也写作"攷"，叹气的"叹"也写作"歎"。一个初学的人费了好大的劲儿，学会了"吃""杯""考""叹"四个字，还得去认识"喫""盃""攷""歎"。为了四个字，得学八个，这不是加倍地费事吗？不学吧，见了不同的写法还是不认识；学吧，学了八个字还只能当四个字用，这够多么冤枉呐！这些字还只有两种不同的样子，有的字有三种甚至四种不同的样子，那就更麻烦了，比方："烟、煙、菸"；"磚、甎、塼"；"窗、窓、窻、牎"；"劫、刼、刦、刼"等。这些不同的字形除了给学生增加学习的困难以外，对于文化的提高是没有一点儿好处的。这次简化汉字在一个字的几种写法当中挑选一个作为正字，把其余的异体字一律废除，这是符合人民大众的要求的。这种被废除的异体字一共有一千多个，大大地减少了汉字的字数，省得它们再跟识字不多的人捣乱。废除异体字只要从印刷上着手，不让它们再在书报上露面就成了，这儿就不多谈了。

废除异体字是减少汉字字数的一个办法，另外一个办法是扩大某些字的用法当作另一部分读音相同的字，也就是前面说过的借用同音字的办法，比方：把山谷的"谷"字又当作穀子的"穀"字用，以后我们见了"谷"字，就知道是山谷的"谷"，也是谷子的"谷"，那个原来的"穀"字就可以废除了；把出去的"出"字又当作一齣戏的"齣"字用，以后我们要写一齣戏的"齣"字就用这个"出"字，那个不好写又不好认的"齣"字就用不着了。这一来，汉字的字数又减少了一部分。

简化515个汉字，简化54个偏旁，就减少了不少汉字的笔画；废除异体字，利用一些同音字，就减少了不少的字数。今天我们还都用着汉字，这种简化汉字的工作是十分必要的。这对于扫除文盲和普及教育都有帮助。我们应当为简化汉字做些宣传的工作。

可是我们不能忘了简化汉字仅仅是中国文字改革的第一步，中国文字的根本改革是要走世界文字共同的拼音方向。

为什么要采用拼音文字

简化汉字的工作只是对汉字做些改良工作，不论怎么改，也出不了方块字的范围，而方块字的根本缺点不是用简化的办法能克服得了的。汉字的根本缺点在于不能拼音，因而难学、难写，不便于利用现代机械化的工具。采用拼音文字主要是为了提高语文教学的效率和便于使用现代化的技术。

1. 为了提高语文教学的效率。方块汉字，尽管经过简化，还是用种种笔画搭成各式各样的形状，看了每一种形状，念不出声音，也不知道它的意思。要学一个汉字，像"天"字，必须先认清它是两横（二）一撇（丿）一捺（丶），依照一定的式样搭成的，不许那一撇出头，一出头就成了另一个字（夫）了。认清了以后，还得把它记住；字形认清了，字音可看不出来，老师说"天"念"tiān"，天上的"天"，学生才知道这个字的读音和意思，再把它记住。这样，要学一个字就得记住那个字的形状、声音和意思。认识了这个"天"字，见了"夫"字还是念不出来。所以汉字得一个一个地去学，一个一个地去记它们的形状、声音和意思，这够多么难呐。拼音文字就不是这样。只要先学会字母和拼音，见了一个词儿，就能念出声音来，不必一个一个地去记，如果不知道这个声音代表什么才需要去记它的意思。就因为汉字不能像拼音文字那样念得出声音来，认字就慢得多了。跟拼音文字比起来，认字要慢多少呐？这儿只需举三个例子就可以说明白了。

我们小学一年级第一册第一课只有三个汉字，小学生学会了还是写不来。苏联因为用的是拼音文字，小学一年级第一册第一课就有一百多个字。一课要差这许多，一册要差多少呐？苏联小学六年级的儿童就能阅读世界著名的文学作品了，我们六年级的儿童，报纸还看不大懂呐。据一般的估计，我们小学的语文程度比苏联小学的语文程度要差两年到三年。因为我们学的是方块汉字，我们每一个人要多费两年的工夫，这么一个六万万人的大国，人人都要学文化，得多费多少劳动日啊？

拿扫除文盲来说，能够学会一千五百到两千个字，能够看看通俗的书报，能够写两三百字的短文，苦学苦练，也得要四百小时。越南民主共和国采用了拼音文字，同样扫除一个文盲，只用一百五十小时。这样，我们用汉字扫除一个文盲要比越南用拼音文字扫除一个文盲多二百五十小时，也就是等于人家的两倍半以上。

再拿盲人的学习比较一下。1952年我国开始用字母制造一套新盲字去教盲童。盲童经过两个月的识字阶段，就能很顺利地念没学过的课文或者课外读物。一个有眼睛的普通儿童比一个没有眼睛的盲童应该说学习的条件更好一点吧，可是一个有眼睛的普通儿童学了两个月的汉字哪儿能很流利地念没学过的课文呐？可见普通的儿童学习汉字比盲童学习拼音文字还要困难。

拼音文字比汉字容易学，我们已经知道了。要说到写字，那就更方便了。因为拼音文字只有几十个字母，写起来只能照一个方向写下去。只要把字母写熟了，什么字都可以按拼法写出来，只要字母写得好，什么字都能写得好。汉字可就不这么简单了。就算把每一种笔画都练好了，也不能把每个字都写得好。别说写得好，就说把每个字的笔画、顺序、架子都弄清楚已经够难的了。因为汉字笔画的方向很乱，起笔落笔千变万化，上下左右、四面八方什么样子都有。只要去看一看小学生或者扫盲班学员写字的那种艰苦劲儿就不能不表示同情。

光是为了提高语文教学的效率，就应该想办法来采用易学易写的拼音文字来代替难学难写的方块汉字了；再说还有一个越来越迫切的需要，那就是我们要使用现代化的技术。

2. 为了便于使用现代化的技术。汉字的难学、难写不但给初学的人增加困难，因而降低了教学的效率，而且因为汉字不能像拼音文字那样可以很好地利用机械化的工具，就使国家在打字、排字、打电报等各项工作上不得不多耗费人力和物力。

先说打字吧。国际上最通用的拼音字母是拉丁字母。拉丁字母，从 a，b，c，d 到 x，y，z，一共 26 个。26 个字母加上 10 个阿拉伯数字（就是 1，2，3，4 等）和标点符号，总算起来也只有四五十个字。一架普通拼音文字的打字机只有 46 个"字键"（就是把铅字打上去的玩意儿），什么文件都可以打了。一架打字机只有 46 个字键，闭着眼睛学，几天工夫也能摸熟了。打字的时候，眼睛看原稿，两只手用手指头按字键，正像音乐家弹钢琴那样，用不着老看着钢琴。有人调查过[①]，一个普通的打字员每分钟可以打 160 下左右，平均每小时可以打 10 000 下左右，快的能打 15 000 下。汉字打字机就不能这么简单。因为汉字太多，没法儿都搁在打字机的字盘里，所以字盘里只能搁着两千多个常用字，还有五千多个不常用的但是有时候也要用的字，只好另外搁在一个字匣子里，叫作"备用字匣"。打字机的字盘里和备用字匣里的字一共有 7 792 个。单单摸熟两千个常用字已经不容易了，要摸熟七千多个铅字简直是不可能的。所以学方块汉字打字要比学拼音文字打字多费 160 倍到 200 倍的时间和精力。拼音文字的打字机只用几十个字母可以打一切的文件，汉字打字机有了 7 792 个铅字，有时候打出来的文件还有缺字，必须补写上去。这当中已经可以看出拼音文字的方便了。一个普通

[①] 陈越：《拼音文字在打字技术上的优越性》，《中国语文》第 11 期（1953 年 5 月号）。

的汉字打字员每分钟只能打二十几个字，平均每小时能打 1 500 个字就算不错了，比拼音文字的打字要慢得多、累得多。

汉字打字机笨重得很，光说重量，就有五十斤，不能随便拿来拿去。拼音文字的打字机又小又轻，手提打字机小的只有一盒月饼那么大，两三斤重，随时可以带着走，非常方便。将来汉字改成拼音文字，我们一定能够看到新闻记者、抄写员和写文章的人都用新文字打字机了。

拼音文字的排字更比汉字排字快得多。采用拼音文字的国家都能用机器排字，好像用打字机打字一样。拼音文字排字的机械化在一百多年前就开始了。到了今天，科学越来越发达，排字机越来越进步。现在苏联有一种排字机，一面打字，一面就一行一行地排出来了，平均每小时可以排一万个字母左右，用不着像汉字排字那样有拣字、铸字、还字等这许多麻烦。

汉字因为字数太多，不能像拼音文字那样利用机器来排字。只要去参观一下印刷所里的排字房，就知道我们排字工人是多么辛苦哇。汉字的字架子又宽又高，排字工人不停地走来走去拣铅字。字架子为什么要这么大呐？这是因为一副字架子有 88 盘铅字，包括七八千字。拿我们最常用的五号字的字架子来说，常用的字盘叫"24 盘"，就是把最常用的铅字分别搁在 24 个字盘里，每盘有 36 格，每格可搁 88 个铅字；备用的字盘叫"64 盘"，每盘有 108 格，每格可搁 24 个铅字。这样，仅仅一副五号字的字架子，就有 24 万个铅字。用 24 万个铅字来排书报，有时候还不够用，需要临时去刻，拼音文字只用几十个字母，根本没有临时需要刻字这一回事。自动化的排字平均每小时能排 10 000 个字母，汉字手工的排字过去每小时只能排 1 300 字左右，现在改进排字方法有些工人每小时平均能增加到 2 600 多字[1]。可是汉字不能利用自动化的

---

[1] 陈越：《拼音文字在活字凸版印刷术上的优越性》，《中国语文》第 12 期（1953 年 6 月号）。

机器来排字，就是再提高工作的效率，也是没法儿跟机器比赛快慢的。

汉字的排字费工很大，这是人力的不经济。铅字和铅料的费用要比拼音文字排字所用的铅料多十分之九，铜模的费用要比拼音文字铜模的费用多百分之九十九①。如果我们改用拼音文字，这些人力和资金就能大大地节省下来。早改一年就早一年节省人力和资金。

关于拼音文字和汉字在打电报方面的比较，1955年10月全国文字改革会议上，邮电部朱学范部长的发言里说到这方面的一些情况。这儿就把他的大意简要地说一说：

由于汉字是一个一个方块字，字数很多，不像拼音文字只有几十个字母，因此在打电报方面造成人力的很大浪费。拼音字母是怎样写出来就能怎样打电报，对方一看就懂，而汉字就困难了。首先要把汉字翻译成号码，才能打电报，对方收到了这些号码还得把它翻译回来，才看得懂。如果每份电报平均30个字，那么一个每天发一万份电报的邮电局，仅仅为了翻译，就比用拼音文字打电报多需要60多个人。在收到电报那一方面也要同样付出60多个人的劳动力。这种翻译电报的麻烦工作，一到国外，就更感觉到了。我们在国外开会或者访问代表团向国内打一个电报，或者新华社的记者向国内报道一篇新闻，外国电报局没有这种翻译，我们只好自己把电报翻译成号码，国内收到了电报，还得再翻译回来。往往一份电报要推迟半天或者一天。如果使用拼音文字，打电报的效率将大大地提高，节省的人力和时间简直没法儿计算。

以上说明：为了更快更好地扫除文盲，普及教育，提高全国人民的文化水平，为了能使用先进的机械化的文字工具，节省大量的人力和物力，使中国的文字能更好地为国家的社会主义建设服务，汉字必须改成拼音文字。

---

① 陈越：《拼音文字在活字凸版印刷术上的优越性》，《中国语文》第12期（1953年6月号）。

为什么要采用拉丁字母

据一般的反映,认为文字改革,的确是符合中国人民大众的要求的,对于毛主席"文字必须改革,要走世界文字共同的拼音方向"这一正确的指示也都拥护。可是有一部分人还有些疑问:为什么要采用外国字母呐?采用拉丁字母的中国拼音文字是不是我们的民族形式呐?对于这些问题,我们必须好好地研究一下。

首先,我们对于拼音字母有两个主要的要求:第一,为了阅读的方便,拼音字母的笔画要简洁,面目要清楚;第二,为了书写的方便,拼音文字要能横写,要从左到右一笔连写。

为什么把字母的笔画简洁和面目清楚作为一个要求呐?这是因为笔画简洁不一定面目清楚,面目清楚也不一定笔画简洁。如果单单要求笔画简洁,那要算速记符号笔画最少了,可是速记符号的形状太相像,这个符号和那个符号之间的差别很细微,很难看得清楚。如果单单要求面目清楚,那要算方块汉字了,可是汉字笔画多、结构复杂,不便于学习。就拿注音字母来说,它是从古代汉字里面选择出来的笔画最简单的符号,一笔的字母七个,两笔的十八个,三笔的十三个,四笔的两个,多数是两三笔,至多不超过四笔,可是已经有不少人认为笔画太复杂,

为什么要采用拉丁字母

建议修改的意见很多。注音字母不但笔画多，而且结构也复杂。这主要表现在横竖交叉、叠床架屋上头，像：攵、去、分、丏、尢、业等。因此，注音字母或者其他汉字形式的字母都不能适应这一个要求①。

为什么拼音字母要能从左到右一笔连写呐？这是因为写字是用右手的，右手的动作便于从左到右。画画儿当中从右到左的笔道叫"反笔"，反笔最难学，就是这个道理。既然从左到右的笔画便于书写，那么字母的笔顺就得从左边开头到右边收尾，这样才能把字母一个一个连写起来，写字就快了。注音字母当中左右收尾的都有，不少字母是用"反笔"收尾的，不但难写，而且不好连写，像：勹、夕、ろ、办、丂、厂、尸、七等。

汉字形式的基本特点是方块形式，组成方块形式的主要笔画是横竖交叉，而横竖交叉的笔画是跟从左到右一笔连写的要求不相容的②。注音字母或者其他汉字形式的字母为了要保存方块汉字的形式，就不能不像汉字那样横竖交叉，左右收尾。如果没有横竖交叉的结构，不用左右收尾的笔画，那就完全失去了汉字形式的特点了。我们的拼音字母既然要笔画简洁，面目清楚，从左到右一笔连写，就没法儿采用汉字形式。

不保存汉字的基本笔画，不按照汉字的基本结构而创造出来的任何字母都不可能是汉字形式的，而汉字形式又不能符合我们对于字母的要求，那么，最合理的结论是不采用汉字形式的字母。

一个民族，如果使用它自己的拼音文字，那种文字必然是自己的民族形式的文字，不管它用的是什么字母。在这个问题上，有些人也许分不清楚，把字母和文字混为一谈。拼音文字是用字母拼写的，可是字母

---

① 中国文字改革委员会在过去几年当中研究了各地寄来的几百种汉字形式的字母方案，委员会自己也花了不少心血采用汉字笔画拟制过好几种方案。

② 参看林涛：《论中国拼音文字的民族形式》，《中国语文》第 33 期（1955 年 3 月号）。

并不是文字。拼音文字是由字母组成的，好像房子是用砖砌成的一样，用同样形式的砖可以砌成不同形式的房子，可以盖洋楼，也可以盖中国式的宫殿。俄文是用斯拉夫字母拼写的，新蒙文也是用斯拉夫字母拼写的，字母的形式基本上是相同的；可是俄文是俄罗斯民族形式的文字，新蒙文是蒙古民族形式的文字。英文和法文用的都是拉丁字母，可是英文是英文，法文是法文，各有各的民族形式。

"拉丁字母，尽管从它的来源说是外来的，但是它能完全听从我们的调遣，忠诚地为我们服务。在我们的方案草案中，经过我们修正和补充，拉丁字母的读法和用法已经完全是汉语的读法和用法。它已经成为我们自己的汉语的字母，而不再是古拉丁文的字母，更不是英文、法文的字母。正确地说，它只能叫作汉语拼音字母，正如英文、法文、波兰文、捷克文的字母只能叫作英文字母、法文字母、波兰文字母、捷克文字母一样。用这套字母拼成的文字写成的文章，也就是拼音的汉字和汉文。"①

我们采用拉丁字母作为我们拼音文字的字母，主要是因为这套字母笔画简洁，面目清楚，可以从左到右一笔连写，正符合我们的要求，同时也为了便于国际间文化的交流。

怎么说拉丁字母是国际化的字母呐？这里面有两个原因：

第一，因为现在谁也不能说拉丁字母只能属于哪一个国家的，它已经成为国际的公共财产了。要说呐，拉丁字母并不是西洋人创造出来的，它的发源地是在东方。几千年以前埃及国的文字也是象形文字。腓尼基人从埃及的象形字当中借用了一些笔画简单的字作为字母，正像日本人从中国借用一些笔画简单的汉字和汉字笔画作为日本字母一样。腓尼基字母又经过古代的希腊人和罗马人多次的修改，才成功一套初期的

---

① 中国文字改革委员会：《关于拟订汉语拼音方案（草案）的几点说明》。

拉丁字母，以后又经过别的民族好多次的修改和补充，才成为现代这个样子的拉丁字母。因此，现在的拉丁字母是各国劳动人民共同努力的结果，它已经不单属于哪一个国家的产物了。

第二，现在使用拼音文字的国家采用拉丁字母的占绝大多数。世界上多数的国家都采用拉丁字母，虽然他们的语言不同，文字不同，由于所用的字母基本上是相同的，这些国家彼此学习语言和文字就比较方便。还有，科学技术是国际性的。国际性的科学名词大多采用拉丁字，尤其是物理、代数、三角、几何、化学等这些自然科学的基本科目所用的符号都是拉丁字母。不论是哪一国的学生，不论他本国的文字是不是拼音文字，也不论他本国的拼音文字是不是采用拉丁字母，他学习自然科学的时候，必须用到拉丁字母。苏联的共同文字是俄文，俄文所用的字母是斯拉夫字母，可是俄文的数学、物理、化学等课本里要用到字母作为符号或公式的时候，也用拉丁字母。我们学校里所用的有关自然科学的课本都是用汉字写的，可是里面也不能不用拉丁字母。所以说，拉丁字母是国际化的字母。

自从中华人民共和国成立以来，我们在国际上的地位是越来越高了，外国学习中国话的人也越来越多了。我们采用拉丁字母，不但继承了过去国语罗马字和拉丁化新文字的传统，这种字母对于参加过国语罗马字和拉丁化新文字运动的广大的群众和懂得一些外国文的知识分子来说本来就很熟悉，而且对于我们的邻邦，像：印度、印度尼西亚、越南、缅甸、日本、马来亚、菲律宾等，都能得到很大的便利。因此，我们改用拼音文字不但有利于全国六万万人的学习，同时也有利于十多万万人的学习，这真是一件了不起的大事。我们是伟大的中华人民共和国的人民，应当有国际的眼光和气魄。国际上已经通用的符号，只要于我们有利，都可采用，不必因为本来不是中国的而予以拒绝。比方全世界都把鸽子作为和平的象征，虽然我们没有这个传统，可是我们采用了，全国人民对于和平鸽子都有好感。这和平鸽子就成为我们自己的东西了。可见对于新事物的感情是可以培养的。用拉丁字母拼写的中国拼音文字，即使在开始的时候有些不习惯，一经推行，学习，使用，就会很快地变成人民大众所熟悉的、很亲切的中国文字了。

既然拼音文字这么好，为什么不立刻推行呐？这是因为我们的政府做任何工作都是有计划、有步骤的。中国的文字改革不但是有关六万万人的大事情，而且是有关子孙万代的大事情，必须把计划定得十分周密，把步骤分得十分明确，一推行，就能保证成功。因此，在还没正式推行拼音文字之前，必须发动全国人民对于拼音文字的推行做些准备工作。

要做哪些准备工作

中国是个地方大、人口多，一向使用非拼音文字的国家。由于地方大、人口多，过去长时期交通不便，政治上和经济上又没有真正的统一，以致汉语的方音相当复杂，用的词儿不但在口头上，甚至在书面上，还没一致。这种情况必须改变过来。为了推行拼音文字更需要很快地改变过来。再说，知识分子多少年来都使用汉字，如果改用拼音文字还得改变他们在使用文字上的一些习惯。因此，推行拼音文字也不能犯急性病，必须先着手进行这些跟拼音文字的推行有密切关系的事情。

1. 促进汉字改革。在实现拼音文字以前，首先必须简化汉字。所以说，汉字的简化是中国文字改革的第一步。汉字的简化不但在目前汉字教学中减少了不少学习汉字的困难，而且也为进一步改用拼音文字做好了思想上的准备。从前有些人根本反对文字改革，好像汉字是神圣不可侵犯的，把已经用惯了的简体字也看作是"俗字"。现在正正式式地把"俗字"规定为"正体字"，而把原来的那些繁体字和异体字废除。这一来，大家都认识到文字是可以改的。文字本来是为人服务的，不是人为文字服务的，它是人们交流思想的工具，也是社会斗争和社会发展的工具。文字既然是工具，正像犁是耕地的工具一样。工具是可以改的，不但旧式的犁可以改成双轮双铧犁，而且有了条件，我们还要采用拖拉机呐。因此，这第一步的改革，除了完成它本身的任务以外，同时也做了中国文字根本改革的先锋。汉字简化的办法当中，那个"借用同音字来代替繁体字"的一个办法更为拼音文字开了一条路。有许多同音汉字单独用起来还有困难，可是两个字上下连成一个词儿，就不会发生混乱的毛病了，比方："斗争""模范""制造""呼吁""里头""萝卜""饼干""干部""家伙""好象""面粉""复杂""复原""反复"等等。繁体字"蘿蔔"写作"萝卜"，"餅乾"写作"饼干"，"麵粉"写作"面粉"，"傢伙"写作"家伙"，既然都可以懂，如果有人把"萝卜"写作"罗卜"，"饼干"写作"并干"，"面粉"写作"面分"，"家伙"写作"家火"，连成词儿连读起来，也不会不懂。这些词儿的声音既然一听就懂，那么把这些声音写成拼音文字也就同样可以看得懂、听得懂了。汉字既然在词儿连读的条件下可以用同音字来代替，那么，拼音文字在词儿连写的条件下也就有可能来写文章。

2. 实行横排横写。过去汉字的报纸、杂志、图书等都是直行排的，公文、信件、摘要、笔记等都是直行写的。这种做法多少年来已经在知识分子中间养成了习惯。这种习惯跟我们所要求的从左到右横排、横写的拼音文字的做法是不相容的。习惯当然可以改，可是不能一下子就改得过来的。为了书写的方便，绝大多数的学生和干部记笔记都是横写的，可是因为过去的书报和讲义大多是直排的，就使看书的人觉得从上到下一行一行地看比从左到右一行一行地看方便。其实呐，横看肯定比直看方便。中国科学院郭沫若院长早已把横看和直看的比较说得明明白白。他说："就生理现象说，眼睛的视界横看比直看要宽得多。根据实验，眼睛直着向上能看到五十五度，向下能看到六十五度，共一百二十度。横着向外能看到九十度，向内能看到六十度，两眼相加就是三百度；除去里面有五十度是重复的以外，可看到二百五十度。横的视野（'视野'就是眼睛所看到的范围）比直着要宽一倍以上。这样可以知道，文字横行是能减少目力的损耗的，并且现代科学论著（就是论文和著作）多半已经是横写，因此我建议将来拼音化了的中国文字宜横写右行。"[1]

由此可见，拼音文字的横排、横写、便于阅读，是有科学的根据的。不光是这样，横排比直排还可以节省不少的纸张。因为书本的式样绝大多数是长方形的，那就是说，横行短、直行长。拿一本普通的老五号字排的书来说，横排的每行28个字，直排的每行42个字，横排比直排短14个字。一本书里面分章、分节的标题一般要占4行地位，直排的4行是168个字，横排的4行是112个字，直排就比横排多占56个字的地位。每一段文字最末一行老有空半行的，甚至有的只排了一两个字就全空着了。如果空了半行，那么直排的要空21个字的地位，横排的只空14个字的地位。如果那一行只排两个字，那么直排的要空40个字的地位，横排的只空26个字的地位，相差更多了。有人计算过，横排比直排能节省百分之三十的纸张。这对于国家资金的节约有多么大的关系呀。

既然横排便于阅读、又能节约资金，又能给拼音文字的阅读预先养成习惯，所以从1956年开始，全国的报纸、杂志、图书，绝大多数都改成横排了，国家机关、部队、学校、人民团体的公文、信件等也多改为横排或者横写了。这对于拼音文字的推行是有好处的。

3. 推广普通话。中华人民共和国是个高度统一的国家，如果你说的话，我听不懂，我说的话你听不懂，各人只能说自己的方言，不能说普通话，这不但对于个人很不方便，对于国家的社会主义建设也是十分不利的。在全国文字改革会议上，有一位代表报告一桩事情：有人到百货公司去买鞋，他说了要买的东西，售货员听了吓了一大跳，原来那个买鞋的把"鞋"说成"鞋子"，这还不算什么，他照他的方言把"鞋

---

[1] 郭沫若：《在中国文字改革研究委员会成立会上的讲话》，《中国语文》创刊号（1952年7月）。

子"说成"孩子"。百货公司哪儿能卖"孩子"呐？可见你说你的，我说我的，他说他的，各人都用自己的方言、方音来说，是不行的，这种分歧的话是不能作为共同交际的工具的。现在不比从前，本乡的人不一定只能在本乡工作，一个地方的工作也不是全由这个地方的人包下来做的。机关里、学校里、工厂里、部队里，甚至农村里，都有各地方来的人，如果大家不学习说一种共同的话，彼此不能了解，就会发生混乱，影响工作。所以说，方言的分歧对于社会主义建设是十分不利的。

汉语方言差别的情况是相当严重的，不但南方人和北方人彼此通话有困难，就是同一个省、同一个县的人语音也不一致。这是一方面。另一方面，几百年来文学家所写的白话文大多是照北方话写的。就是南方人写的白话文基本上也是用北方话写的。因此，我们可以说，用北方话写的白话文就是书面上的普通话。在说话方面也有同样的情形。过去全国的人都以把北京话为代表的北方话称为"官话"，这"官话"就是用嘴说的普通话。用笔写的白话文和用嘴说的普通话越来越一致，就发展成为汉民族共同语。各地的代表到北京来开会，会议能够开得很好，代表们的发言大体上都能听得懂，就是因为代表们所说的话绝大多数是以北方话为基础方言的普通话。可是有些代表说的普通话只能大体上听得懂，听不懂的地方当然还有。这儿就发生了语音问题了。话是普通话，音可是方言音，人家听起来就要打折扣，甚至听不懂。所以语音必须有个标准。全国范围内，最有资格做标准音的语音要数北京语音了。因此，现在正在大力推广的普通话是以北方话为基础方言、以北京语音为标准音的普通话，就是汉民族共同语。大家学习普通话，做到能听、能念、能说，这是党和国家号召我们努力来完成的光荣的政治任务。中国拼音文字必须是全国统一的、为全民服务的文字，也就是按照"以北京语音为标准音的普通话"拼写出来的文字。因此，大力推广普通话也为文字拼音化铺平道路。

4. 促进汉语规范化。汉语规范化跟推广普通话是有密切联系的，它是进一步使普通话更健康、更完备的一项工作。前面说过，普通话的音已经有了标准，就是以北京语音为标准音。可是普通话不等于标准话，这是因为普通话里面的词汇还没完全做到规范化。普通话的范围是很广的，它也包括南方"官话区"的普通话。这么规定是有好处的，因为可使全国更多的人都能很快地学会这种普通话。可是同样一个词儿，在普通话里也有各种不同的说法，比方："香烟""烟卷儿""卷烟""纸烟"，"玉米""老玉米""苞米""苞谷"等都是北方话，拿哪一个作为标准呐？这种情形在白话文里也很明显。为了增加语言和文字在表达意思方面的多样性，同义词是必要的，但是同义词并不是意思完全相同的词。完全相同的东西同时用各种不同的词儿去表达，这只能增加学习上的困难，造成词汇的不统一，对于文化的提高是毫无好处的。"暖壶"和"热水瓶"有什么分别呐？"剧场"不就是"戏院"吗？"教室"和"课堂"有哪一点不同呐？"逐步实现"跟"逐步地实现"，"缓和国际局势"跟"和缓国际局势"，"险些儿没摔倒"跟"险些儿摔倒"有什么两样呐？如果毫无分别的一个词儿或者一句话，这么写也可以，那么写也可以，就会使拼音文字的推行增加困难。促进汉语规范化就是要使同样一个词儿或者同样一句话在语音、词汇、语法各方面都有个标准。那可有多么好呐。

汉字的简化和横排、横写，已经实现了，可是还得加强宣传，使人民大众都能在短时期内养成习惯。推广普通话和促进汉语规范化是比较长时期的工作。这可并不是说推行拼音文字必须等到普通话推广了、汉语规范化实现了以后才能开始，乃是说，推广普通话和汉语规范化的工作越做得快，越做得好，推行拼音文字的工作就越顺利。同样，推行拼音文字的工作越做得快、越做得好，推广普通话和汉语规范化的工作也就更能加速进行了。

总的说一说

中国是世界上文化发展最早的国家之一，汉字由最初的象形，后来加上象意、象声直到形声并用，经过了长时期的发展和多次的改革，到了今天，已经有几千年的历史了。汉字对于我国文化的发展和传流，有过伟大的贡献。直到今天，汉字仍旧是汉民族共同使用的文字。我们不但应当重视古人传给我们的这份宝贵的遗产，而且在相当长的时期内还要继续学习它、使用它。就是将来到了普遍使用拼音文字的时候，汉字和用汉字记载的书籍还是有研究的价值的。汉字是有过伟大的贡献的文字工具，甚至以后还是继续有用的。可是我们不能因为已经有了这个工具，就不顾实际的需要，反对采用更合科学的、效率更高的新工具。这个道理是很明显的。

为什么一向用惯了的汉字到了今天会变成不大合适的工具了啊？这是因为从前使用汉字的人少，读书的人大多并不参加生产，他们有的是时间，单单为了学习文字费上十年八年的工夫也无所谓，而且文字越难，越显出读书人的了不起。现在不是这个样子了，工农大众为了国家的建设，需要很快地掌握文字工具，以便进一步提高文化、科学、技术。他们不能像过去的读书人那样把宝贵的时间长期地花在难学、难写的文字上。他们要求在较短的时期内掌握文字工具，要求把学习文字上可以节省的时间尽可能地节省下来，这样才有更多的时间来学习科学技术，改进生产、提高工作效率。在这种合理的要求下，汉字难学、难写的缺点就格外明显地暴露出来了。汉字因为笔画多，字数多，异体字多，在学习上增加了不少困难。因此，在目前使用汉字的阶段，首先把汉字简化一下，这是完全符合人民大众的要求的。

一部分的汉字笔画减少了，不少的异体字废除了，有些不必要的单字可以用某些同音字去代替了，这么一来，的确减少了不少学习上的困难。可是汉字简化的办法只能帮助初学的人减轻一部分的负担，而汉字的基本缺点并不能因此有所改变。不论是象形字、象意字、象声字或者形声字，一句话，不论什么汉字，要学，就得一个一个地记住每一个字的字形、字音、字义。认识了某几个字并不能叫你有了办法自己能再去认识另外的一些字。这主要是由于汉字的笔画并不代表声音，因此，见了一个不认识的字就没法儿念出声音来，更没法儿知道那个字的意思了。这是汉字的基本缺点。由此可见，汉字的基本缺点在于不能拼音，因而在学习上增加了困难。如果把汉字的基本缺点除去，把不代表声音的笔画改成代表一定声音的字母，那就不是汉字，而是拼音文字了。因此，要么，保存汉字，同时必然保存汉字难学、难写的缺点；要么，为了节省学习的时间改用容易学、容易写的拼音文字。这个道理也是十分明显的。在农业生产合作化的高潮已经到来的今天，在国家社会主义工业化的建设需要加速进行的今天，凡是明白这个道理的爱国人士，谁也不会愿意让难学、难写的汉字老扯住我们的后腿。

拼音文字因为只有几十个字母，不但比汉字容易学、容易写，可以大大提高语文教学的效率，而且能够很有效地使用一切有关文字的先进的机械化的工具，可以大大提高工作的速度，降低成本，节省国家的人力和资金。因此，我们不能满足于汉字的简化，而必须再进一步实行文字的拼音化。

为了文字拼音化，首先需要制定一套拼音学母。中国文字改革委员会研究了过去几十年来从事于文字改革的人们创造字母的经验，讨论了这几年来各地人民来信的意见，郑重地分析了各种汉字形式的字母和国际形式的字母的优点和缺点，经过无数次的反复研究、讨论，最后一致通过采用拉丁字母，加以必要的修正和补充，作为汉语的拼音字母。

大家都知道汉字是民族形式的文字，而拉丁字母是国际形式的字母，尽管拉丁字母可以适应我们的要求，可是它本来并不是我们自己的字母，这在民族感情上不是没有顾虑的。可是仔细研究了现在采用拼音文字的国家所用的字母，就叫我们认识了一个事实，就是：一个民族自己的文字有它独立的民族形式，而字母本来并没有民族或国家的界线的。我们的拼音文字是汉民族的拼音文字，用的字母是国际化的拉丁字母，经过了我们的修正和补充，它就成为我们自己的汉语的字母了。为了广大的汉民族人民学习的方便，为了国内兄弟民族学习汉语的方便，同时也为了国际友人学习汉语的方便，为了全世界人民学习我们的语言的方便，采用国际化的拉丁字母作为我们自己的字母是又合理又有魄力的一个伟大的措施。

全国人民热烈地盼望着中国的拼音文字早日推行。为了顺利地推行拼音文字，我们必须大力推广普通话，实现汉语规范化。每一个拥护文字改革的人，尤其是最有力量掀起经济高潮和文化高潮的工农大众，都应当为自己、为国家的社会主义建设、为子孙万代的利益，大力宣传文字改革的重要意义，积极参加普通话和拼音的学习，争取中国文字拼音化的早日实现。

附 录

我的自传（节选）

一、家庭情况和我的出身

我于庚子年（1900年）二月十七日生在浙江省镇海县山北龙头场。祖父是个贫农，文盲。父亲曾在本村读过一年"雨书"（即一年之中晴天干活，雨天才去念书），自己上山打了几担柴火给老师，当作全部学费。父亲起先是佃农，后来借些钱做小买卖，附带租几亩地种。他很有"天才"，挤时间自修学习，热心教育，不喜欢文言文。我自己八岁上学，寄读在离我家五里地的一个地主黄文龙家里，替他家扫院子、抱孩子、打杂差，作为我的学膳费。那年冬天很冷，我双手冻疮溃烂，还拿着冰冷的竹扫帚一清早就打扫大院子。到今天两只手好几处留着冻疮疤痕，是我劳动的纪念。九岁回家，入本乡私塾读书，因干活忙，不能经常读书。有一次，我偷偷地拿着书包去上学，母亲（也是佃农的女儿）赶上来，半路里拉我回去，免不了拉拉扯扯，我哭哭啼啼。过路的人见了说："小孩子要好好读书，怎么可以赖学呢？"天哪，我哪里是赖学，我是要读书而不可得。我在十四岁以前，大半时间费于下地、车水、摇船、背纤、轧花（用花车轧去棉花籽）等体力劳动。十岁那一年，父亲因房租发生了纠纷，顶撞了房东地主黄金全，被地主黄金全的打手们拉去吊打。眼见父亲被辱，我只能流泪，说不出的痛心，忘不了的仇恨（当时还不知道这就是阶级仇恨），永远留在心头。后来我们搬了家，租住另一个地主黄霭明的房子。记得有一个年三十，人家都在过年吃团圆饭，我们因为欠了房租（一共五块钱），黄家的二少爷逼着我们全家搬出去，还派人揭去房顶的一垄瓦片。人家过年欢天喜地，我家过年只能流眼泪。这种儿童时代心灵上受的创伤，一辈子也忘不了。我父亲因为孩子多，历年下来，积欠了二百多元的债，在高利贷的压迫下，翻不过身来，年年付利息，年年还不清。直到我大学毕业（二十五岁）以后，做了几年事，才把父亲的欠债还清。我家尝够了高利贷盘剥的苦头。

二、求学的经过

我十三岁（足岁）那年新年里，父亲准备把我送到慈溪观海卫一家米店里去做学徒，意外地我家来了一位亲戚，是我从没见过面的远房的姑母。她是个小学教师，热心的基督徒。她曾学过护士，那年到我乡来种牛痘。那时候（1913年），她的一双天足已经足够引起我乡的惊奇了（五十多年以前，我乡妇女还都是裹足的）。我们都把她当作了不起的新人物看待。她劝我父亲让她把我送到教会学校去念书。我母亲还不放心，她是信佛的，到"跳山庙"去求签诗。凑巧签诗是上上签，大吉大利，末句是："秀才一去状元回"。我就跟着姑母离开了家乡，开始接受在那时候我认为是比较进步的教会学校的教育。我从封建迷信落后的家庭，进入了英美式的教会学校，根本不知道教会学校是帝国主义文化侵略的工具。

三年以后毕业于宁波崇信中学高小部。我已经十五岁了。十六岁那年，就到慈溪观海卫约翰小学充任小学"助教"，晚上自修中学的课程。全年除食宿理发以外，几乎没花过一个铜板，到年底净得大洋四十元。第二年（十七岁），就拿这四十块钱当学费考入原来的母校崇信中学二年级（全年学膳费非教徒收七十二元，教徒减半，计三十六元）。以后又得到了助学金（就是功课好，再参加劳动，得到免费的意思），念了三年，1919年毕业于四年制的旧式中学（没有初高中的分别）。那年正赶上五四运动，我初次参加了反帝（只知道抵制日货）反封建的运动。

中学毕业以后，教了两年书，积到了一年的学膳费，考入杭州之江大学二年级。从第二年起，我白天念书，晚上到城里青年会夜校教英语课。因为上课的时间关系，为了节省费用，一星期三次往城里教课的时候，经常不吃晚饭。

1924年，毕业于杭州之江大学，回到宁波，任四明中学英语教员，计四年（记得就在那时候，才把父亲欠人家的债还清）。国共合作北伐的时候，我读了一些进步的书，对宗教失去了热忱。学校当局是美国宣教师，认为我变了，对我大失所望，不再续聘。1928年秋，我到了上海，进了世界书局（因为1924年，世界书局曾主办一次全国大学英文比赛，我获得第一名，1928年世界书局正需要英文编辑，所以我比较顺利地进了世界书局），当了英文编辑，后来做了英文编辑主任，最后为出版部长，计在世界书局九年，1928—1937年，占十个年头。（在上海世界书局十年，有该局老同事朱联保可作证明，朱现在上海人民美术出版社工作。）

为了英语课本编辑事项，与林语堂打了半年官司，国民党教育部里的一批留美派，如蒋梦麟、朱经农等都是林语堂的朋友，对我施加压力，朱经农甚至说："林语堂是博士，你是什么？"我气得要命，我和上海的几个留美"教育家"谈起教育问题，他们似乎都是一派，很看不起我，说话之中好像说："中国的教育家都是美国留学的，你没到过美国学过教育，你不明白。"而且他们都把美国博士的头衔看为最高贵的荣誉。我说："博士有什么了不起的？"他们笑了。我受了刺激，起了傻劲，也要拿个"博士"。于是在1936年冬向美国大学报名办手续，第二年秋季动身，进了科罗拉多州州立大学研究院，读民众教育系。一年，得硕士，两年加上三个假期合成三年，读完了博士学分。

我在美国时，经常作小范围的演讲，反对日本侵略中国和美国孤立派帮助日寇侵略中国（前后约五十多次）。同学中的进步分子找我谈过话，后来我才知道他们是对外不公开的美国学生共产党员（因为他们如果暴露身份，就不容易找到职业）。他们介绍我参加过科州大学共产党支部学习会。那时候的中心题目是：反对法朗哥进攻西班牙民主政府，反对美国孤立派援助日本。

1939年秋天，我回到上海，担任之江大学英语教授兼教育教授，后为教育系主任，最后为教务长。之江大学原在杭州，抗战时期，杭州沦陷，之江大学迁到上海。

三、参加革命的经过

因为我出身于贫苦的家庭，从小就有劳动的习惯，同情穷人，眼见父亲遭受地主的吊打、凌辱和高利贷的盘剥、压迫，就立志艰苦奋斗，一定要替父母争一口气，可没有为穷人争一口气的阶级观念。15岁到25岁，是个热心的基督徒，曾想以基督的所谓牺牲、服务、负责的精神来扫除迷信（而不以信上帝为迷信），打破封建礼教，做一番所谓"救人、救国"的事业，甚至愿意穷苦一生去做传道工作。这十年，我在思想上过的是虔诚的基督徒的生活。

国共合作北伐时期，我开始阅读进步的书籍，宗教的热心逐渐让位给社会主义的学说，思想上产生了斗争，就是唯心论和唯物论的斗争。做了十几年热心的基督徒怎么能轻易地把上帝丢了呢？思想上没有武器，不能得到合理的解决。后来读到了英文的勃朗主教写的那本《基督主义与共产主义》，副标题是"从天上放逐上帝，从地下放逐资本家"，仔细阅读，研究，才破除了宗教迷信。

1928年到了上海，进了世界书局以后几年，看些社会主义的书籍，思想上同情革命。

1934年起，因为世界书局出版儿童读物和民众读物，需要加注音字母，我开始研究注音字母。接着就学习国语罗马字和拉丁化新文字。以后我研究的兴趣几乎全在民众读物和拉丁化新文字方面。因为祖父是文盲，父亲只读过一年"雨书"，我决心要研究中国的语文改革，从事扫除文盲工作。1937年到美国，研究的是民众教育。我的博士论文就写《中国民众教育的发展与中国文字改革的关系》。中心的思想是要利用拉丁化新文字作为扫除文盲的工具。

1939年秋季，我在之江大学教书。接着，太平洋战争爆发，之江大学迁到内地。我就躲在家里孤零零地还想做学术研究工作。主要是做两件事：一件是拉丁化新文字出版物的统计和编辑《国语拼音词汇》，一件是开始编写通俗化的中国历史故事。后来留在上海的之江大学教授和东吴大学教授，加上该两大学的同学会联合开办"华东大学"，我担任了教育学院院长，招收在职小学教师为学生。为了照顾小学教师下课以后再来学习，教育学院的上课时间规定在下午四时到七时，实际上就是"夜大学"。

1945年8月15日日寇投降，之江大学和东吴大学分别复校，华东大学解散，教育学院全部师生并入之江大学教育系，我被任为之江大学教务长兼教育系主任。教育系上课时间仍为下午四时至七时。

抗日战争胜利后。国民党镇压共产党和革命势力，一心要发动内战，上海人民反内战的民主运动风起云涌。我跟着马叙伦、王绍鏊、徐伯昕、葛志成等发起组织"中国民主促进会"。之江大学教育系的同学，大多具有双重身份：他们是小学教师，又是大学生。他们的思想比较进步，有不少是地下党员（这是在全国解放以后我才知道的）。因为他们具有双重身份，就成为"上海小学教师联合进修会"（简称"小教联"）和"上海学生联合会"（简称"学联"）的骨干分子。因此，1946年春季的上海学生争取民主的社会活动，在各种报刊发表新闻时，常是之江领头。我是在革命学生的推动下，参加了革命，有一时期，几乎每天在各大学和中学演讲，主要的题目是：《反对内战，争取民主》。还和中国民主促进会协助组织一些上海人民要求民主的群众团体。当时领导我们搞民主运动的中共地下负责人是张克约（就是后来做中央统战部副部长的张执一）。

我曾向张克约提出要求入党（谈话地点是在赵朴初住的一个寺院内）。他说："你现在已经在做党的工作，在发动和领导上海的民主运动中还是以民主人士的身份做工作更为有利。我们已经把你当作自己人看了。"他又郑重地说："韦悫三次要求入党，弄得我们很为难，我希望你比他更进步，不要在名义上计较。鲁迅先生、邹韬奋先生对于革命的贡献胜过一般的党员。我们希望你继续他们做个党外布尔什维克。"

他这番话对我起了很大的鼓励作用。我在上海一个时期确实不怕死地跟反动派做斗争，敌人的警告、恐吓，没吓倒我，因为我认为我的工作是正确的、光荣的。我在工作中取得一些成绩，也是因为有党的支持，党做了大量工作。尤其是那次"六二三"上海十万人反内战大游行，因为《文汇报》头版大标题是"林汉达等晋京请愿要求和平"（原文字句忘了），在《民主》周刊大事记上又写着"沪警局通缉领导上海十万人反内战游行之林汉达"。其实当时的上海民主运动都是党在做实际工作，只是为了更有利于工作，因此在报纸上露面的经常用我的名字。就是各学校、机关、团体请我去演讲，也是由党员同志布置好的。

1946年6月23日，在上海十万人的反内战大游行斗争中，反动派集中打击马叙伦先生和我，反动标语到处写着"打倒失意政客马叙伦！打倒青年贩子林汉达！"马先生在下关被殴打，我被国民党通缉，只好躲起来。闻一多、李公朴被暗杀以后，地下党的负责人（当时华岗代替了张克约）当即托人把我由帆船送到莱阳解放区。

莱阳那边负责接待我的叫金明。他原想派我到临沂去办大学，后来国民党重点进攻胶东。华东局把我送到大连。1947年3月我在大连被特务放枪行刺，未中。当时苏联红军在附近搜查了一番。

1947年夏天，东北局来电报，叫我上哈尔滨去。8月18日，东北行政委员会任命我为辽北省教育厅厅长（主席是林枫，他来征求我同意）。那时候，辽北省主席是阎宝航（现在北京），副主席朱其文（现为驻越南大使），省委第一书记是陶铸。省政府在白城子（即吉林省洮安），当时是个生活条件很差的地方。我向林枫提出入党要求。他说："将来我们要组织联合政府，你不参加党，于党更有利。"

1948年，辽北省省政府由白城子搬到郑家屯，因为敌机经常来轰炸骚扰，教育厅和辽北学院疏散到张福屯，在当时是一个很穷苦的村子。我住在一位老乡家里，睡的是土炕，全村找不到一张桌子，见不到一盏油灯。在那个村子里，我没地方坐，哪里都是土和灰沙，我的思想曾经起了个大变化。我发现了一个事实，就是：不是农村的老百姓太苦，而是我自己太舒服了。我原来是穷人家的儿子，入了教会，读了书，做了高级知识分子，生活改变了。我不应当忘了自己的老家，忘了父亲被地主吊打，忘了住房被揭去瓦片，忘了高利贷的盘剥，我要在张福屯体验劳动人民的生活，学习劳动人民的高贵品质。以后我就经常下乡，那一年我到过洮安、洮南、双辽、通辽、法库、新立屯、阜新、海州、海龙等十几个县的村子，虽然都是走马看花或下马看花，究竟比坐在省政府大楼里多有接触工农的机会。（以上这一时期的事实，有阎宝航、车向忱可以作证。）

1949年上半年，辽北省委和东北行政委员会命我到北京与中国民主促进会负责人马叙伦、王绍鏊、周建人等共同参加全国第一次政治协商会议。中华人民共和国宣告成立，燕京大学（显然得到统战部的同意）聘请我为教授。我曾向当时招待民主人士的齐燕铭表示我愿意听党分配工作。他说："你是民主人士，自己可以做主，燕京大学请你去，很好嘛。"这样，我就进了燕大，在教育系教课。

林汉达著述年表

1918 年

1.《中国之将来》,《英语周刊》总第 138 期。

1922 年

2.《同善社与基督教》,《时兆月报》第 12 期。

1923 年

3.《城市教会应兴办的事工》,《兴华》第 27 期。

1925 年

4.《教讯:其一、中国之部:宁波谢志绍牧师安赴迦南(浙江)》,《兴华》第 15 期。

1926 年

5.《母教与民族之发展:妇女节制会征文第一名》,《青年进步》总第 93 期。

1927 年

6.《基督教道如何适应今日中国之需求》,《真光》第 3 期。

7.《青天白日旗下的宁波教会》,《真光》第 6 期。

1928 年

8.《谈谈茶花女剧本》,《文学周报》第 301—325 期。

1929 年

9. 林汉达、盛谷人合编：《世界英汉小字典》,上海：世界书局。

10.（俄）屠格涅夫著,林汉达注：《散文诗》,上海：世界书局。

11.（俄）柴霍甫著,林汉达注：《柴霍甫小说选》,上海：世界书局。

12.《裸体与艺术》,《文华艺术月刊》第 1 期。

13.《苏州行》,《文华艺术月刊》第 3 期。

14.《几本小说的几个作者》,《北新》第 4 期。

1930 年

15. 林汉达编著：《英语标准读本》(三册),上海：世界书局。

16. 林汉达编著：《英文文法 ABC》(上下册),上海：世界书局。

17. 林汉达注释：《谦屈拉》,上海：世界书局。

1931 年

18. 林汉达著：《英文背诵 ABC》,上海：世界书局。

19.《神话与民间故事的伦理价值》,《世界杂志》第 2 卷第 2 期。

1932 年

20. 林汉达著：《活用英文法》(全二册),上海：世界书局。

1933 年

21.（英）查尔斯·兰姆、玛丽·兰姆著,林汉达注释：《莎氏乐府本事选》,上海：世界书局。

1934 年

22. 林汉达编：《高中英语标准读本》（三册），上海：世界书局。

1935 年

23. 林汉达编：《高中英语读本》（三册），上海：世界书局。

1936 年

24. 《无形战争的保障》，《人寿季刊》第 12 期。

25. 《原稿研究》（出版讲话），《工读半月刊》第 1—5 期。

1939 年

26. （美）B. 华盛顿著，林汉达、胡山源译：《黑人成功传》（世界名人传记丛刊），上海：世界书局再版。

1940 年

27. 《文字教育的毒害》，《中美周刊》第 1 卷第 23 期。

28. 《写大字用大笔》（教育漫谈），《中美周刊》第 1 卷第 24 期。

29. 《脑筋的训练》（教育漫谈），《中美周刊》第 1 卷第 25 期。

30. 《一通百通与一通不通》（教育漫谈），《中美周刊》第 1 卷第 26 期。

31. 《小和尚念经》（教育漫谈），《中美周刊》第 1 卷第 27 期。

32. 《记不得这许多》（教育漫谈），《中美周刊》第 1 卷第 28 期。

33. 《阴风昧生》（教育漫谈），《中美周刊》第 1 卷第 29 期。

34. 《悬梁刺股——疲劳的研究》，《中美周刊》第 1 卷第 45 期。

35. 《暑假对于学习的影响》，《中美周刊》第 1 卷第 49 期。

36. 《阿 Q 的胜利——心理卫生》（上），《中美周刊》第 2 卷第 2 期。

37. 《阿 Q 的胜利——心理卫生》（下），《中美周刊》第 2 卷第 3 期。

38. 《一个坐立不安的女学生》（心理卫生），《中美周刊》第 2 卷第 8 期。

39. 《改进大学英文的意见》，《中美周刊》第 2 卷第 9 期。

40. 《一个寻事吵闹的学生》（心理卫生），《中美周刊》第 2 卷第 10 期。

41.《强记与理解》,《时代教育》第 1 期。

42.《兴趣问题的现阶段》,《时代教育》第 2 期。

43.《美国家庭的鳞爪》,《健康家庭》第 2 期。

44.《On The Teaching Of English》,《长风英文半月刊》第 2 期。

45.《美国人的待人接物》,《西风》第 50 期。

1941 年

46. 林汉达著：《向传统教育挑战——学习心理学讲话》，上海：世界书局。

47. 林汉达编著：《高级英文翻译法》，上海：世界书局。

48.《中国语文的整理和发展》,《中国语文》第 3—4 期，署名迭肯。

49.《新文字与国粹》,《上海周报》第 6 期，署名迭肯。

50.《父母对子女婚姻问题的指导》,《上海青年》第 13 期。

51.《中国大学英文的畸形现象》,《教育季刊》第 2 期。

1942 年

52. 林汉达著：《中国拼音文字的出路》，上海：世界书局。

1944 年

53. 林汉达著：《西洋教育史》，上海：世界书局。

54. 林汉达编：《国语拼音课本》，上海：世界书局。

55. 林汉达编著：《大学新英语 第一册》，上海：世界书局。

56. 林汉达编著：《大学新英语 第二册》，上海：世界书局。

57. 林汉达编：《中国拼音文字的整理》，上海：世界书局，署林迭肯等著。

58. 林汉达主编：《国语拼音词汇》，上海：世界书局，署林迭肯主编。

59. 林汉达译：《穷儿苦狗记》，上海：世界书局，署林迭肯译。

1945 年

60. 林汉达编著：《大学新英语　第三册》，上海：世界书局。

61. 林汉达编著：《大学新英语　第四册》，上海：世界书局。

62.《小学教师的出路》，《教师生活》创刊号。

63.《我对于战后教育的意见：一点意见》，《时代学生》第 2 期，署名林汉达、田复春。

64.《一等国不应再是文盲国》，《周报》第 7 期。

65.《把教育武装起来》，《平论》第 4 期。

66.《教师的基本要求》，《平论》第 6 期。

67.《官僚政治与对敌心理》，《平论》第 7 期。

68.《教育是否政治的尾巴》，《平论》第 8 期。

69.《论恭喜发财》，《平论》第 9 期。

1946 年

70.《怎样实现民主政治》，《求真杂志》第 1 期。

71.《中国女子教育的成功》，《女声》第 1 期。

72.《之江大学从开办到现在已经有一百年的历史了……》，《之江潮声》创刊号。

73.《怎样增加记忆的效力》，《中华少年》第 1 期。

74.《青年人应有的习惯》，《青年界》第 1 期。

75.《今日妇女首要的任务》，《青年与妇女》第 1 期。

76.《逢凶化吉》(仪式的心理)，《现代周刊》第 2 卷第 2 期。

77.《职业妇女的苦闷及其出路》，《妇女》第 1 卷第 3 期。

78.《文盲国能否实行民主》，《为陪都血案争取人权联合增刊》。

79.《教师职业保障特辑：教师的碉堡》，《教师生活》第 3 期。

80.《论教师检定》,《教师生活》第 5 期。

81.《今日的职业青年：一滴水容易消灭，海洋是永远不会干的》,《五金》第 6—7 期。

82.《我们需要永久和平》,《群众》第 11 卷第 7 期。

83.《助学运动意义》,《时代学生》第 8 期。

84.《橄榄小品》,《平论》第 12 期，署名迭肯。

85.《姜太公在此：禁忌的心理》,《周报》第 21—22 期。

86.《中国的新生运动》,《周报》第 44 期。

1947 年

87. 林汉达编：《新文字写法手册》，大连：光华书店，署名林涛编辑。

88. 林汉达编：《新文字自修课本》，大连：光华书店，署名林涛编辑。

89. 林汉达编：《新文字拼音方案》，大连：光华书店，署名林涛编辑。

1948 年

90. 林汉达编：《新文字单音字汇》，哈尔滨：生活书店。

91. 林汉达编：《东周列国志新编》，上海：生活书店，署名林迭肯。

92. 林汉达著：《中国语文的整理和发展》，上海：中国拉丁化书店。

1949 年

93. 林汉达编：《写话求解两用字典》，新中国书局。

94. 林汉达编译：《红旗及其他》，上海：世界书局。

95. 林汉达编：《新文字手册》，上海：中华书局。

96.《工程师怎样来改造自己?》,《工程界》第 7—8 期。

1950 年

97. 林汉达编著：《定型化新文字》，北京：生活·读书·新知三联书店，署名林涛。

98. 林汉达著：《一个办农民文化学习班的报告》，北京：新华书店。

99. 林汉达编：《标准高中英语读本》(新版三册)，上海：中华书局。

100.《文教建设与语文改革》，《新建设》第 4 期。

101.《一通百通——通才与专家》，《人民教育》第 5 期。

1951 年

102. 林汉达编：《初中标准英语读本》（1951 年新编本），上海：中华书局。

103. 林汉达编：《高中标准英语读本》（1951 年新编本全六册），上海：中华书局。

104. 狄更司原著，林汉达译述：《大卫·考柏飞》，上海：潮锋出版社。

105.《关于汉字的字音跟字形》，《新建设》第 1 期。

106.《关于汉字改革问题的提法》，《新建设》第 2 期，署名迭肯。

107.《为什么今天还要批评武训》，《人民教育》第 7 期。

1952 年

108.《汉语拼音方案采用欧洲形式的经过和问题》，《新建设》第 3、4 期。

109.《介绍高碑店农民速成识字班的教学经验》，《人民教育》第 5 期。

110.《突击生字与开展阅读的教学要点》，《中国语文》第 9 期。

111.《介绍山西文水县西峪口速成识字班的经验》，《人民教育》第 11 期。

112.《汉语是不是单音节语》，《中国语文》第 11 期。

113.《关于注音字母和拼音的教学》，《中国语文》第 12 期。

1953 年

115. 林汉达编：《英文翻译：原则·方法·实例》，上海：中华书局。

114.《三年来的工农业余教育》,《人民教育》第 1 期。

116.《名词的连写问题》(上下),《中国语文》第 11、12 期。

117.《动词的连写问题》(上下),《中国语文》第 15、16 期。

118.《关于分析词儿的几点解释》,《中国语文》第 15 期。

1954 年

119.《汉语基本词汇中的几个问题》,《中国语文》第 7 期。

120.《从宪法草案看到语文改革》,《中国语文》第 25 期。

121.《从人民代表大会看到全民语言的发展》,《中国语文》第 27 期。

122.《拿汉字做拐棍不可靠》,《光明日报·文字改革》(双周刊) 第 19 期,11 月 24 日。

123.《拐棍抵不上大腿》,《光明日报·文字改革》(双周刊) 第 20 期,12 月 8 日。

1955 年

124. 林汉达编:《高中英语读本》(三册),北京:时代出版社。

125.(英)狄更斯著,林汉达译述:《大卫·科波菲尔》,北京:中国青年出版社。

126.《为准备推行简化汉字而努力》,《小学教师》第 2 期。

127.《论中国拼音文字的民族形式》,《中国语文》第 3 期。

128.《什么不是词儿,小于词儿的不是词儿》,《中国语文》第 4 期。

129.《什么不是词儿,大于词儿的不是词儿》,《中国语文》第 5 期。

130.《文字改革和古书的阅读问题》,《光明日报·文字改革》(双周刊) 第 38 期,8 月 17 日。

131.《正式使用简体字,大力推广普通话》,《工人半月刊》11 月

12 日。

132.《解除思想顾虑，大胆使用普通话》，《小学教师》总 38 期。

1956 年

133. 林汉达著：《文字改革是怎么回事》，北京：工人出版社。

134.《热烈展开汉语拼音方案（草案）的讨论，积极提供修改的意见》，《人民教育》第 3 期。

135.《我为什么要编写"东周列国志新编"?》(上)，《中国青年》总第 190 期。

136.《我为什么要编写"东周列国志新编?"》(下)，《中国青年》总第 196 期。

137.《冬季农民文化学习的几个问题》，《人民日报》11 月 4 日。

1957 年

138. 林汉达著：《扫盲教学讲话》，北京：通俗读物出版社。

139.《"鸣""放"必须分清敌我》，《人民日报》6 月 14 日。

140.《爱共产党，才能爱中国》，《教师报》6 月 25 日。

141.《有关工农业余教育的几个问题》，《人民教育》第 7 期。

1958 年

142. 林汉达著：《看图拼音学汉字》，北京：工人出版社。

1959 年

143. 林汉达编：《注音扫盲拼音识字课本》，北京：文字改革出版社。

1961 年

144.《词儿连写的初步建议》(上下)，《文字改革》第 10、11 期。

145.《拼音字母能否发挥更大的作用》，《光明日报》5 月 3 日。

146.《是否读了别字的一个小测验》,《光明日报》7月26日。

147.《字形速查法研究的经过》,《光明日报》8月9日。

148.《再谈是否读了别字》,《光明日报》9月6日。

149.《从参茸丸说到异读字》,《光明日报》9月20日。

150.《严肃活泼与汉字简化》,《光明日报》10月4日。

151.《难字需要注音》,《人民日报》10月27日。

1962 年

152. 林汉达编:《东周列国故事新编》(由《东周列国志新编》修订并改名),北京:中华书局。

153. 林汉达著:《春秋故事》(中国历史故事集),北京:中国少年儿童出版社。

154. 林汉达编:《战国故事》(中国历史故事集),北京:中国少年儿童出版社。

155. 林汉达编:《汉语拼音自修课本》,北京:文字改革出版社。

156.《简体字有个统一的规范好》,《文字改革》第2期。

157.《愚公移山〈列子〉》,《文字改革》第8期,署名林涛。

158.《拼音字母跟汉字对照表》,《甘肃日报》3月6日。

159.《必须防止滥用简字》,《光明日报》7月25日。

1963 年

160. 林汉达编:《英语第一册》(英语自学丛书)(二、三册未能出版),北京:商务印书馆。

161. 林汉达编:《春秋五霸》,北京:中华书局。

162. 林汉达编:《西汉故事》(中国历史故事集),北京:中国少年儿童出版社。

163.《通俗一点好》,《光明日报》3月20日。

164.《难读的人名不宜记住》,《光明日报》5月29日。

165.《〈前后汉故事新编〉序言·谈谈有关语文通俗化的一些问题》(初稿),《光明日报》8月21日。

166.《Gongji He Huli（公鸡和狐狸)》,《文字改革》第2期,署名Li Dong。

167.《Teluoyi Muma de Gushi（特洛伊木马的故事)》,《文字改革》第6期,署名Li Dong。

168.《刘禹锡：〈陋室铭〉》,《文字改革》第7期,署名迭肯。

169.《爱莲说》,《文字改革》第8期,署名迭肯。

1964年

170.《正音和注音——几个容易念错的国名、民族名和地名》,《光明日报》4月19日。

171.《一万个通用汉字能不能砍去一半?》,《光明日报》6月24日。

172.《改换生僻地名字会不会妨碍我们研究历史》,《光明日报》10月28日,署名李东。

173.《精简通用汉字不能光靠同音合并》,《光明日报》12月9日,署名林涛。

174.《YISUO YUYAN SAN ZE（伊索寓言三则)》,《文字改革》第2期,署名Li Dong。

175.《Tianwenxuejia Diao Zai Jingli（天文学家掉在井里)》,《文字改革》第3期,署名Li Dong。

176.《Zhexuejia he Chuanfu（哲学家和船夫)》,《文字改革》第3期,署名Li Dong。

177.《Shidi Diaocha（实地调查)》,《文字改革》第4期,署名Lin Tao。

178.《Churang Zhangzi Jichengquan de Gushi（出让长子继承权的故事）》,《文字改革》第 5 期,署名 Li Dong。

179.《Yige Meiguo Heiren Yinyuejia de Lixiang（一个美国黑人音乐家的理想）》,《文字改革》第 8 期,署名 Li Dong。

180.《Meiguo de Xuanju（美国的选举）》,《文字改革》第 11 期,署名 Li Dong。

181.《Yi Tiao Hen Da Hen Dad Yu（一条很大很大的鱼）》,《文字改革》第 12 期,署名 Li Dong。

1965 年

182.《双音节的难词和通俗的短语》,《文字改革》第 1 期。

183.《活词汇需要增加,生僻字可以减少》,《光明日报》6 月 9 日。

184.《文言成语和普通话对照》(1—12),《文字改革》1965 年第 5 期至 1966 年第 4 期,署名林涛。

185.《Yige Dangyuan de Shou（一个党员的手）》,《文字改革》第 1 期,无署名。

186.《YuGong Yi Shan（愚公移山）》,《文字改革》第 2 期,无署名。

187.《Zheyangd Ganbu, Women Xindeguo（这样的干部我们信得过）》,《文字改革》第 2 期,无署名。

188.《Yige Mai Cai de Yingyeyuan（一个卖菜的营业员）》,《文字改革》第 3 期,署名 H. D.。

189.《Gei Dizhu de Gou Zuo Fen（给地主的狗做坟）》,《文字改革》第 3 期,署名 H. D.。

190.《Yi kuai Lupai（一块路牌）》,《文字改革》第 4 期,署名 H. D.。

191.《"Ai She Ru Jia"（"爱社如家"）》,《文字改革》第 4 期,署名 H. D.。

192.《Si Wu Zangshen Zhi Di（死无葬身之地）》,《文字改革》第 4

期，署名 H. D.。

193.《Yige Guizhede Shidiao Renxiang（一个跪着的石雕人像）》，《文字改革》第 5 期，署名迭肯。

194.《Jiao Shouzhitou（绞手指头）》，《文字改革》第 6 期。

195.《Mian'ao Liu Gei Ma Chuan（棉袄留给妈穿）》，《文字改革》第 7 期。

196.《Jianfen（拣粪）》，《文字改革》第 8 期。

197.《Gei Dizhu de Niu Li Mubei（给地主的牛立墓碑）》，《文字改革》第 8 期。

198.《Diule Mian'ao（丢了棉袄）》，《文字改革》第 9 期。

199.《Qingke（请客）》，《文字改革》第 10 期。

200.《Dasi Ren Bu Changming（打死人不偿命）》，《文字改革》第 11 期。

201.《中学语文课本文言课文的普通话翻译——司马迁：〈廉颇蔺相如列传〉》，《文字改革》第 12 期，署名迭肯。

1966 年

202.《Mao Zedong Sixiang Wuzhuangd Gangtie Zhanshi Mai Xiande（毛泽东思想武装的钢铁战士麦贤得）》，《文字改革》第 3 期，无署名。

203.《Xiangyaji（镶牙记）》，《文字改革》第 4 期，无署名。

1978 年

204. 林汉达编写：《前后汉故事新编》(上、下)，北京：中华书局。

1979 年

205. 林汉达著：《三国故事》(上、下)，上海：少年儿童出版社。

206. 林汉达编著：《东汉故事》(中国历史故事集)，北京：中国少年儿童出版社。

207. 林汉达、曹余章编著：《上下五千年》（一），上海：少年儿童出版社。

1980 年

208. 林汉达、曹余章编著：《上下五千年》（二），上海：少年儿童出版社。

2008 年

209. 林汉达著：《春秋故事》，北京：中国少年儿童出版社。

210. 林汉达著：《战国故事》，北京：中国少年儿童出版社。

211. 林汉达著：《西汉故事》，北京：中国少年儿童出版社。

2014 年

212. 林汉达著：《教育心理学二十讲》，武汉：长江文艺出版社。

2016 年

213. 林汉达著：《漫画林汉达中国历史故事集》，北京：北京理工大学出版社。

2018 年

214. 林汉达著：《林汉达成语故事》（全 6 册），沈阳：万卷出版公司。

2020 年

215. 林汉达、雪岗著：《中国历史故事集美绘版》（全 15 册），北京：中国少年儿童出版社。

2023 年

216. 林汉达著：《写给孩子的中国历史》（春秋故事、战国故事、西汉故事、东汉故事），北京：开明出版社。

后　记

《向传统教育挑战——林汉达教育文选》就要付梓出版了。

看完清样，欣慰之余觉得还是有些问题需要通过后记加以说明。

林汉达先生是科班出身的教育家，在美国科罗拉多州立大学研究生院民众教育系学习，回国后担任过华东大学教育系主任、教务长、教育学院院长等职。除了本书选用的《向传统教育挑战》《文字改革是怎么回事》外，他还撰写过《西洋教育史》《中国语文的整理和发展》《一个办农民文化学习班的报告》等著作，并且在《人民教育》《中国语文》《中美周刊》《文字改革》等刊物发表了大量教育论文和文章。本书仅仅选择了他的两本代表作品，如果对他的教育思想有进一步研究的兴趣，可以通过附录的《林汉达著述年表》按图索骥。

需要说明的是，书中的外国人名翻译和相关的标点符号、数字等用法，由于时代性，一般保持作者当时的原貌，不做修改。我只对其中一部分用编者注的方式进行了说明。

非常感谢国家图书馆社会教育部、参考咨询部、立法决策部、基藏部等部门的热情帮助与鼎力支持。林汉达的著述非常之多，有一些是用笔名发表的。在林汉达先生自己整理的目录基础之上，我们又进行了许多甄别与补充工作。国家图书馆相关部门的同志们协助我查找了大量资料，完善了这个著述年表。

按照我们的工作计划，《开明教育书系》总规模初定50本左右，按照成熟一批推出一批的原则，拟每年推出10本。2022年底出版的第一辑，收录了俞子夷、周建人、吴贻芳、叶圣陶、车向忱、杨东莼、董纯才、傅任敢、陈一百、顾黄初10位民进前辈的教育论著。今年的第二辑，我们将推出吴研因、许崇清、沈百英、林汉达、辛安亭、雷洁琼、段力佩、方明、张志公、吕敬先10位民进前辈的教育文选。这是一项规模浩大的出版工程，也是民进会史研究的重要项目。民进中央研究室精心组织，物色选编作者；开明出版社的陈滨滨社长和项目负责人卓玥等精心编辑，提升图书质量，为此付出了大量辛劳，保证了出版的顺利进行。在此，也向他们表示衷心的感谢！

朱永新

2023年12月，写于北京滴石斋

开明教育书系（第一辑）

不安故常
——俞子夷教育文选
俞子夷著　丁道勇选编
定价：85.00元

新人的产生
——周建人教育文选
周建人著　朱永新 周慧梅选编
定价：75.00元

造就女界领袖
——吴贻芳教育文选
吴贻芳著　吴贤友选编
定价：50.00元

教是为了不需要教
——叶圣陶教育文选
叶圣陶著　朱永新选编
定价：130.00元（全二册）

教育要配合实践
——车向忱教育文选
车向忱著　车红选编
定价：70.00元

谋求适合中国国情的教育
——杨东莼教育文选
杨东莼著　周洪宇选编
定价：65.00元

改造我们的教育
——董纯才教育文选
董纯才著　姚宏杰 王玲选编
定价：85.00元

教学是最渊博最复杂的艺术
——傅任敢教育文选
傅任敢著　李燕选编
定价：65.00元

教育必须是科学的
——陈一百教育文选
陈一百著　裴云选编
定价：60.00元

生命·生活·生态
——顾黄初教育文选
顾黄初著　梁好选编
定价：75.00元

图书在版编目（CIP）数据

向传统教育挑战：林汉达教育文选/林汉达著；朱永新选编.
--北京：开明出版社，2024.1
（开明教育书系/蔡达峰主编）
ISBN 978-7-5131-8578-3

Ⅰ.①向… Ⅱ.①林… ②朱… Ⅲ.①教育学-文集
Ⅳ.①G40-53

中国国家版本馆 CIP 数据核字（2023）第 222823 号

出 版 人：陈滨滨
责任编辑：卓 玥 程 刚

向传统教育挑战：林汉达教育文选

XIANGCHUANTONGJIAOYUTIAOZHAN：LINHANDAJIAOYUWENXUAN

出　版：开明出版社
　　　　（北京海淀区西三环北路 25 号　邮编 100089）
印　刷：保定市中画美凯印刷有限公司
开　本：710×1000　1/16
印　张：19.5
字　数：251 千字
版　次：2024 年 1 月第 1 版
印　次：2024 年 1 月第 1 次印刷
定　价：65.00 元

印刷、装订质量问题，出版社负责调换。联系电话：(010) 88817647